KB074978

낭만주의의 뿌리

THE ROOTS OF ROMANTICISM

낭만주의의 뿌리

ISAIAH BERLIN

이사야 벌린 지음 | 석기용 옮김

P 필로소픽

| **일러두기** |

1. 외국 인명과 지명 표기는 국립국어원의 외래어 표기법을 따른다. 일부는 통용되는 표기를 따른다.
2. 본문 가운데 "〔 〕" 안 내용은 편집자 헨리 하디가, "[ ]" 안 내용은 옮긴이가 덧붙였다.
3. 이사야 벌린이 강의 중 프랑스어 등 영어 아닌 다른 언어를 말한 경우에는 해당 언어를 한글로 번역하고 외국어를 병기해 작은따옴표로 표시해 두었다.

앨런 불록을 추억하며

차례

두 세계의 아이들

존 그레이*

어떤 사상이건 창시자 본인이 의도한 대로 결과를 얻게 되는 경우는 거의 없고, 하물며 그 단 한 가지 결과만 얻는 경우란 결코 없다는 사실은 이사야 벌린의 저서에 되풀이해서 등장하는 논제이다. 그 이유가 단지 사상이 실천으로 옮겨질 때는 절충이 이뤄지는 경우가 다반사이기 때문만은 아니다. 하긴 그것도 아주 친숙한 논제이기는 하지만, 사상이 이해되는 다양한 방식들, 그리고 뒤엉킨 인간적 이해관계와 동기 들로 인해 그 어떤 사상도 해석되거나 왜곡되지 않은 채로 고스란히 실행에 옮겨질 수 없는 것이 현실이기도 하다. 벌린이 즐겨 인용한 이마누엘 칸트의 공식에 따르면, "비뚤어진 인간성의 재목으로 올곧은 것은 만들어지지 않는다."** 벌린이 칸트를 제대로 해석한 것인지는 차치하고 그가 전하

---

* 존 그레이(John Gray)는 런던정경대학교 유럽사상 명예교수로서 《이사야 벌린》의 저자이다.

** "Idea for a Universal History with a Cosmopolitan Purpose"(1784), *Kant's gesammelte Schriften* (Berlin, 1900 -), viii 23, line 22.

고자 하는 교훈은 분명하다. 즉, 사상과 그 적용 사이의 간극이 인간의 불완전성을 재는 척도라는 것이다.

벌린의 저서는 더 흥미로운 사실을 조명한다. 어떤 사상이 일단 세상에 나오고 나면, 원래의 착상과는 근본적으로 어긋난 형태로 모양을 바꿔 재등장한다는 것이다. 원인과 결과에 대한 우리의 믿음은 이성적 추론이 아닌 다만 습관의 산물일 뿐이라고 하는 데이비드 흄의 주장은 무신론적인 회의주의 철학의 일부로 개진된 것이었다. 스코틀랜드 출신의 이 계몽주의 사상가는 자신의 이 주장이 설마 종교를 섬기는 데 사용될 줄은 미처 내다보지 못했다. 그랬다면 아마도 질겁했을 것이다. 하지만 기독교 신앙지상주의자 J. G. 하만Hamann이 흄의 논증을 이용해 기적이 실제로 존재한다는 주장을 옹호하기 위한 방책을 갖추었을 때 정확히 바로 그런 일이 벌어진 것이다. 흄은 우리가 기적의 발생을 결코 알 길이 없음을 주장하기 위해 인과율에 대한 회의주의를 이용한 반면, 하만은 똑같은 그 회의주의를 이용해 기적이 실제로 일어난다고 주장했다. 흄에게 철학적 탐구의 종착점이었던 회의주의적 의심이 하만에게는 신앙의 도약을 이뤄내는 출발점이었다.

벌린이 분명히 밝힌 대로 하만은 낭만주의의 발전에 열쇠가 되는 인물이었다. "내가 보기에 계몽주의에 가장 맹렬한 타격을 가하고 낭만주의의 전반적 과정에 물꼬를 튼 한 사람이 있다[…]. […] 그(하만)는 흄에서 시작했고 결국 흄이 옳았다고 말했다. 우리가 우주를 안다는 것이 도대체 무엇인지 자문한다면, 우리는 우주를 지성이 아니라 신앙을 통해 안다는 게 그 답이다."* 가장 위대한 계몽주의 사상가 중 한 명인 흄

---

* 이 책의 96쪽. 지금부터 본서를 참조할 경우에는 쪽수만 표시한다.

이 대항계몽주의the Counter-Enlightenment의 지적 무기고를 증강하는 데 동원되었다는 사실은 실로 역설적이다. 하만이 모든 계몽주의 사상가가 공유하던 사상에 반발하고 있었다는 벌린의 견해를 떠올린다면 이 역설은 한층 더 고조된다.

티격태격하면서도 통상 '계몽주의'라는 이름의 한 가족으로 함께 묶이곤 하는 운동들에 실제 공유했던 지적 다짐이 과연 하나라도 있었는지를 의문시하는 태도가 유행이 되었지만, 벌린이라면 결코 이런 태도를 취하지 않을 것이다. 확실히 계몽주의가 하나의 획일적인 운동 같은 것은 아니었다. 그럼에도 불구하고 "이들 모든 사상가의 공통점은 덕德이 궁극적으로 앎에 있다는 관점이다. 만약 우리 자신이 어떤 존재인지 알고, 우리에게 필요한 것이 무엇인지 알고, 우리가 가진 최선의 수단으로 그것을 어디에서 얻을 수 있는지 안다면, 행복하고 덕 있고 정의롭고 자유롭고 만족스러운 삶을 살 수 있다는 것이다."* 이견들이 있기는 하지만(이견이 많고 일부 경우에는 그 견해차가 심원하다) 계몽주의 사상가들은 다음 세 가지 기본 가정을 수용했다. 모든 진정한 의문은 원리상 답변이 가능하다. 타인에게 가르치고 배울 수 있는 방법들을 통해 이 답변을 알아낼 수 있다. 그리고 모든 답변은 서로 양립할 수 있어야 한다. "그 배경이 기독교적인 것이건 이교적인 것이건, 유신론적인 것이건 무신론적인 것이건 상관없이 서양의 합리주의 전통에서 일반적으로 상정하고 있는"** 이 가정들이 계몽주의 사상가들에게만 한정된 것은 아니었으며, 실은 서구에만 한정된 것도 아니었다. 이 가정들은 여러 시대와 문화에서 뚜렷이 모습을 드러낸 바 있는 영원의 철학perennial philosophy[올

* 74.
** 70.

더스 헉슬리가 주창한 개념으로 동서고금을 막론하고 모든 문화에서 반복적으로 나타나는 모든 시대의 인간정신, 즉 위대한 영적 스승, 철학자, 사색가 들이 거의 보편적으로 합의한 세계관을 의미함]을 표현하는 것이었다. 하지만 벌린이 나열한 가정들은 서양 주류 전통의 척추를 형성하는 것이었고, 그는 "낭만주의는 바로 여기에 균열을 일으킨 것"*이라고 적는다. 그렇다면 낭만주의는 단지 계몽주의에 대한 반동만이 아니라 "확실히 우리 시대 서구 의식의 가장 커다란 변혁"**인 셈이다.

이것은 거창한 주장이며 다소 과장일 수도 있다. 그러나 현대 사상에서 낭만주의가 주축 역할을 수행했다는 벌린의 주장을 굳이 수용하지 않더라도 낭만주의자들에 대한 그의 설명이 유익하다는 점만은 분명하다. 그가 밝힌 대로 독창성이라는 생각을 예술에 도입한 사람들이 바로 낭만주의자들이었다. 그는 창조자로서의 예술가라는 발상 그 자체가 바로 낭만주의의 유산이라고 제안한다. 새로움 그 자체가 예술 작품의 가치 있는 성질로 여겨지게 된 것은 19세기 초에 낭만주의가 만개하고 난 다음의 일이다. 그 시기에 이르러서야 비로소 무언가 새로운 것을 세상에 끄집어내는 일이 예술가의 과제라고 믿게 된 것이다. 독창성이라는 생각과 더불어 일부 낭만주의자들 사이에서는 세계를 자기 의지대로 다시 빚어낼 수 있는 거의 신적인 존재로서의 예술가라는 착상이 등장했다. 진정성에 대한 강조는 점점 더 커졌다. 진정성이란 모름지기 인간이라면 자신이 직접 창조한 가치나 어떤 식으로든 자기 것으로 만든 가치 그 자체만을 다른 그 어떤 것보다 더 중요한 가치로 여기며 추구해야 한다는 생각이다. 이윽고 이 생각은 문화란 순수하고 외래의 영향을 받지

---

* 69.
** 66.

않는 그 자체로 단순한 완전체라는, 아니 이상적으로 말하자면 반드시 그런 완전체여야 한다는 발상으로 발전했다. 이 무렵부터 낭만주의는 예술계 바깥으로 흘러넘쳐 윤리와 정치의 영역에까지 영향을 미치기 시작했다.

벌린은 1965년에 워싱턴 D. C.에서 강연을 시작할 때 서두에서 이렇게 더 확장된 낭만주의의 영향력을 언급했다. 이 책《낭만주의의 뿌리》는 바로 이때 강연의 편집본이다. 편집자인 헨리 하디의 기록에 따르면, 벌린은 강연을 위해 준비한 메모에서 다음과 같이 강조했다고 한다. "낭만주의의 중요성은 단지 역사적인 것만이 아니라는 점도 덧붙여야겠다. 낭만주의의 발흥은 오늘날의 아주 많은 현상들, 즉 민족주의, 실존주의, 위인들에 대한 찬미, 비인격적 제도들에 대한 찬미, 민주주의, 전체주의에 깊은 영향을 미쳤으며, 낭만주의는 이 모든 현상에 개입해 있다. 이런 이유에서 낭만주의는 지금 우리 시대와도 전적으로 무관한 주제가 아닌 것이다."*

이 대목과 관련하여 매우 놀라운 것은 낭만주의의 영향이 대단히 모순적이었다고 벌린이 생각한다는 점이다. 표준적인 자유주의의 관점에 따르면 낭만주의가 정치에 미친 영향은 거의 전적으로 부정적이다. 프리드리히 하이에크Friedrich Hayek, 카를 포퍼, 야콥 탈몬Jacob Talmon을 비롯해 20세기의 많은 자유주의 사상가들에게 낭만주의자들이란 오늘날 정치적 불합리의 선조들로 보일 뿐이었다. 낭만주의는 피히테Fichte 같은 민족주의자들뿐 아니라 극우 반동주의자 샤를 모라스Charles Maurras처럼 유럽의 파시즘과 밀착해 있던 위험한 사상들도 들이마신 독주였다.

---

* 22.

벌린은 이런 면에서 낭만주의가 위험한 사상이었음을 부인하지 않는다. 그는 다섯 번째 강의 〈고삐 풀린 낭만주의〉에서 낭만주의의 사유 안에 이런 위험성이 처음부터 잠재해 있었다고 인정한다. 창조성에 대한 낭만주의자들의 신념은 인과 관계의 거부를 넘어 논리의 거부까지 수반했다. 그들에게 이성은 일종의 구속이었고 자유는 의지의 승리였다. 그들은 평화로운 공존과 이성적 타협을 경멸했다. 그들에게는 깊숙이 간직해 온 가치들을 열정적으로 표출하는 것만이 진정으로 인간적이고 존중할 만한 것이었다. 그로 인해 실제로 어떤 결과가 나오든 상관이 없었다. 이로부터 진정성 맹신이 등장했고, 이런 맹신은 진실하게 신봉되는 광신주의 안에서 미덕을 발견하기 마련이다. 삶의 이상들, 삶의 방식들이 해소할 길 없는 다툼을 벌이는 싸움터가 바로 인간의 삶이었다. 이 갈등을 누그러뜨리려는 모든 시도는 소심하고 무기력한 것이었다. 인간이 스스로 결정하고 스스로 창조하는 존재일 수 있는 것은 오로지 본인이 자유롭게 선택한 청사진을 열렬히 찬동하는 데에서만 가능하기 때문이다. 벌린은 낭만주의의 이런 사고방식을 이렇게 요약한다. "족쇄 풀린 자유로운 의지, 그리고 사물들의 본성이 존재한다는 사실을 부인하고 만물의 안정적인 구조라는 바로 그 생각을 폭파해 날려 버리려는 시도, 이 두 가지는 지극히 값지고 중요한 이 운동의 가장 심오한, 어떤 의미에서는 가장 광기 어린 요인이다."[*]

비록 낭만주의가 반자유주의적인 운동에 기름을 붓기는 했지만, 벌린은 낭만주의가 자유주의에도 자양분을 제공해 갱생하게 한 측면이 있다는 점을 시사한다. "많은 가치들이 존재하고 그 가치들이 서로 양립할 수

---

[*] 217.

14

없다는 생각, 다원성과 소진 불가능성과 인간적인 모든 답과 합의의 불완전함에 대한 전반적인 생각, 예술에서건 인생에서건 완벽하게 참이라 주장되는 그 어떤 답변도 원리상 완벽하거나 참일 수 없다는 생각"* 등과 같은 낭만주의의 통찰은 아주 많은 반자유주의 운동들에 영감을 불어넣었지만, 반사적으로 더 내구성 있는 자유주의 철학을 안출하는 데에도 일조했다. 낭만주의자들이 그저 인간 행동의 비이성적인 용솟음을 주목하는 데 그친 것은 아니었다. 그들은 인간적 이상의 다양성을 역설함으로써, 본인들이 제아무리 부인한다 한들, 결과적으로는 관용의 필요성, '인간사에서 불완전한 평형을 보존할 필요성〔⋯〕'** 을 보여 주었다. "그렇다면 낭만주의의 결과는 자유주의, 관용, 품위, 그리고 삶의 불완전성에 대한 자각이자, 일정 수준 고양된 이성적 자기 이해이다."*** 사유의 역사에서 자주 일어나는 유형의 반전 속에 낭만주의자들은 자기들이 경멸한 사상과 가치에 새로운 생명을 불어넣은 셈이었다.

벌린이 변호하는 "인간사의 불완전한 평형"이 정말로 낭만주의가 주장한 인간적 가치들의 복수성과 양립 불가능성으로부터 귀결되는 것인지, 그리고 설령 그렇다 쳐도 이 불완전한 평형이 곧 자유주의와 같은 것인지 의문을 제기할 사람들이 있을 것이다. 이러한 의문들은 종종 벌린의 '상대주의'에 관한 무익한 토론으로 이어지기 때문에 지금 이 문제를 추적할 생각은 없다. 그러나 벌린을 변호하기 위해서 조금은 언급할 가치가 있을 것도 같다.

먼저, "서양의 합리주의 전통에서 일반적으로 상정하고 있는" 것들이

* 261.
** 262.
*** 같은 곳.

라고 기술한 것에 의존하지 않는 종류의 자유주의를 벌린이 개략적으로 진술하고 있다는 점은 적어도 논의해 볼 여지가 있다. 이 전통에 입각하여 생각하는 많은 사람들은 자유주의가 분명하게 진술된 보편적 원리들(예를 들면, 인권에 관한 원리들처럼)의 체계로 구성되어야 한다고 당연하게 생각한다. 이런 가정이 통상 자유주의적이라고 인정받는 사상가들이나 운동들은 역사적으로 다양하다는 사실과 부합할 수 있을지는 의심스럽다. 벌린은 권리에 관한 원리들에 기초한 것이기보다는 실천들 안에 기반을 둔(주로 관용과 예절의 실천들이다) 형태의 자유주의를 거론하고 있다. 이런 유형의 자유주의 사상이 철학자들의 많은 관심을 불러일으킨 것은 아니며, 《품위 있는 사회The Decent Society》(1996)라는 빼어난 저서에서 유사한 자유주의를 옹호한 아비샤이 마르갈리트Avishai Margalit 정도가 지금 떠오르는 몇 안 되는 사람 중 한 명이다. 그러나 이 사상은 옹호할 수 있는 철학이자 확연한 지적 혈통을 지닌 철학이다. 어쨌든 간에 벌린이 분명하게 진술하고 있는 입장은 자유주의적인 삶의 양식에 수반되는 갈등을 깊게 탐구한 저술가들의 태도를 반영한다는 장점이 있다. 부분적으로는 바로 그 이유 때문에 그의 입장은 자유주의의 현행 정설들보다 오히려 더 탄력적인 것이 될지도 모른다. 어쩌면 우리는 자유주의적 삶의 양식의 내구성과 취약성에 관해 존 스튜어트 밀이나 존 롤스가 아니라 알렉산드르 게르첸Alexander Herzen과 이반 투르게네프Ivan Turgenev에게서 더 많은 것을 배워야 하는 것일 수도 있다.

벌린이 발견한 낭만주의와 자유주의의 연결고리는 더 일반적인 진실을 잘 예증해 준다. 사유의 전통이나 그런 전통을 체현한 인간들은 서로 완전히 밀폐된 채로 존재하는 단순한 완전체들이 아니다. 낭만주의자들이 모종의 순수성을 지고의 가치로 삼았을 때 그들은 불식간에 훗날 인류의 적이 사용하게 될 무기를 고안하고 있었던 것이다. 동시에 그들은 본인들의 사상을 포함해 어떤 사상이건 그 정반대의 사상으로 돌연변이를 일으킬 수 있는 예기치 않은 방식들에 대해서는 눈을 감고 있었다.

이런 현상이 어떻게 발생했는지 설명하면서 벌린이 하고 있는 작업은 단지 사상사가 그간 소홀했던 지면을 채우는 일 정도에 그치는 것이 아니다. 그는 우리 모두가 수많은 전통의 상속자이며 이런 사상의 가닥들이 뒤엉킨 모순을 우리 안에 지니고 있음을 보여 주고 있다. 우리의 정신 발육에 계몽주의가 미친 영향을 제거할 수 없듯이 낭만주의자들이 우리에게 미친 영향 또한 제거할 수가 없다. 제거하려 해서도 안 된다. 벌린이 마지막 강연을 마치면서 말한 것처럼, "우리는 두 세계의 아이들"*이기 때문이다. 사고를 자극하는 이 책의 역설들 가운데서 결코 무시할 수 없는 것은 바로 자기폐쇄적인 문화들 간의 끊임없는 충돌을 전도했던 낭만주의의 신조가 벌린의 섬세한 독법을 거쳐 오히려 경쟁하는 가치들 간의 세련된 균형을 설득력 있게 옹호하는 모양새로 바뀌는 방식이다.

* 253.

편집자 서문

모든 것이 다 그 자신일 뿐 다른 게 아니다.

조지프 버틀러Joseph Butler[*]

모든 게 다 그 자신일 뿐(⋯).

이사야 벌린[**]

버틀러가 한 말은 이사야 벌린이 가장 즐겨 인용한 구절 중 하나였으며, 벌린은 이 구절을 자신의 가장 중요한 어느 한 논고에서 그대로 되풀이한다. 이제 나는 이 구절을 출발점으로 삼고자 한다. 왜냐하면 있을 법한 모든 오해를 불식시키기 위해 지금 이 책에 대해 가장 먼저 이야기해야 할 것이, 워싱턴 D. C.에 있는 국립미술관에서 1965년 3월과 4월에 이 주제로 주최한 'A. W. 멜론 강연'을 벌린이 맡아 (원고 없이) 진행한 이래로, 이 책은 어느 모로 보나 그가 줄곧 쓰고 싶어 했던 낭만주의에 관한 새로운 저서는 결코 아니라는 점이기 때문이다. 뒤이은 세월 동안, 특히 1975년에 옥스퍼드 울프슨 칼리지 학장직에서 물러난 이후로 그는 낭

---

[*] *Fifteen Sermons Preached at the Rolls Chapel*, 2nd ed., 'To which is added a PREFACE' (London, 1729), preface, xxix.

[**] "Two Concepts of Liberty"(1958): *Liberty*, ed. Henry Hardy (Oxford, 2002), 172.

만주의에 관한 책의 집필을 염두에 두고 광범위한 독서를 계속해 나갔고 방대한 분량의 메모들을 축적했다. 그는 생애 마지막 10년 동안 그 메모들을 별실에 전부 모아 놓고 한데 합치는 작업에 새로이 착수했다. 그는 표제 목록을 만들고 선별한 메모들을 각 표제하에 정돈해 가면서 메모 내용을 녹음하기 위해 구술을 시작했다. 또한 그는 이 자료를 자신의 독자적인 연구서가 아니라 E. T. A. 호프만Hoffmann 작품 전집의 긴 서론으로 활용하는 문제를 고려했다. 그러나 그 새로운 접합 작업은 그를 계속 괴롭혔다. 아마도 부분적인 이유는 그가 그 일을 너무 늦게 단념한데다, 내가 아는 한 그가 의도했던 글은 단 한 문장도 써지지 않았기 때문이다.

그가 자신의 개선된 생각들을 글로 남기지 못 했다는 사실은 벌린 본인에게도 확실히 그랬겠지만 독자들에게는 대단히 애석한 일이다. 그러나 끝내 결실을 못 거두었다는 사실이 완전한 상실을 뜻하는 것은 아니다. 만약 그 책이 쓰였더라면, 강연 녹취록일 뿐인 지금의 이 책이 출판되는 일은 없었을 것이며, 꼼꼼하게 다시 쓴 확장판에서라면 녹취록에 들어 있는 생생함과 직접성, 긴장과 흥분은 다소 흐릿해질 수밖에 없었을 것이기 때문이다. 벌린이 원고 없이 수행한 다른 여러 차례의 강연 녹음이나 필기물이 남아 있는데, 그중 일부는 그런 자료를 바탕으로 출판된 문헌이나 그 자료의 논거가 되는 기존 출판 문헌과 직접 비교해 볼 수 있다. 그런 비교를 통해 우리는 벌린이 출판으로 나아가는 과정에서 이행하곤 하는 거듭된 수정이 출간된 저서의 지적인 내용과 정확성을 높여 주는 측면도 있지만 때로는 즉흥적인 구어를 경직되게 만드는 효과를 낳을 수도 있다는 것을 보게 된다. 혹은 거꾸로 말하자면, 그런 비교는 준비된 원고를 그대로 읽는 식이 아닌, 강연에서 해당 강연의 밑거름이 된 긴 문헌(벌린이 소위 '토르소'[몸통]라고 부르는)이 출처로 사용될 때 어떤 식으로 새로운 생명과 방향성을 얻을 수 있는지를 보여 주기도 한다. 메모들을 적어 와 전달하는 강연과 주도면밀하게 구성된 책은 다원주의자의 용어를 빌리자면, 서로 통약이 불가능하다고도 말할 수 있겠다. 지금의 경우는 벌린의 주요한 지적 프로젝트 중 하나에 대해 싫든 좋든 전자가 구현된 모습만을 접할 수 있을 뿐이다.

내가 붙인 '낭만주의의 뿌리'라는 제목은 벌린 본인이 이른 단계에 제안했던 것이다. 그것이 실제 강연에서는 '낭만주의적 사유의 원천들'이라는 제목으로 대체되었는데,* 왜냐하면 1964년에 출간된 솔 벨로Saul Bellow의 소설《허조그Herzog》의 첫 대목에 모제스 허조그라는 유대인 학자가 뉴욕의 야간 대학에서 성인 대상 강좌를 맡아 지독히 애를 먹으며 자신감 상실의 위기를 겪고 있는 장면에서 그가 맡은 강좌명이 바로 '낭만주의의 뿌리'였기 때문이다. 이것은 단지 놀라운 우연의 일치일 뿐이었다. 벌린은 이에 대한 어떤 연관성도 부인했고 나중에 솔 벨로 역시 벌린의 말이 맞음을 확인해 주었다. "나는 희극소설을 쓰고 있었다. 그런데 소설을 쓸 때 누구나 곧잘 그러듯 제목이 필요해서 아무렇게나 하나를 골랐다. 뭔가를 염두에 둔 게 전혀 없이 그냥 한 번 읽고 지나치고 말 이 문구가 내막을 밝혀야 할 처지에 이르고 내게 되돌아와 나를 따라다니며 괴롭힐 줄은 꿈에도 몰랐다. 당시 나는 이사야 벌린의 명성을 들었을 뿐 한번도 그를 만난 적이 없었다."** 어쨌든 먼저 지은 제목이 확실히 더 울

---

* 1965년 2월 28일자 편지에서 벌린이 결정한 이 변경 사항은 너무 늦게 전달된 바람에 1965년 3월 국립미술관 '행사 일정' 인쇄물에는 반영될 수 없었다. 하지만 4월 인쇄물에는 실제로 새로운 제목이 사용되었다.
** 2001년 3월 8일에 [솔 벨로가] 헨리 하디에게 보낸 편지. 나는 혹시 이 소설이 완성되기 전에 그들이 만나서 벌린의 계획을 상의한 것은 아닌지 궁금했었다.

림이 있었고, 설령 당시로서는 그 제목을 포기할 만한 어떤 사정이 있었다 치더라도 지금에서야 그럴 이유는 분명히 사라진 셈이다.*

벌린이 본격적인 강연 시작에 앞서 운을 떼며 했던 말들은 너무 우발적이어서 출판 문헌의 본문에 수록할 수는 없다 하더라도, 그 말들에는 글의 서문 격으로 삼을 만한 의의가 담겨 있다. 따라서 여기에 많은 내용을 소개하고자 한다.

이런 강연이란 우선은 예술 분야의 진짜 전문가들에게 의뢰할 생각으로 기획하기 마련입니다. 예술사학자들과 미학 전문가들이 바로 그런 사람들이고 저는 감히 제 자신이 그런 부류에 속한다고 말할 수는 없을 것입니다. 제가 이 주제를 택한 것에 대해서 내놓을 수 있는 단 하나의 유효한 변명은, 낭만주의 운동은 당연히 예술과 관련성이 있으며, 비록 예술을 아주 많이 알지는 못하지만 어쨌든 예술을 완전히 배제할 수는 없는 일이고 제가 예술을 지나치게 배제하는 일은 없으리라 약속한다는 것입니다.

낭만주의와 예술 사이의 관계는 실로 대단히 강력하다고 말할 수 있겠습니다. 만약 그나마 제가 이 주제를 언급할 만한 자격이 있다고 주장할 수 있다면, 그건 제가 정치적이고 사회적인 삶과 더불어 도덕적인 삶까지 다룰 생각이기 때문입니다. 그리고 제 생각엔, 낭만주의 운동에 대해서 그것이 예술에 관련된 운동, 즉 예술 운동일 뿐만 아니라, 예술

---

* 벌린이 궁리했던 다른 제목은 이런 것들이었다. '프로메테우스: 18세기 낭만주의의 발흥에 관한 연구'(그냥 풍자적으로 언급했고 즉시 거부되었다), '낭만주의의 발흥', '낭만주의의 충격', '낭만주의의 반란', '낭만주의의 반역', '낭만주의의 혁명'(1960년대에 한 강연에서 사용했던 제목이다).

이 삶의 다른 측면들을 지배하게 되고 예술이 삶에 대해 일종의 독재를 행사했던 아마도 최초의 순간이었다고, 아니 서구의 역사에서는 확실히 그랬다고 말하는 건 맞는 말입니다. 어떤 의미에서 낭만주의 운동의 본질이란 바로 그런 것이지요. 그래서 저는 적어도 실제 사실이 그렇다는 것을 입증해 보려고 합니다.

낭만주의의 중요성은 단지 역사적인 것만이 아니라는 점도 덧붙여야겠습니다. 낭만주의의 발흥은 오늘날의 아주 많은 현상들, 즉 민족주의, 실존주의, 위인들에 대한 찬미, 비인격적 제도들에 대한 찬미, 민주주의, 전체주의에 깊은 영향을 미쳤으며, 낭만주의는 이 모든 현상에 개입해 있습니다. 이런 이유에서 낭만주의는 지금 우리 시대와도 전적으로 무관한 주제가 아닌 것이지요.

다음의 짧은 토막글도 어지간히 흥미롭다. 강연을 앞두고 미리 써 둔 초고로 보이는 이 글은 본격적인 강연의 도입부로 활용하려 했던 것 같다. 이 글은 내가 그의 메모들 가운데서 발견한 것인데, 벌린이 이 프로젝트를 위해 작성한 유일한 산문이다.

나는 낭만주의를 속성이나 목적을 통해 정의하려는 시도조차 할 생각이 없다. 왜냐하면 노스럽 프라이Northrop Frye가 현명하게 경고한 대로, 만약 우리가 낭만주의 시인들의 어떤 명백한 특징, 예를 들어 자연이나 개인에 대한 새로운 태도 같은 것을 지적하면서 이런 특징이 1770년에서 1820년 사이에 활동한 신진 작가들에 한정된다고 말하고 이것을 포프Pope나 라신Racine의 태도와 대비시키려 한다면, 어떤 이는 반드시 플라톤이나 칼리다사Kālidāsa[4~5세기 인도 시인]에게서 찾을 수 있는 반대 사례를 꺼내 들게 되어 있다. 혹은 그런 반대 사례를 하드리아누스 황제에게서 가져오거나(케네스 클라크Kenneth Clark가 그랬던 것처럼), 헬리오도로스Heliodorus에게서 가져올 수도 있고(세예르Seillière가 그랬던 것처럼), 중세 때 스페인 시인이나 이슬람 이전 시기의 아랍 운문에서 끄집어낼 수도 있다. 그리고 마침내는 라신과 포프 바로 그들에게서 끄집어낸 반대 사례들이 등장하게 될 것이다.

나는 다른 것은 전혀 아니면서 그저 **온전히** 낭만주의적이라고만 말할 수 있는 예술가나 사상가나 인물이 있다는 의미에서 이른바 **순수한** 경우들이 존재한다는 것을 은근슬쩍 당연시할 의사도 없다. 그런 경우가 있다고 말하는 것은 마치 어떤 사람이, 이를테면 세상의 다른 그 무엇과도 공유하는 성질 없이 **온전히** 개인적일 수 있다거나, 혹은 본인에게만 고유한 성질 같은 것은 전혀 갖고 있지 않다는 의미에서 **온전히** 사회적일 수 있다고 하는 것이나 다름없다. 그럼에도 불구하고, 그런 단어들이 무의미한 것은 아니며, 실제로 그런 단어들을 쓰지 않을 도리는 없다. 그런 단어들은 속성, 경향성, 이상적 유형 들을 나타내는데, 이런 용어의 적용은 더 나은 단어가 궁한 여건에서 그냥 어떤 인간의 성격, 혹은 그의 활동, 혹은 어떤 관점, 혹은 어떤 운동, 혹은 어떤 신조의 **양상들**이라고 부를 수밖에 없는 것들을 조명하고, 확인하고, 혹시라도 그런 양상들이 이전에 충분히 포착된 적이 없었더라면, 그것들을 과장하는 일에 기여한다.

어떤 사람을 낭만주의 사상가라거나 낭만주의의 영웅이라고 부르는 것이 그냥 괜한 말은 아니다. 때때로 이것은 그가 어떤 사람이고 무슨 일을 하는 사람인지는 어떤 목적 또는 (어쩌면 내적으로는 모순적일 수도 있는) 일군의 목적들, 혹은 이상, 희미한 감지, 암시 들을 통해 설명되어야 할 필요가 있다고 말하는 것이다. 이런 것들은 원리상 실현될 수 없는 어떤 상태나 활동을 가리키는 것일 수도 있다. 즉, 삶이나 운동이나 예술 작품의 본질적 요소로서 그것들 안에 들어 있으면서도 설명되지 않고 어쩌면 이해할 수도 없는 그 무언가일 수 있는 것이다. 낭만주의의 셀 수 없을 만큼 많은 양상들에 관해 글을 쓴 대부분의 진지한 저술가들이 갖고 있던 목적도 이 정도일 뿐이다.

내 의도는 그보다 훨씬 더 제한적이다. 내가 보기에 18세기 후반에 가치관의 급진적 전환이 일어났고 이것이 서구 세계의 사상, 감정, 행동에 영향을 미쳤다. 18세기 후반이라면 아직 이런 전환이 낭만주의 운동이라고 온당히 불리기 전이다. 이 전환은 낭만주의자들이 가장 낭만주의답다 할 만한 특성을 드러냈다고 보이는 사례들에서 여실히, 가장 생생하게 나타난다. 그들이 드러낸 모든 낭만주의적인 특성 안에서 나타난 것도 아니고, 그들 모두가 드러낸 낭만주의적인 특성 안에서 나타난 것도 아니며, 다만 그 정수에 해당하는 무언가에서 나타났다는 것이다. 여기서 말하는 그 무언가란, 만약 그것이 없었다면 내가 말하려는 혁명도 가능하지 않았을 것이고, 낭만주의 운동 같은 현상(낭만주의 미술, 낭만주의 사상)이 존재했다는 사실을 인정하는 모든 사람이 납득하는 그 혁명의 귀결들이 도무지 가능하지 않았을 그런 특성을 말한다. 만약 누군가 내게 내가 낭만주의의 이런, 저런, 아니 아예 모든 징후의 심장부에 놓여 있는 특성을 참작하지 않았다고 말한다면, 그런 주장은 정당한 것이며 나는 이 점을 아주 기꺼이 인정한다. 낭만주의를 정의하는 것은 내 목적이 아니다. 나는 다만 그 혁명을 다루려는 것뿐이며, 낭만주의는 어쨌든 그 겉모습 중 일부에서 이 혁명의 가장 강력한 표현이자 증상을 드러낸 것이다. 이 이상은 아니지만, 이것만 해도 대단히 큰일이다. 왜냐하면 나는 이 혁명이 서구의 삶에서 발생한 모든 변화 가운데 가장 심원하고 가장 영속적인 것임을 보여 주고 싶기 때문이다. 우리가 그 파급력에 의문을 제기하지 않는 세 번의 위대한 혁명인 영국의 산업 혁명, 프랑스의 정치 혁명, 러시아의 사회경제 혁명에 못지않게 이 혁명도 광범위한 영향을 미쳤으며, 내가 관심을 갖고 있는 그 운동은 사실상 저 세 혁명과 모든 차원에서 연결된다.

이 강연의 녹취 자료들을 편집하면서(BBC의 녹음과 대조해 가며) 나는 글이 확실히 부드럽게 읽힐 수 있게 하는 데에 필요한 최소한도의 변화만을 본문에 가하는 것으로 나 자신의 전반적인 역할을 제한하고자 노력했다. 나는 메모들을 적어 와서 진행하는 강연에서 자연스럽게 배어나는 격의 없는 문체와 간간이 등장하는 가벼운 비정통적인 어구 사용을 어지간한 한도 내에서 보존해야 할 자산으로 간주했다. 무의식적으로 내뱉은 문장들을 받아 적은 대개의 수기들이 통상 그렇듯 이따금 구문을 꽤 많이 고쳐야 할 필요가 있기는 했지만, 벌린이 어떤 뜻을 의도했는지에 관해 진정 의심스러운 구석이란 거의 없다. 벌린이 아주 이른 단계에서 녹취 자료를 보고 지적한 몇 가지 사소한 변경 사항들이 이 책에 반영되었는데, 이것이 이 책을 대본처럼 한 손에 들고 현재 입수 가능한 강연 녹음을 청취하고 있는 독자라면 알아챌 몇 가지 실질적인 불일치에 대한 설명이 될 것이다.*

---

* 벌린의 고도로 개성적이고 흥미진진한 전달 방식은 그가 명성을 누린 주된 요인이며, 그의 강연을 청취해 보는 경험이란 매우 권장할 만한 것이다. 전체 시리즈는 (사전 예약을 하면) 런던의 영국도서관이나 워싱턴 D. C.의 국립미술관에서 들어 볼 수 있다. 이 책의 영국판 장정본에는 마지막 강연을 수록한 CD가 부록으로 제공되었기 때문에 독자들은 실제 강연장에서 음성이 어떻게 나왔는지 어느 정도 실감해 볼 수 있다. 이 판본

여느 때와 같이 나는 벌린의 인용구들을 추적하기 위해 최선을 다했고, 풀어서paraphrase 설명하려는 게 아니라 명백히 영어 원전에서 원문 그대로 인용하려 한 것이거나 다른 언어에서 직접 번역하여 사용하려고 의도한 구문들의 경우는 필요한 교정을 가했다.* 하지만 벌린의 병기고에는 원문 그대로 인용과 풀어서 말하기 사이를 매개하는, 이른바 '준准인용'이라 불릴 수 있는 또 다른 장비가 있다. 이따금 준인용된 말들에 인용 부호가 붙기도 하지만, 그런 경우들은 실제로 원문에 문자화되어 있는 말들을 고스란히 재현(혹은 번역)했음을 주장하는 것이 아니라, 원저자가 말했을 법한 것 혹은 결과적으로 원저자가 말했다고 볼 수 있는 것들이라는 성격을 지닌다. 이것은 우리 시대 이전에 쓰인 책들에서는 익숙한 현상이지만,** 작금의 학술적 분위기에서 선호되는 태도와는 아

은 많은 도서관이 보유하고 있으나 시중에는 절판된 상태이다. 마지막 강연의 녹음은 ⟨http://berlin.wolf.ox.ac.uk/information/recordings.html⟩을 통해서도 접할 수 있다.

* 아마도 완벽한 세계에서라면 단지 (준)인용구들에 대해서만이 아니라 풀어 쓴 것들에 대해서도 모든 원전들이 제공될 것이고, 심지어 확인 가능한 저술들에 막연하게 기초한 소재들에 대해서도 그럴 것이다. 그러나 고맙게도 세상은 완벽하지 않고, 그런 원전들을 추적하는 작업이 과연 완료될 수 있을지도 지극히 의심스럽다. 설령 완료할 수 있다 하더라도, 거기에 들어가는 시간이란 그렇게 원전들을 일일이 명시함으로써 얻는 이득에 비할 정도가 아닐 것이다. 실제로, 그런 소모적인 주석 달기의 과정을 추구하여 그 논리적인 귀결에 이르렀다면, 아마도 그 보조 장치가 본문보다 더 길어졌을 것이며, 독자의 절망이란 이를테면 일대일 축척 지도를 보는 상황에서보다도 훨씬 더 컸을 것이다. 일대일 축척의 지도란 지도가 표상하는 현실 세계의 외관들을 무익하게 복제하는 것이 아니던가. 게다가 원전 그 자체도 대개는 확인을 요하게 되므로, 모든 진술을 원전을 언급하여 입증하려는 시도는 최초의 경험적 관찰들을 향한(늘 그런 것은 아니라 해도 대개 그런 관찰들 자체가 애매하거나 검증 불능이며 때로는 아예 둘 다이기도 하다) 무한퇴행을 야기할 것이고, 결국은 현실적으로 그 어떤 논픽션 저술이나 편집도 완료되지 못할 것이다.

** 물론 오늘날의 표준에 따르자면 이런 관행을 일처리를 정확히 하려는 의도가 노골적으로 결여된 경우와 구분하기란 쉽지 않다. 시어도어 베스터먼(Theodore Besterman)이 Voltaire's *Philosophical Dictionary*(Harmondsworth, 1971, 14)를 번역하면서 그 서

마도 다소 거리가 있는 것일 수도 있다. 벌린 생전에 내가 출간한 그의 논고 모음집들에서 나는 대체로 원전을 대조하여 확인된 직접 인용이나 벌린 본인이 인정한 풀어 쓰기에만 인용부호의 사용을 국한했다. 하지만 지금과 같은 종류의 책에서 오로지 정확한 인용구에만 인용부호를 붙이기로 고집함으로써 더없이 자연스럽고 수사학적인 효과도 있는 이 중간 길을 봉쇄한다는 것은 인위적이고 과하게 주제넘은 짓처럼 보였다. 나는 독자가 오도되는 일이 없도록 이 점을 언급한다. 또한 이런 언급은 내가 참고문헌 목록의 서두(278쪽)에서 벌린의 인용구들에 관해 추가로 밝힌 몇 가지 사항에 대한 배경 설명이기도 하다.

이 강연은 라디오 교육방송 WAMU-FM(워싱턴 D. C. 소재)에서 1965

문에 적은 바와 같이, "문자적 충실성이라는 현대적인 개념은 18세기에는 알려져 있지 않았다. 볼테르가 인용부호 안에 집어넣은 말들이 늘 정확했던 것도 아니고 심지어 직접 인용이 아닐 때도 있었다." 잠바티스타 비코(Giambattista Vico)의 경우는 토머스 고더드 버진(Thomas Goddard Bergin)과 맥스 해럴드 피시(Max Harold Fisch)가 Vico's *New Science*(New York, 1968, v–vi) 번역본 재판 서문에 적은 바와 같이 문제가 더 심했다. "비코는 기억을 통해 부정확하게 인용한다. 그의 참고문헌들은 모호하다. 그는 원래 출처가 아니라 어떤 2차 문헌이 인용한 것을 기억하고 있는 경우란 흔하다. 그는 저 저자가 한 말을 이 저자 말로 돌리기도 하고, 동일 저자가 저 책에서 한 말을 이 책에다 돌리기도 한다 [⋯]". 하지만 버진과 피시가 이 책의 번역서 초판 서문(New York, 1948, viii)에서 언급한 바와 같이, "비코의 오류들을 아무리 남김없이 폭로해도 [⋯] 그의 논증의 정수에는 손상이 가지 않을 것이다."
벌린의 경우에는 적어도 그 이상의 문제가 있다. 그의 인용들이 엄격히 말해 정확치 않은 측면이 있으나, 그런 것들은 대개 원문보다 더 나아진 경우들이라는 점이다. 나는 그와 이 문제를 종종 상의했고 그는 이에 관해 유쾌하게 스스로를 책망했지만, 일단 사실 관계가 확실해진 경우라면 나는 대개 바로잡아 줄 것을 고집했다. 비록 인용구를 대하는 그의 느슨한 접근 방식이 인용된 저자의 의도를 왜곡하는 경우란 거의 없었으며, 때로는 오히려 원저자의 의도를 더 명료하게 해주기도 했지만 말이다. 물론 버진과 피시가 비코에게 했던 말들을 벌린에게도 적용하려 한다면 그것은 과장이다. 다만 비코가 벌린의 지적 영웅 중 한 명이기 때문에 그런 (부분적인) 유사성에 어느 정도 울림이 있기는 할 것이다. 하지만 버진과 피시는 유명한 비코 편집자인 파우스토 니콜리니(Fausto Nicolini)가 비코의 학자적 결함을 "징벌적인 사랑"으로 대한다는 점을 적절하게 지적한다(1968, vi). 이것은 확실히 모범이 될 만한 편집자의 태도이다.

년 6월과 7월에 처음 방송되었다. BBC에서는 1966년 8월과 9월에 제3 방송BBC Third Programme을 통해 전파를 탔고 1967년 10월과 11월에 재방송되었다. 1975년에는 호주에서 (허가 없이) 재방송되었고 1989년에는 영국에서 BBC 라디오 3 BBC Radio 3을 통해서도 재방송되었다. 1989년이면 벌린의 나이가 여든에 이르렀을 때다. 나중에 벌린의 업적을 다룬 프로그램들이 강연에서 발췌한 몇몇 대목들을 방송에 삽입하기도 했다.

벌린 자신은 살아생전에 이 강연의 녹취록 출간을 완강히 거부했다. 그 이유는 단지 그가 생애 말년에 이를 때까지도 여전히 '제대로 된' 책을 쓰겠노라 희망했기 때문만이 아니라, 아마도 수정과 상술의 수고를 들이지도 않은 채 무無 원고 강연을 직접 받아 적은 녹취 자료를 그대로 출간한다는 것이 허영에 찬 행위라고 믿었기 때문이기도 할 것이다. 그는 자기가 한 말 중에 일부는 필시 너무 일반적이고, 너무 사변적이고, 너무 투박해서 강연 현장에서는 수용될 수 있을지 몰라도 인쇄물로는 그렇지 않을 수 있다는 사실을 잘 인식하고 있었다. 실제로 그는 당시 BBC 라디오 제3방송 국장이었던 P. H. 뉴비Newby에게 보낸 감사 편지에서 자신의 모습을 "여섯 시간 넘게 열에 들뜬 것처럼, 여기저기서 앞뒤도 안 맞고, 허둥지둥하고, 숨도 제대로 못 쉬고, 내 귀에는 이따금 신경질적으로 들리기까지 한, 이 거대한 말의 물줄기를 풀어"* 놓고 있었다고 묘사한다.

이 녹취물이 사후에라도 절대 출판되어서는 안 된다고 믿는 사람들이 있다. 흥미로운 내용이 담겨 있다는 데에는 의심의 여지가 없으나 그것이 벌린의 전작全作이 지닌 세상의 평판을 깎아내린다고 믿는 것이다.

---

* 1966년 9월 20일자 편지, 이 책의 276쪽을 보라.

나는 이런 견해에 동의하지 않으며, 다수 학자들로부터 내 생각에 대한 지지 의견을 얻어냈다. 나는 이들의 판단을 존중한다. 특히 가장 꼼꼼한 비평가인 고故 패트릭 가디너Patrick Gardiner는 이 책을 처음 출간하기 몇 년 전에 편집본을 미리 읽어보고 이 책을 그 상태 그대로 출간하자는 입장에 대해 일관된 지지를 보내 주었다. 설령 이런 종류의 글을 저자 생전에 출판하는 일이 잘못이라고 하더라도(그리고 나는 이 문제에 대해서도 유동적인 입장이다), 이번 경우처럼 저자가 탁월하고 강연이 흥미진진한 경우에는 그렇게 하는 것이 나에게는 수용할 수 있을 뿐만 아니라 매우 바람직한 일인 것처럼 보인다. 게다가 벌린 본인이 분명히 이 녹취물이 사후에 출간될 거라는 사실을 받아들였고, 그렇게 향후 벌어질 일을 언급할 때 본인이 보류 의사를 갖고 있음을 진지하게 표명한 바가 없다. 그는 유고 출판 여부를 좌우하는 규준은 생전에 적용되는 규준과는 매우 다르다고 믿었다. 그리고 그는 자신의 멜론 강연이 무원고 강연의 예술적 경지를 보여준 역작으로서 고스란히 사람들의 항구적 이용이 가능한 형태로 만들어 놓을 만한 가치가 있다는 사실을, 비록 본인이 거기까지 대놓고 인정하지는 않을 테지만, 어쨌든 틀림없이 알았을 것이다. 그가 J. G. 하만Hamann에 관해 공공연한 논쟁을 불러일으킨 자신의 책에 대해 언급했던 말을 인용하자면, 이제는 이런 견해가 "비판적인 독자들에게 수용되거나 반박될"* 차례였다.

존 그레이의 서문은 지금의 이 제2판을 위해 새로 쓴 것이다. 나는 제2판에서 사소한 부분들을 여러 군데 교정했고, 책이 처음 출판되고 나서

---

* *The Magus of the North*의 독일어판에 수록하기 위해 1994년에 특별히 쓴 머리글에서 인용. Isaiah Berlin, *Der Magus in Norden*(Berlin, 1995) p. 14 참조. 이 머리글의 영어 원문은 현재 Berlin's *Three Critics of the Enlightenment: Vico, Hamann, Herder*(London and Princeton, 2000)에 실려 있다. 해당 책의 252쪽에서 이런 언급을 찾을 수 있다.

야 비로소 알려진 몇 가지 출처를 추가했다. 그중 일부 출처는 탈도 많지만 문예연구자 업계를 변모시키고 있는 도구인 구글북스 덕분에 알려졌다. 그리고 강연에 관한 편지들 중 주로 벌린이 쓴 것을 선별하여 책의 말미에 부록으로 실었다. 이 화제를 다룬 그의 서신 대부분은 그의 서류철 혹은 워싱턴 D. C.의 국립미술관에 보존되어 있다. 국립미술관에 보관 중인 편지들의 사본을 제공해 준 미술관 서고 책임자 메이진 대니얼스Maygene Daniels에게 깊은 감사를 전한다. 편지들은 특히 이처럼 널리 알려진 대중연속강연을 맡게 된 데 대해 벌린이 내비치는 거의 편집증적인 태도를 엿볼 수 있는 것들로 선정했다. 265쪽에 벌린의 초상화 소묘를 수록할 수 있게 허락해 준 《워싱턴포스트》에 감사한다.

강연 내용을 잘 설명하기 위해 가능하면 슬라이드 화면을 활용하자는 문제로 의견을 주고받은 서신들이 있다. 벌린은 두 통의 편지를 보냈다. 1965년 2월 8일에 보낸 첫 편지에서 벌린은 모순적인 태도를 멋지게 드러내며 이렇게 언급한다. "내 힘이 닿는 한 아직은 어떤 슬라이드도 사용할 의향이 정말로 없습니다. 하지만 그러면서도 어쨌든 강연 중에 한 번은 너무도 보여 주고 싶군요." 두 번째 편지(2월 24일자)에서는 이렇게 쓴다. "전반적인 개념이 분명하기만 하다면, 나는 그 슬라이드들을 상세하게 설명하지 않고, 대신 그런 종류의 것이 있다는 걸 보여 주기 위한 일종의 일반적 배경으로 거기에 비춰 두게 하려 합니다." 나는 이 마지막 의견의 정신을 존중하여 '그러한 종류의 것이 있다는 걸 보여 주기 위해' 그가 제시한 이미지들 중 다섯 개를 골라 본문의 대략 적당하다 싶은 위치에 수록했다.

신판은 새로 편집했기 때문에, 쪽수 매김이 초판과는 다르다. 구판의 참고문헌을 찾아가려는 독자들은 다소 불편할 것이다. 그래서 나는 두 판본의 대조표를 정리하여 〈http://berlin.wolf.ox.ac.uk/published_works/rr/concordance.html〉에 올려놓았다. 이 표를 활용하면 한 판본의 참고문헌을 다른 판본으로 쉽게 변환할 수 있을 것이다.

기록으로 남겨야 할 감사의 빚을 많이도 졌다. 물론 그 빚은 틀림없이 내가 기억할 수 있는 것보다 더 많을 것이다. 참고문헌 제공과 관련된 사람들은 283쪽에 언급해 놓았다. 그밖에 마땅히 온 정성을 다해 감사를 표해야 할 분들은 내가 울프슨 칼리지에서 특별연구원 자리를 유지할 수 있도록 재정 지원을 해준 어느 누구보다 관대한 후원자들이다(이전 책들에서의 경우와 대개 사정이 같다). 내가 고마워해야 할 후원자들이 생기도록 보증해 준 고故 불럭 경Lord Bullock에게도, 내게 일할 수 있는 공간을 마련해 준 울프슨 칼리지에도 감사한다. 저자의 비서로서 35년 여 세월 동안 나의 인내심 강한 친구이자 지지자였던 고故 팻 우테친Pat Utechin에게도 감사한다. 녹취물을 읽고 조언해 주었을 뿐 아니라 그밖에 다른 많은 형태의 긴요한 도움을 제공한 로저 하우시어Roger Hausheer와 고故 패트릭 가디너에게도 감사한다. 편집상의 몇 가지 값진 제안을 해준 조니 스타인버그Jonny Steinberg에게도 감사한다. 많고도 가혹한 내 요구 사항들을 참아내야만 했던 출판인들에게도 감사한다. 특히 채토 앤 윈더스Chatto and Windus사의 윌 설킨Will Sulkin과 로웨나 스켈턴-월리스Rowena Skelton-Wallace, 프린스턴 대학교 출판부의 데버러 테가든Deborah Tegarden에게 감사한다. 정신적 지원과 유용한 조언을 아끼지 않은 새뮤얼 거튼플랜Samuel Guttenplan에게도 감사한다. 그리고 마지막으로 내가 택한 직업을 떠받치는 나의 아주 이상한 형태의 외골수 성격을 견디어 준 가족에게 감사한다(이전에는 무심하게도 우리 가족을 언급한 적이 없었던 것 같다). 나의 최대 채권자는 바로, 편집자로서 감히 기대해 볼 수 있는 가장 보람찬 과업을 내게 위탁해 주고 그 일을 수행하는 동안 내가 완벽한 재량권을 행사할 수 있게 해준 이사야 벌린이라는 말을 굳이 덧붙이는 건 거의 사족이 아닐까 싶다.

헨리 하디
울프슨 칼리지, 옥스퍼드, 1998년 5월
헤스월, 2012년 5월

1

정의를 찾아서

아마도 여러분은 내가 여기서 말하는 낭만주의가 무슨 뜻인지 분명히 해두기 위해 이 용어에 대한 일종의 정의나 적어도 어느 정도의 일반론으로 강의를 시작하겠거니, 혹은 그렇게 시작하려 시도하겠거니 기대할 것이다. 나는 그런 특별난 올가미에 제 발로 걸어 들어갈 의향은 없다. 탁월하고 현명한 노스럽 프라이 교수는 누구든 낭만주의라는 주제에 관해 일반론에 착수할 때마다, 예를 들어 영국 시인들 사이에서 — 이를테면 라신이나 포프와 대비하여 워즈워스Wordsworth와 콜리지Coleridge에게서 — 생겨난 자연을 대하는 새로운 태도를 이야기할 때처럼 전혀 무해한 경우라 하더라도, 반드시 누군가가 나타나 호메로스, 칼리다사, 전前무슬림 시기의 아랍 서사시들, 중세 스페인 운문, 그리고 마지막으로 라신과 포프 본인들이 쓴 글에서 찾아낸 반대 증거를 제시할 것이라고 지적한다. 이런 이유 때문에 나는 일반론 대신에 뭔가 다른 방식으로 내가 생각하는 낭만주의란 무엇인지를 전달할 작정이다.

실제로 낭만주의에 관한 문헌은 낭만주의 자체보다 더 많고, 하다못해 낭만주의에 관한 문헌이 무엇에 관심을 갖고 있는지를 규정하는 문헌도 꽤 많다. 일종의 뒤집어진 피라미드가 존재하는 셈이다. 이 주제는 혼란스럽고 위험하여 내가 보기에 이 안에서 많은 이들은, 비록 정신을 못 차린다고까지 말하지는 않겠지만, 어쨌든 방향감각을 잃게 된다. 이것은 베르길리우스Vergilius가 모든 발자국이 한 방향으로 이어진다고 묘사한 깜깜한 동굴과 비슷하다. 혹은 한번 들어간 사람은 결코 다시 모습을 드러내는 법이 없는 폴리페모스Polyphemus[호메로스의 서사시《오디세이》에 등장하는 외눈박이 괴물]의 동굴 같기도 하다. 그래서 이 주제 속으로 뛰어들면서 나 역시 약간의 전율을 느낀다.

낭만주의의 중요성은 그것이 서구 세계의 삶과 사유를 변모시킨 가장 거대한 최근의 운동이라는 점에 있다. 내게는 서구에서 가장 큰 의식의 전환이 일어난 단일한 사례로 보이며, 이에 비해 19세기와 20세기 동안 발생한 다른 모든 전환들은 상대적으로 덜 중요하고 그래 봤자 이 운동의 영향을 깊게 받은 것들로 보인다.

사상의 역사뿐만 아니라 의식, 의견, 행위의 역사나 도덕, 정치, 미학의 역사도 큰 틀에서 보면 지배적 모형들의 역사이다. 어떤 특유의 문명을 고찰할 때마다 그 문명의 가장 전형적인 저술들이나 여타 문화적 산물들은 특수한 삶의 패턴을 반영한다는 사실을 발견하게 될 것이다. 바로 그런 패턴이 그런 글을 집필한 사람들, 그런 그림을 그린 사람들, 그런 특수한 음악을 작곡한 사람들을 지배한다. 그리고 어떤 한 문명을 확인한다거나, 그 문명이 어떤 문명인지 설명한다거나, 그런 부류의 인간들이 생각하고 느끼고 행동했던 세계를 이해하기 위해서는 그 문화가 따르고 있는 지배적 패턴을 가능한 한 따로 떼어 내어 살펴보려고 노력하는 것이 중요하다. 예를 들어 고전기의 그리스 철학이나 문학을 고려해 보라. 이를테면 우리가 플라톤의 철학을 읽는다면, 기하학적 모형 혹은 수학적 모형이 그를 지배하고 있음을 알게 될 것이다. 깨질 수 없는 어떤 철석같은 공리적 진리들이 존재하며 그런 진리들로부터 엄격한 논리에 의해 절대로 오류 불가능한 결론을 연역하는 것이 가능하다는 생각, 그가 권장하는 특별한 방법을 통해 이런 종류의 절대적 지혜에 도달하는 것이 가능하다는 생각, 성취해야 할 절대적 지식 같은 것이 세계 안에 존재하며 우리는 이런 절대적 지식(기하학, 아울러 수학 일반이 이런 절대적 지식에 가장 가까운 사례이자 가장 완벽한 전형에 해당한다)에 이를 수 있을 때에만 이 지식과 이 진리에 의거하여 우리 삶을 고정된 방식에 따라 그 어떤 추가적인 변화도 필요 없이 최종적으로 체계화할 수 있고 그럴 때 모든 고통, 모든 의심, 모든 무지, 모든 형태의 인간적 악행과 어리석음이 지상에서 사라질 것으로 기대할 수 있다는 생각, 플라톤의 사상은 바로 이와 같은 생각들이 좌우하는 경향성에 따라 작동하고 있는 것이 분명하다.

어딘가에 완벽한 통찰이 존재하며 차갑고 고독한 수학의 진리들이나 하여간 그와 유사한 진리에 이르기 위해서는 오로지 특정 종류의 엄격한 훈육이나 특정 종류의 방법만이 필요할 뿐이라는 이런 관념은 이어서 플라톤 이후 시대의 대단히 많은 다른 사상가들에게 영향을 미친다. 유사한 사상을 보유했던 르네상스 시대가 확실히 그렇고, 스피노자 같은 사상가들, 18세기의 사상가들, 19세기의 사상가들도 확실히 그랬다. 이들 사상가들은 절대적이지는 않더라도 어쨌든 거의 절대적이라 할 만한 유형의 지식에 이르는 것이 가능하다고 믿었다. 이들은 이런 지식을 통해 세계를 말끔히 청소하고 그 위에 일종의 합리적 질서를 창조할 수 있으며, 그런 세계에서는 주도면밀하게 획득한 정보를 사용하면서 그런 정보에 보편적으로 납득 가능한 이성을 적용할 것이기에, 걸핏하면 파멸을 야기했던 과거의 비극, 악덕, 우둔에서 마침내 벗어날 수 있게 되리라 생각했던 것이다.

이런 것이 일종의 모형이다. 나는 하나의 예시로 이 모형을 제공한 것뿐이다. 이런 모형들은 하나같이 사람들을 오류와 혼란에서, 그리고 모종의 비지성적인 세계에서 해방시켜 주겠다면서 출발한다. 사람들은 모형에 의거하여 이 점을 분명하게 규명해 보려 한다. 그러나 모형은 십중팔구 해방시켜 주겠다던 바로 그 사람들을 노예화하는 것으로 끝을 맺는다. 모형은 경험의 총체를 설명하는 데 실패하고 만다. 해방자로 시작하지만 그 끝은 모종의 독재인 것이다.

다른 사례로서 비슷한 시기에 나란히 나타난 문화인 성서 문화와 유대 문화를 고찰해 보자. 우리는 그리스인이라면 도저히 수긍할 수 없었을 철저히 다른 일군의 관념들과 철저히 다른 모형이 지배하고 있는 양상을 발견하게 될 것이다. 대체로 유대교나 기독교 둘 다 발생의 기원이 된 것은 이른바 가족생활이라고 하는 개념이다. 이를테면 아버지와 아들의 관계, 어쩌면 부족 구성원들이 서로에게 맺는 관계 같은 것이 이에 해당한다. 이는 자녀들의 아버지 사랑, 인간의 형제애, 용서, 아랫사람에 대한 윗사람의 명령 행사, 의무감, 파계, 죄악 및 그에 따른 속죄의 필요성 등과 같은 근본적인 관계들을 통해 자연과 삶을 설명하려 한다는 뜻이다. 성서를 창조한 사람들과 성서에 매우 큰 영향을 받은 사람들은 이런 성질들로 이뤄진 문화 복합의 총체에 의거하여 우주 전체를 설명하게 되는 셈인데, 그리스인들로서는 이 모든 것을 일체 납득할 수 없었을 것이다.

굉장히 친숙한 〈시편〉을 생각해 보라. 〈시편〉의 작자는 "이스라엘 민족이 이집트에서 벗어났을 때 〔…〕 바다가 이를 보고 달아나더라. 요단 강은 뒤로 물러섰고, 산들은 양떼처럼 허둥지둥 도망쳤으며, 낮은 언덕들은 새끼 양과 같더라."라고 말하며, 지상은 "하느님의 임하심에 〔…〕 두려워하라"는 명령을 받는다. 이런 말들은 플라톤이나 아리스토텔레스로서는 도무지 알아들을 수 없었을 것이다. 왜냐하면 하느님의 명령에 개인적으로 반응하는 세계라는 바로 그 온전한 생각, 생물이건 무생물이건 모든 관계가 인간들 사이의 관계를 통해서거나 혹은 한쪽은 신, 다른 한쪽은 인간처럼 어쨌거나 인격체들 사이의 관계를 통해서 해석되어야 한다는 발상은 신이 어떤 존재이고 신과 인간이 어떤 관계를 맺는지에 대한 그리스인들의 생각과는 매우 거리가 멀기 때문이다. 그래서 어지간히 유대인의 영향이 스며든 안경을 쓰고 그리스인의 마음을 읽어 내려는 사람들로서는 그리스인들에게 복종이라는 개념이 결여되어 있고 그 바람에 의무라는 개념도 결여되어 있다는 점을 파악하기가 매우 어렵다.

상이한 모형들이 얼마나 낯선 것일 수 있는지 전하고자 하는 이유는 이러한 의식의 변천사를 추적할 때 그 점이 정말로 중요하기 때문이다. 인류의 전반적 관점이 전환되는 중대한 혁명들이 발생하지만 때로는 그 근원을 거슬러 올라가 추적하기가 어려운 경우들이 있다. 우리가 그런 혁명들을 마치 친숙한 것들인 양 곧이곧대로 덥석 받아들이기 때문이다. 18세기 초에 활약한(만약 찢어지게 가난하고 온갖 무시를 당한 사람이 그래도 무언가 활약했다고 말할 수 있다면) 이탈리아 사상가 잠바티스타 비코Giambattista Vico는 아마도 우리를 고대 문화의 생경함에 주목하게 한 최초의 인물일 것이다. 예를 들어, 그는 굉장히 친숙한 라틴어 육보격 시 한 편의 마지막 구절인 "만물은 주피터로 가득 차 있다Jovis omnia plena"를 인용하면서 이 구절은 우리로서는 완전하게 이해할 수 없는 무언가를 이야기하고 있다고 지적한다. 한편으로 주피터, 그러니까 조브Jove는 천둥과 번개를 집어 던지는 큰 수염이 달린 신이다. 그런데 다른 한편으로 '만물omnia'이 이 수염 달린 존재로 '가득 차' 있단다. 이것은 표면적으로는 납득할 수 없는 소리이다. 그래서 비코는 대단한 상상력과 설득력을 발휘하면서 우리와는 매우 동떨어진 이 고대인들의 관점이 우리의 관점과는 아주 다른 것이 틀림없다고 주장한다. 고대인들은 자기네 신이 다른 작은 신과 인간에게 명령을 내리는 수염 달린 거인이라고 생각했을 뿐만 아니라 하늘 전체를 가득 메울 수 있는 무언가라고도 생각할 수 있었던 것이다.

더 친숙한 사례를 들어 보자. 아리스토텔레스는 《니코마코스 윤리학》에서 우정이라는 주제를 논하면서 다양한 종류의 친구들이 존재한다고 말하는데 그 방식이 우리에게는 다소 놀라워 보인다. 예를 들어, 한 인간이 다른 인간에게 열정적으로 빠져드는 경우에 해당하는 우정이 있다. 그리고 거래를 하고, 물건을 사고파는 사업 관계에 해당하는 우정도 있다. 아리스토텔레스에게는 두 종류의 우정이 있다는 말이 전혀 이상할 게 없다는 사실, 일생을 사랑에 바친 사람들, 아니 어쨌든 열렬한 사랑에 빠진 감정 상태를 보유한 사람들이 있는 반면에 서로 신발을 사고파는 사람들이 있는데, 이들이 결국은 동종의 부류라는 사실, 이런 사실들은 결과적으로 어쩌면 기독교의 입장에서 보건, 혹은 낭만주의 운동의 입장에서 보건, 아니 그 어떤 입장에서 보건 간에, 우리로서는 꽤나 익숙해지기 어려운 것들임을 깨닫게 해준다.

나는 단지 이들 고대 문화가 우리 생각보다 더 생경하며, 일상의 무비판적인 고전 읽기를 통해 알고 있다고 생각하는 것보다 더 큰 변천이 인간 의식의 역사에서 발생했음을 전하기 위해 이런 사례들을 제시한 것이다. 물론 훨씬 더 많은 다른 사례들이 있다. 세계는 유기적으로 바라볼 수도 있고 기계적으로 바라볼 수도 있다. 세계를 유기적으로 바라본다는 것은 세계를 이를테면 한 그루의 나무처럼 생각하는 것이다. 나무는 모든 부분이 다른 모든 부분을 위해서 살고 또한 다른 모든 부분 덕분에 사는 존재이다. 반면 세계를 기계적으로 바라본다는 것은 아마도 어떤 과학적 모형의 결과일 것이다. 이런 모형에서 각 부분들은 서로에게 자기 바깥에 있는 것들이며, 국가나 다른 어떤 인간적 제도들은 행복을 증진하거나 서로에게 해를 입히지 못하게 하는 목적을 이루기 위한 부속품으로 간주된다. 세계를 바라보는 이런 시각들은 삶에 대한 매우 상이한 개념화로서 상이한 세간의 풍조에 속하며 상이한 사고방식의 영향을 받는다.

통상 벌어지는 일은 어떤 학문이 — 이를테면 물리학이나 화학이 — 주도권을 획득하고 그것이 당대 세대의 상상력에 엄청난 지배력을 행사한 결과 다른 영역에까지 그 힘이 적용되는 것이다. 19세기 사회학에서 이런 일이 벌어졌으며, 우리 시대에 심리학에서도 벌어졌다. 내 논제는 낭만주의 운동이 바로 그 정도로 거대하고 급진적인 변환이었으며 그 이후로 이에 비견할 만한 사건은 아무것도 없다는 것이다. 내가 집중하고 싶은 주장이 바로 그것이다.

낭만주의 운동은 어디서 발흥했을까? 확실히 영국은 아니었다. 물론 형식적으로 말하자면 영국에서도 낭만주의 운동이 발흥했다는 데에 의심의 여지란 없다. 역사가라면 누구나 그렇게 말할 것이다. 하지만 낭만주의 운동이 가장 극적인 형태로 발생했던 곳이 영국이 아닌 것만은 분명하다. 여기서 의문이 생긴다. 내가 낭만주의에 관해서 말할 때, 나는 역사적으로 발생한 그 무엇을 의미하고 있는 것인가(그렇게 하고 있는 듯 보이겠지만), 아니면 혹시 내가 의미하는 것이 어떤 특수한 시대에만 속하거나 그 시대가 독점하는 것이 아닌 어떤 영속적인 마음의 틀 같은 것을 말하는 것인가? 허버트 리드Herbert Read와 케네스 클라크Kenneth Clark* 는 낭만주의가 마음만 먹으면 어디서든 찾아낼 수 있는 영속적인 마음 상태라는 입장을 견지한다. 케네스 클라크는 로마 황제 하드리아누스의 일부 시행詩行들에서 그런 마음 상태를 발견한다. 허버트 리드는 아주 많은 사례들을 인용한다. 이 주제에 관해 광범위한 저술을 남긴 세예르 남작은 플라톤과 플로티누스Plotinus, 그리스 작가 헬리오도로스 등을 비롯해 본인의 견해에 따르면 낭만주의 저술가로 간주할 수 있다는 아주 많은 여타 인물들을 인용한다. 이 쟁점에 끼어들고 싶은 마음은 없다. 그들의 생각이 맞을 수도 있다. 다만 내가 다루고 싶은 주제는 시간적으로 한정된 것이다. 나는 인간의 영속적 태도가 아니라 역사적으로 발생해서 오늘날 우리에게 영향을 미치고 있는 특별한 변환을 다루고 싶다. 따라서 나는 주된 관심을 18세기의 중반에 발생한 일들에 한정할 작정이다. 그 일은 영국에서 벌어지지 않았고, 프랑스도 아니며 대체로 독일에서 벌어졌다.

역사와 역사적 변화에 관한 통상의 관점은 다음과 같이 설명할 수 있다. 우리는 프랑스의 18세기dix-huitième에서 시작한다. 이 시기는 만사가 평온함과 유연함에서 비롯되고, 인생과 예술의 규칙들이 준수되고, 이성이 전반적으로 전진하고, 합리성이 진보 중이며, 교회가 퇴색하고 있고, 프랑스 계몽철학자들의 대단한 공세 앞에 불합리가 무릎을 꿇어 가

---

* 두 사람 다 이전 멜론 강연자들이다. 참고문헌 다음에 실려 있는 목록을 보라.

던 우아한 세기이다. 평화가 있고, 평온이 있고, 우아한 건물이 있고, 인간사人間事, 예술적 실천, 도덕, 정치, 철학 등 만사에 보편적 이성이 적용된다는 믿음이 있다. 그러다가 겉보기엔 설명할 수 없는 갑작스런 습격이 벌어진다. 갑자기 감정을 맹렬히 분출하며 열광한다. 사람들은 고딕 건축물에 관심을 갖고, 내성內省에 관심을 갖는다. 사람들은 갑자기 신경과민이 되고 우울해진다. 그들은 설명할 길 없는 자생적 천재성의 비상을 존경하기 시작한다. 대칭적이고 우아하고 유리처럼 투명한 이 상태에서 전반적인 은둔이 발생한다. 동시에 다른 변화들도 발생한다. 엄청난 혁명이 발발한다. 불만족이 터져 나온다. 왕의 머리가 잘린다. 그리고 공포정치가 시작된다.

이들 두 혁명이 서로 어떤 관계인지는 전혀 분명치가 않다. 우리가 읽은 역사에 따르면, 18세기 말에 가까워지면서 무언가 대격변의 사건이 발생했다는 전반적인 느낌이 든다. 처음에는 일들이 비교적 유연하게 진행되는 것처럼 보였는데 그러다가 갑작스레 파열이 생겼다. 어떤 이들은 그것을 환영하고, 어떤 이들은 그것을 비난한다. 비난하는 이들은 이 시대가 우아하고 평화로운 때였다고 생각한다. 탈레랑Talleyrand이 말했듯이 이 시대를 모르는 사람들은 진정한 '인생의 즐거움plaisir de vivre'* 을 모르는 이들이었다. 다른 사람들은 이 시기는 인위적이고 위선적인 시대였으며, 혁명은 더 훌륭한 정의, 더 훌륭한 인간성, 더 훌륭한 자유, 인간들끼리의 더 훌륭한 이해의 치세가 도래할 것을 예고했다고 말한다. 그건 그렇다 치더라도 이런 의문이 생긴다. 이 새롭고 소란스러운 태도가 예술과 도덕의 영역에서 뚫어 낸 갑작스런 돌파구라고 할 수 있는 소

---

* 종종 '인생의 달콤함(douceur de vivre)'으로 인용되기도 한다.

위 낭만주의 혁명과, 통상 프랑스 혁명으로 알려져 있는 그 혁명 간의 관계는 무엇인가? 바스티유의 잔해 위에서 춤췄던 사람들, 루이 16세의 머리를 잘랐던 사람들과, 천재성에 대한 돌연한 맹신이나, 우리가 전해 들은 갑작스런 주정주의emotionalism의 돌진이나, 서구 세계를 집어삼킨 갑작스런 동요와 소용돌이에 영향받은 사람들은 같은 사람들이었던가? 명백히 아니다. 확실히 프랑스 혁명의 기치에 들어 있던 원리들은 보편적 이성, 질서, 정의의 원리들이었으며, 그런 것들은 낭만주의 운동과 통상 결부되곤 하는 독특성의 감각, 심원한 감정적 내성, 사물들의 차이에 관한 감각, 즉 유사성보다는 차이성에 관한 감각과는 전혀 연결되는 바가 없었다.

루소는 어떤가? 물론 어떤 의미에서 루소는 낭만주의 운동의 아버지 중 한 명으로서 이 운동을 부흥시킨 사람이라 부르기에 너무도 합당한 인물이다. 하지만 내가 보기에 로베스피에르Robespierre의 사상에 책임을 져야 할 루소, 프랑스 자코뱅파의 사상에 책임을 져야 할 루소는 낭만주의와 명백한 관계가 있는 이 루소가 아니다. 저 루소는 《사회계약론》을 쓴 루소이며, 이 책은 인간이 만인이 공통으로 보유한 으뜸의 원초적 원리들로 되돌아갈 것을 설파한 전형적인 고전적 논고이다. 또한 이 책은 사람들을 갈라놓는 감정과는 정반대로 사람들을 통합하는 보편 이성의 통치, 인간 정신의 심장부를 도려내고 인간을 갈라 서로 싸우게 만드는 갈등과 소란과 소용돌이에 맞선 보편적 정의와 보편적 평화의 통치를 이야기한다.

그러므로 이 위대한 낭만주의의 대격변이 정치 혁명과 어떤 관계가 있는 것인지 이해하기란 어렵다. 게다가 결코 무관하다 여길 수 없는 산업 혁명도 있다. 어쨌든 사상이 사상을 낳는 것은 아니다. 분명히 어떤 사회경제적 요인들이 인간 의식의 거대한 격변에 책임이 있다. 우리는 문제지를 손에 쥔 것이다. 산업 혁명이 있고, 고전적 후원에 힘입어 벌어진 프랑스의 위대한 정치 혁명이 있고, 낭만주의 혁명이 있다. 프랑스 혁명기의 위대한 예술도 한번 떠올려 보라. 예를 들어, 혁명을 주제로 한 다비드의 위대한 그림들을 고찰한다면, 그를 낭만주의 혁명과 명확하게 연결하기란 어렵다. 다비드의 그림은 일종의 웅변이다. 스파르타로의 귀환, 로마로의 귀환을 호소하는 준엄한 자코뱅파의 웅변인 것이다. 그 그림들은 인생의 부박함과 천박함에 맞서 싸우는 투쟁심을 전파하고 있으며 이는 마키아벨리나 사보나롤라Savonarola나 마블리Mably 같은 사람들의 가르침과 연결된다. 이들은 보편성을 띤 영원한 이상들이라는 기치하에 각자 자기 시대의 천박함을 꾸짖었던 사람들이다. 반면에 모든 역사가들이 하는 말마따나 낭만주의 운동은 온갖 종류의 보편성에 대한 열띤 저항이었다. 따라서, 어쨌거나 얼핏 보기에는 도대체 무슨 일이 일어난 것인지 이해하는 데 문제가 있는 셈이다.

내가 이 위대한 돌진을 어찌된 일로 간주하는지, 내가 왜 그 시기, 이를테면 1760년에서 1830년의 세월 사이에 무언가 변혁이 일어났고 유럽인의 의식에서 거대한 단절이 이뤄졌다고 생각하는지 어느 정도 실감할 수 있게끔 하나의 사례를 제시하고자 한다. 이것은 어쨌거나 내가 왜 그렇게 말할 만한 사정이 분명히 있다고 생각하는지 그 예비적인 증거를 제공하기 위한 것이기도 하다. 1820년대쯤에 서구 유럽을 여행 중이라고 상상해 보자. 프랑스에서 빅토르 위고의 친구들 즉, 위고라트흐 Hugolâtres[빅토르 위고의 작품을 광적으로 추종하던 사람들을 가리킴]*라 불

---

* 'Hugolators(위고숭배자들)'는 'idolators(우상숭배자들)'에서 유추된 말이다.

리던 전위적인 젊은이들에게 말을 걸어 본다고 상상해 보라. 이번에는 독일로 가서 그곳에서 예전에 마담 스탈Mme de Staël이 방문한 적이 있던 사람들에게 말을 걸어 본다고 상상해 보라. 마담 스탈은 독일의 정신을 프랑스인들에게 해석해 준 바 있던 인물이다. 위대한 낭만주의 이론가들인 슐레겔Schlegel 형제나, 우화 작가이자 시인인 티크Tieck처럼 바이마르에 사는 괴테의 친구 한두 명이나, 혹은 낭만주의 운동과 연관이 있는 다른 인물들과 이들 시인, 극작가, 비평가 들의 작품에 깊은 영향을 받았던 대학 내 추종자, 학생, 젊은이, 화가, 조각가 들을 만났다고 상상해 보라. 이를테면 영국에서 콜리지나 특히 바이런에게 영향을 받은 어떤 이에게 말을 걸었다고 상상해 보라. 아니, 영국에서건 프랑스에서건 이탈리아에서건 혹은 라인 강 너머에서건 혹은 엘베 강 너머에서건 어쨌거나 바이런에게 영향을 받은 어떤 누군가에게 그렇게 말을 걸었다고 상상해 보라. 자, 저런 사람들에게 말을 걸었다고 상상해 보면 아마도 그들의 삶의 이상이 대략 다음과 같은 종류의 것들임을 발견하게 될 것이다.

그들이 최고의 중요성을 부여하는 가치들은 고결성, 진실성, 어떤 내면의 빛 앞에서 자신의 목숨까지도 기꺼이 희생하는 태도, 자신의 전부를 희생할 가치가 있고 삶과 죽음 모두를 걸 만한 가치가 있는 어떤 이상에 대한 헌신 등과 같은 것들이었다. 우리는 그들이 지식이나 과학의 진보에 우선적인 관심을 두지 않았다는 사실을 발견했을 것이다. 정치권력에도 관심을 두지 않았고, 행복에도 관심이 없었으며, 특히 삶에 적응하고, 사회 안에서 자신의 위치를 찾고, 통치 세력과 더불어 평화롭게 살고, 심지어 왕이나 공화국에 충성을 하는 데에도 관심이 없었다. 우리는 상식과 중용 같은 것은 그들의 생각과는 매우 거리가 멀다는 사실을 발견했을 것이다. 우리는 그들이 마지막 숨이 끊어질 때까지 신념을 지키기 위해 싸워야 할 필요가 있다고 믿었다는 사실을 발견했을 것이고, 그들이 순교 그 자체의 가치를 믿었으며 그 순교가 무엇을 위한 순교인지는 중요하게 생각하지 않았다는 사실을 발견했을 것이다. 또한 그들은 소수가 다수보다 더 신성하며, 무언가 비열하고 저속한 측면이 들어 있는 성공보다는 오히려 실패가 더 고귀하다고 믿었다는 사실을 발견했을 것이다. 철학적인 의미에서가 아니라 일상적으로 사용하는 의미에서 이상주의라고 하는 바로 그 개념은 원칙이나 어떤 신념을 위해 아주 많은 것을 기꺼이 희생할 준비가 되어 있고, 그런 것들을 팔아넘길 준비란 되어 있지 않으며, 자기가 믿고 있는 바를 위해서라면 단지 믿는다는 바로 그 이유 때문에 어떤 시련이든 감수할 준비가 되어 있는 사람의 마음 상태를 가리키는 것이며, 이런 태도는 비교적 새로운 것이었다. 사람들이 존경했던 것은 성심, 진심, 영혼의 순수성, 자신의 이상, 그것이 무엇이든지 간에 그 이상에 헌신할 수 있는 능력과 자발적 의도였다.

'그것이 무엇이든지 간에', 바로 이 말이 중요한 것이다. 우리가 16세기에 그 시기 유럽을 갈기갈기 찢어 놓았던 거대한 종교 전쟁에 참전해 싸우고 있는 누군가와 대화를 나눈다고 상상해 보라. 그리고 그 시기에 적개심에 불타는 가톨릭교도에게 이렇게 말한다고 상상해 보라. "물론 이들 프로테스탄트들은 거짓을 믿고 있습니다. 물론 그들이 지금의 신앙을 갖는다는 건 파멸을 자초하는 길입니다. 당연히 그 인간들은 세상에서 다른 그 무엇보다도 중요한 인간 영혼의 구원 문제와 관련하여 위험하기 짝이 없는 자들입니다. 하지만 그들은 매우 진실한 사람들이며, 자기네 대의를 위해 매우 기꺼이 죽음을 택하는 사람들이지요. 그들의 고결성이란 실로 대단히 훌륭한 것이어서 그런 고결성을 위해 죽을 준비가 되어 있는 사람들의 도덕적 존엄과 숭고 앞에 우리는 일정한 몫의 존경을 바쳐야 할 것입니다." 그 가톨릭교도는 아마도 이런 정서를 도저히 납득하지 못할 것이다. 진리를 정말로 알거나 안다고 자처하는 사람이라면, 이를테면 가톨릭교회에서 설교하는 진리들을 믿고 있는 가톨릭교도라면, 자기가 가진 모든 것을 거짓 이론이나 실천에 쏟아 넣을 수 있는 사람들은 매우 위험한 자들이며 그런 자들은 진지하면 할수록 더 위험하고 더 광적인 자들이 된다는 사실을 알았을 것이다.

그 어떤 기독교 기사도 무슬림과 맞서 싸울 때 그 이교도들이 불합리한 교리를 믿으면서 품고 있던 순수성과 진실성을 존경해야 한다는 일반 사람들의 기대가 있으리라 상상해봤을 리 없다. 용감히 싸운 적을 죽였을 때 우리가 품위 있는 인간으로서 적의 시신에 침을 뱉지는 말아야 한다는 데에는 의심의 여지란 없다. 그렇게도 많은 용기(이것은 보편적으로 존중받는 성질이다), 그렇게도 많은 재주, 그렇게도 많은 헌신을 그렇게도 명백히 부조리하거나 위험한 대의를 위해 소진해야만 했다는 사실이 참으로 딱하다는 입장을 택할지는 몰라도 우리는 아마도 이렇게 말하지는 않았을 것이다. "이 사람들이 무엇을 믿고 있는지는 사실 중요치 않습니다. 중요한 것은 그들이 그렇게 믿을 때 갖고 있던 마음 상태입니다. 중요한 것은 그들은 그 믿음을 팔아넘기지 않은 고결한 인간들이었다는 사실입니다. 이런 사람들은 내가 존경할 수 있는 자들입니다. 만약 그들이 그저 목숨을 구걸하기 위해 우리 쪽으로 넘어왔더라면, 그것은 매우 이기적이고, 매우 타산적이며, 매우 경멸할 만한 행태였을 것입니다." 이런 마음 상태에서라면 사람들은 이렇게 말해야 한다. "만일 내가 이것을 믿고 당신은 저것을 믿는다면, 중요한 것은 우리가 서로 싸워야 한다는 것입니다. 당신이 나를 죽여야 하거나 혹은 내가 당신을 죽여야 하는 게 아마도 옳은 일일 겁니다. 어쩌면 우리가 결투를 벌여 서로를 죽여야 하는 것이 최선일 테지요. 하지만 벌어질 수 있는 가능한 상황 중에서 최악은 타협입니다. 왜냐하면 타협은 우리 둘 다 각자가 가진 이상을 배반하는 꼴이기 때문입니다."

물론 순교는 늘 존경받았다. 하지만 진리를 위한 순교라야 했다. 기독교도들이 순교자를 존경한 이유는 그가 진리의 증인이기 때문이었다. 만약 순교자가 거짓의 증인이었다면, 그에게 존경할 만한 것은 아무것도 없었다. 혹시 동정의 대상이 될 수는 있을지언정 결코 존경의 대상은 아니었던 것이다. 우리는 1820년대에 이르러 마음의 상태, 즉 동기가 결과보다 더 중요하고 의도가 결과보다 더 중요하다고 보는 시각을 발견한다. 마음의 순수성, 고결성, 전념, 헌신, 이 모든 것들은 우리 자신이 큰 어려움 없이 존중하는 것들일 뿐 아니라 바로 우리의 정상적인 도덕적 태도의 본바탕을 구성한다고 하는 것들로서 이 무렵쯤에는 대략 상투적인 말이 되어 있었다. 이런 현상은 특히 소수자 무리에서 제일 먼저 나타났고 그러다가 점차 널리 퍼져 나갔다.

내가 생각하는 이런 전환의 의미가 무엇인지 보여 주는 사례를 들어 보겠다. 마호메트에 관해 쓴 볼테르의 희곡을 예시로 들어 보자. 볼테르가 마호메트에게 유달리 관심이 있었던 것은 아니며, 실제로 그 희곡은 의심할 바 없이 교회를 공격하려는 의도를 담고 있었다. 그럼에도 불구하고 자유, 정의, 이성을 추구하고자 하는 모든 노력을 분쇄하는 미신적이고 잔인하고 광신적인 괴물로 마호메트가 등장한다. 그럼으로써 마호메트는 볼테르가 가장 중요시한 모든 것들 즉 관용, 정의, 진리, 문명의 적으로 비난받는다. 이번에는 아주 한참이 지난 후에 칼라일Carlyle이 말할 수밖에 없었던 것들을 고려해 보라. 칼라일은《영웅들, 영웅숭배, 그리고 역사 속의 영웅담들On Heroes, Hero-Worship, and the Heroic in History》이라는 제목의 책에서 수많은 영웅들을 열거하고 분석하는 도중에 마호메트에 관해 이야기하고 있다. 칼라일이라면 다소 과장된 면도 있지만 어쨌든 아주 전형적인 낭만주의 운동의 대변자이다. 이 책에서 그는 마호메트를 "어머니 자연의 위대한 가슴으로부터 모습을 드러낸 불같은 생명의 덩어리"로 묘사했다. 그는 진심과 권능을 불사르는 사람이며 따라서 존중받아 마땅한 사람이다. 마호메트와 비교되는, 그와는 닮은 구석이라고는 없는 것이 바로 아무 쓸모도 없는 뒤틀린 18세기이다. 그 시기는 칼라일의 표현에 따르면 "시들어 버린, 〔…〕 고물 세기"에 지나지 않는다. 칼라일은 코란의 진리에는 조금도 관심이 없으며, 코란에 자기가 믿어볼 만하겠다 싶은 내용이 조금이라도 담겨 있지 않을까 하는 생각조차 하지 않는다. 그가 마호메트를 존경한 까닭은 마호메트가 원초적인 자연력을 지닌 사람으로서 강렬한 삶을 살았고 엄청나게 많은 추종자를 거느리고 있었기 때문이다. 무언가 무시무시한 원초적 현상이 발생했고 인류의 삶에서 위대하고 감동적인 일화가 생겨났다. 이게 바로 마호메트가 입증한 일들이다.

마호메트의 중요성은 그의 성격에 있지 그의 믿음에 있지 않다. 마호메트의 믿음들이 참이냐 거짓이냐 하는 문제는 칼라일에게는 아마 일체 상관없는 일로 비춰졌을 것이다. 그는 같은 논고들에서 "단테의 숭고한 가톨릭주의는 〔…〕 루터에 의해 조각조각으로 찢어져야 한다. 셰익스피어의 고귀한 봉건주의는 〔…〕 프랑스 혁명으로 종언을 고해야 한다."라고 말한다. 왜 그래야 하는가? 왜냐하면 단테의 숭고한 가톨릭주의가 참인지 아닌지는 중요치 않기 때문이다. 요점은 가톨릭주의가 위대한 운동이고, 나름의 시간 동안 지속해 왔으나, 이제는 똑같이 강력하고, 똑같이 진실하고, 똑같이 정직하고, 똑같이 심오하고, 똑같이 세상을 뒤흔들 다른 무언가가 그 자리를 대신해야 한다는 것이다. 프랑스 혁명의 중요성은 그것이 인류의 양심에 커다란 영향을 미쳤으며, 프랑스 혁명을 일으킨 사람들이 매우 진실했고 단지 겉으로 미소 짓는 위선자들이 아니었다는 점에 있다. 칼라일은 볼테르가 그런 위선자 같은 사람이라고 생각했다. 이런 태도를 완전히 새로운 태도라고 말하는 것은 너무 위험한 일이라서 그렇게 말하지는 않겠지만 어쨌든 주목할 만한 가치가 있을 만큼 충분히 새로운 태도인 것은 맞다. 그리고 이런 태도를 야기한 것이 무엇이든지 간에 내가 보기에 이 태도는 1760년과 1830년 사이 어디쯤에서 생겨났다. 이런 태도는 독일에서 싹을 틔워 빠른 속도로 자라났다.

내가 의미하는 종류의 사실을 보여 주는 또 다른 사례를 고려해 보자. 그것은 바로 비극을 바라보는 태도이다. 이전 세대는 비극이란 늘 모종의 오류에서 기인한다고 예단했다. 어떤 이는 무언가를 오해했고, 어떤 이는 실수를 저질렀다. 그것은 도덕의 오류였거나 지성의 오류였다. 그 오류는 피할 수도 있었고, 피하지 못했을 수도 있었다. 그리스인들에게 비극이란 신들이 우리에게 전해 준 오류였으며, 신들에게 종속된 사람이라면 그 누구도 감히 이 오류를 피할 수 없었다. 하지만 원리상 그런 인간들이 전능한 존재였다면 자신들이 실제 저질렀던 그 엄청난 오류를 저지르지 않았을 것이고, 따라서 불운을 불러오는 일도 없었을 것이다. 라이오스가 자기 아버지라는 사실을 알았더라면 오이디푸스는 그를 살해하지 않았을 것이다. 이 점은 셰익스피어의 비극에도 어느 정도 해당된다. 만약 오셀로가 데스데모나의 순결을 알았더라면, 그 특별한 비극의 대단원에서 아무 일도 일어나지 않았을 것이다. 따라서 비극이란 사람들이 피할 수 없거나 혹은 피할 수도 있었을 어떤 결여에서, 즉 지식, 기술, 도덕적 용기, 생활 능력, 올바른 일을 알아보고 그것을 실천으로

50

옮길 수 있는 능력, 또는 그것이 무엇이었든 간에 그 어떤 것을 결여하고 있다는 사실에서 기인한 것이다. 혹은 그게 피할 수 있는 결여였을 수도 있다. 도덕적으로 더 강하고, 지적으로 더 유능하며, 특히 뭐든 모르는 게 없는데다가 어쩌면 충분한 권력까지 갖고 있는 더 훌륭한 사람들이라면 사실상 비극의 몸통에 해당하는 그런 결여를 늘 피할 수 있을 것이다.

19세기 초나 18세기 말만 해도 사정은 다르다. 나중에 다시 살펴보게 될 실러Schiller의 비극《도적 떼Die Räuber》를 읽어 보면, 주인공인 악당 카를 무어는 도적이 되어 수많은 흉악한 살인을 저지름으로써 혐오스런 사회에 복수하고 있는 자라는 사실을 알 수 있다. 그는 결국 그로 인해 처벌 받지만, 누군가 이렇게 묻는다면 어떻게 될까. '누구를 비난해야 하는가? 그가 속해 있는 쪽일까? 그쪽의 가치관은 철저히 썩어 빠지고, 완전히 제정신이 아닌 걸까? 양측 가운데 어느 쪽이 옳은가?' 이 비극을 통해 얻을 수 있는 대답은 없다. 그리고 실러에게는 바로 그런 질문 자체가 얄팍하고 맹목적으로 보였을 것이다.

여기에 양립할 수 없는 두 개의 가치 집합이 충돌한다. 아마도 불가피한 충돌일 것이다. 이전 세대들은 모든 선한 것들은 서로 조화를 이룰 수 있다고 가정했다. 이 말은 더는 참이 아니다. 만약 뷔히너Büchner의 비극《당통의 죽음Dantons Tod》을 읽고 나서 로베스피에르가 끝내 당통과 데물랭의 죽음을 불러온 것을 두고 '그러한 것은 로베스피에르의 잘못이었나?'라고 묻는다면, 그 대답은 '아니오'이다. 그 비극은 이런 것이다. 즉, 당통은 진실한 혁명가로서 비록 몇 가지 오류를 저지르기는 했지만 죽어 마땅한 정도는 아니었다. 하지만 그럼에도 불구하고 로베스피에르가 그를 처형한 것은 완벽히 옳은 처사였다. 여기에는 훗날 헤겔이 언급한 소위 "선과 선"의 충돌이 존재한다. 이것은 오류에서 기인한 것이 아니라, 모종의 불가피한 충돌, 제멋대로 지상을 배회하는 폭풍우의 충돌, 화해할 수 없는 가치관의 충돌에서 기인한 것이다. 중요한 것은 자기가 가진 모든 것을 걸고 이런 가치들에 헌신해야 한다는 것이다. 그렇게 하는 사람들이 있다면, 그들이야말로 비극에 어울리는 영웅들인 것이다. 그렇게 하지 않는다면, 그들은 속물이고, 부르주아이고, 선하지 않은 사람이며, 글을 쓸 가치도 없는 자이다.

하나의 이미지로서 19세기를 지배한 형상은 헝클어진 초라한 머리로 다락방에 앉아 있는 베토벤의 모습이다. 베토벤은 자기 안에 있는 것을 끄집어낸 사람이다. 그는 가난하고, 무지하며, 촌스러운 사람이다. 그는 예의가 없고, 아는 것이 별로 없고, 아마도 그를 앞으로 나아가게 만든 그 음악적 영감을 제외하면 그렇게 흥미로운 인물은 아닐 것이다. 그러나 그는 자신을 팔아넘긴 적이 없다. 그는 초라한 다락방에서 창조한다. 그는 자기 안의 빛을 좇아 창조한다. 그것이 인간이 해야 할 전부이다. 그리고 바로 그것이 한 인간을 영웅으로 만든다. 설령 베토벤 같은 천재가 아니더라도, 설령 발자크Balzac의《미지의 걸작Le Chef-d'oeuvre Inconnu》의 주인공처럼 미쳐서 자신의 캔버스를 물감으로 뒤덮어 버리고 그리하여 종국에는 지성적이라고 할 만한 것은 하나도 없이 오로지 반지성적이고 비이성적인 그림의 무시무시한 혼란만이 남는다 하더라도, 그럴 때조차 그런 인물은 동정 그 이상의 대우를 받을 가치가 있다. 그는 자신을 이상에 바친 자이며, 세상을 내던진 자이며, 가장 영웅적이고 가장 희생적인 자로서, 인간이 지닐 수 있는 가장 찬란한 자질들을 표상한다. 1835년에《모팽 양Mademoiselle de Maupin》의 유명한 서문에서 예술 그 자체를 위한 예술이라는 발상을 옹호한 고티에Gautier는 모든 비평가를 향해서만이 아니라 대중을 향해서도 이렇게 외친다. "아니야, 이런 천치들

같으니! 아니라고! 너희는 참 바보 멍청이들이야, 책은 수프 받침대가 되는 게 아니라고, 소설은 부츠 한 켤레가 아니고, 소네트는 주사기가 아니고, 드라마는 철도가 아니야. 〔…〕 아니라고, 이십만 번을 물어도 아니란 말이야." 고티에의 요점은 오래된 예술관(생시몽Saint-Simon, 공리주의자, 사회주의자 등, 그의 공격 대상인 이른바 사회적 효용성을 주장하는 특정 일파뿐만 아니라), 즉 예술의 목적이 많은 사람에게, 아니 비록 소수일지라도 세심한 훈련을 받은 전문가들에게 쾌락을 제공하는 데에 있다는 생각은 온당치 않다는 것이다. 예술의 목적은 아름다움을 생산하는 것이며, 설령 예술가 혼자만 자신의 오브제가 아름답다고 인식한다 해도 그것이 인생의 목표가 되기에 충분한 것이다.

분명히 의식을 이 정도까지 전환시킨 무슨 일이 발생한 것이다. 보편적 진리, 보편적 예술 규범이 존재하며 모든 인간적 활동이 의도한 종착점은 세상사를 바로잡는 것이고 그렇게 세상사를 바로잡는다고 할 때 그 규준은 공적이고 증명 가능한 것으로서 지능을 쓸 줄 아는 지적인 인간들이라면 누구나 발견할 수 있는 것이라는 등등의 생각을 버리고, 삶과 행동을 대하는 전혀 다른 태도를 전향적으로 받아들인 것이다. 분명히 무슨 일이 벌어졌다. 그 일이 무엇이냐고 물을 때 우리는 주정주의를 향한 거대한 방향 전환이 있었다는 말을 듣는다. 원초적이고 외진 것(시간적으로도 외지고, 공간적으로도 외진)에 갑작스레 관심을 갖게 되었고, 무한성에 대한 갈망이 폭발했다는 것이다. "고요 속에 회상된 정서"[워즈워스가 자신의 시 창작의 기원을 설명하며 언급한 표현]에 관해 무언가 이야기가 나온다. 스콧Scott의 소설들, 슈베르트의 노래들, 들라크루아Delacroix, 국가 숭배의 발흥, 경제적인 자급자족에 찬성하는 독일의 선전 선동에 관해서도 무언가 이야기가 나오고, 초인간적 성질들, 길들여지

외젠 들라크루아Eugéne Delacroix가 그린 프레데리크 쇼팽의 초상화

지 않은 천재들, 무법자들, 영웅들에 대한 존경, 예술지상주의, 자기파괴 등에 관해서도 그렇다(하지만 이런 이야기들이 내가 앞서 언급한 말들과 어떤 관계가 있는 것인지는 분명치 않다).

이 모든 것들의 공통점은 무엇인가? 이를 찾아보려 한다면 다소 놀라운 전망이 우리의 시선을 맞이할 것이다. 이제 나는 이 주제에 관해 글을 쓴 가장 명민한 몇 사람의 저술에서 발췌한, 낭만주의에 대한 몇 가지 정의를 제공하고자 한다. 이들이 내놓은 정의들은 이 주제가 전혀 녹록치 않다는 사실을 보여준다.

스탕달은 낭만주의인 것들은 현대적이고 흥미를 불러일으키지만 고전주의classicism는 노쇠하고 따분할 뿐이라고 말한다. 이것은 말처럼 그렇게 간단한 문제는 아마도 아닐 것이다. 그가 의미한 것은 낭만주의란 무언가 폐물이 된 것을 향해 탈출하려는 것이 전혀 아니라 그와는 정반대로 우리 삶에 개입하고 있는 힘들을 이해하는 문제와 관련 있다는 것이다. 여하튼 그가 라신과 셰익스피어에 관해 쓴 책에서 실제로 한 말이 내가 방금 언급한 바로 그 말이다. 그러나 동시대 사람 괴테는 낭만주의는 질병이며, 나약하고 역겨운 짓거리이고, 방종한 시인과 가톨릭 반동주의자 일파가 질러대는 고함 소리에 불과한 반면, 고전주의는 호메로스나 〈니벨룽의 노래〉처럼 강하고, 신선하고, 유쾌하며, 건전하다고 말한다. 니체는 낭만주의는 질병이 아니라 치료법이며 질병의 구제책이라고 말한다. 대단한 상상력을 지닌 인물로서 마담 스탈의 친구이지만 낭만주의에 아주 친화적이지는 않았던 것으로 보이는 스위스의 비평가 시스몽디Sismondi는 낭만주의란 사랑, 종교, 기사도의 통일체라고 말한다. 그러나 시스몽디와 정확히 동시대를 산 인물로서 당시 메테르니히Metternich의 심복이었던 프리드리히 폰 겐츠Friedrich von Gentz는 낭만주의란 히드라의 세 머리 중 하나이며 나머지 두 머리는 각각 개혁과 혁명이라고 말한다. 그에 따르면 낭만주의는 사실상 좌파의 공갈 협박으로서 반드시 진압되어야 한다. 낭만주의는 종교와 전통과 과거에 대한 공갈 협박이라는 것이다. 프랑스의 젊은 낭만주의자들, 이른바 '젊은 프랑스les jeunes-France'[낭만주의적이고 자유주의적인 예술을 추구하는 프랑스의 젊은 세대를 지칭하는 말로 1830년에 등장한 용어]는 "낭만주의는 혁명이다Le romantisme c'est la Révolution"라고 말하면서 이에 응수한다. 무엇에 맞서는 **혁명**이냐고? 명백히 말하건대, 모든 것에 맞선 혁명이다.

하이네Heine는 낭만주의를 그리스도의 피에서 자라난 수난의 꽃이라고 말한다. 씩 웃음 짓는 유령들의 움푹 들어간 고달픈 눈으로 우리를 쳐다보고 있는 교회 첨탑들을 꿈꾸며 몽유 중인 중세의 시심이 낭만주의로 다시 깨어났다는 것이다. 마르크스주의자들은 실제로 낭만주의란 산업 혁명의 공포로부터 도피였다고 말을 보태곤 했으며, 러스킨Ruskin은 낭만주의란 아름다운 과거를 무섭고 단조로운 현재에 대비시킨 것이었다고 말하면서 이에 동의하곤 했다. 이것은 하이네의 견해를 수정한 것이기는 하지만 그렇다고 전혀 다른 말은 아니다. 그러나 텐Taine[19세기 때 프랑스의 문예 비평가]은 낭만주의를 1789년 이후 귀족주의에 맞서 싸운 부르주아의 반란이라고 말한다. 낭만주의는 신흥 벼락부자들의 열정과 힘이 표출된 것이라는 정반대의 시각이다. 사회와 역사의 고루하고 점잖은 보수적 가치들에 맞선 신흥 부르주아 세력의 박력 있고 활기 넘치는 힘의 표현이며, 나약함이나 절망의 표현이 아니라 가차 없는 낙관주의의 표현이 바로 낭만주의라는 것이다.

당대에 낭만주의 최고의 선구자이자 최고의 전령 겸 예언자였던 프리드리히 슐레겔은 인간에게는 무한을 향해 솟구쳐 오르고 싶은 지독하리

56

만큼 채워지지 않는 욕망과 더불어 개체성의 편협한 속박을 뚫고 나아가려는 열정적인 갈망이 있다고 말한다. 이와 전혀 다르다 할 수 없는 정서를 콜리지에게서 발견할 수 있으며 실은 셸리Shelley에게서도 마찬가지이다. 그러나 그 세기가 끝나갈 무렵에 페르디낭 브륀티에르Ferdinand Brunetière는 낭만주의란 문예적 자기중심주의이며, 더 큰 세계의 희생을 감수하면서까지 개체성을 강조하고자 하는 것으로서, 자기초월과는 정반대의 그저 순전한 자기과시일 뿐이라고 말한다. 세예르 남작도 맞는 말이라고 하면서 자기우월증과 원시주의primitivism를 언급한다. 어빙 배빗Irving Babbitt[19세기 말부터 활동한 미국의 문학 비평가]도 이런 주장을 그대로 되풀이한다.

프리드리히 슐레겔의 형인 아우구스트 빌헬름 슐레겔과 마담 스탈은 낭만주의가 로망스어권 국가들[스페인, 포르투갈, 프랑스, 이탈리아, 루마니아 등 통속 라틴어에 기반한 언어를 사용하는 국가들을 통칭함]에서, 아니 적어도 로망스어에서 생겨난 것이라는 데에 동의한다. 실제로 프로방스 지역의 음유시인들이 남긴 운문들의 음운변화에서 낭만주의가 생겨났다는 것이다. 그러나 르낭Renan[19세기 프랑스의 언어학자]은 원조는 켈트어 운문이라고 말하고 가스통 파리Gaston Paris는 브리타니어라고 말한다. 세예르는 플라톤과 위(僞) 디오니시우스 아레오파기타Pseudo-Dionysius the Areopagite의 혼합에서 나왔다고 말한다. 박식한 독일 비평가인 요제프 나들러Joseph Nadler는 낭만주의는 실제로 엘베강과 네만강 사이에 살던 독일인들의 향수병이라고 말한다. 과거 자기네 본토였던 옛 중부 독일에 대한 향수이자 망명자들과 국외 개척자들의 백일몽이라는 것이다. 아이헨도르프Eichendorff는 그것이 가톨릭교회에 대한 프로테스탄트의 노스탤지어라고 말한다. 그러나 엘베강과 네만강 사이에 살지 않아서 그런 정서를 경험한 적이 없는 샤토브리앙Chateaubriand은 낭만주의란 영혼이 그 자신과 유희를 즐기면서 얻게 되는 이루 표현할 수 없는 내밀한 기쁨이라고 말한다. "나는 영원무궁토록 내 자신에 관해 이야기하노라." 조제프 에나르Joseph Aynard는 낭만주의를 무언가를 사랑하고자 하는 의지라고 말한다. 권력에의 의지와는 정반대로 자기 자신이 아닌 타인을 향한 태도 혹은 감정이라는 것이다. 미들턴 머리Middleton Murry는 셰익스피어는 본질적으로 낭만주의 작가였다고 말하면서 루소 이후의 모든 위대한 작가들은 전부 낭만주의자라고 덧붙인다. 그러나 저명한 마르크스주의 비평가인 죄르지 루카치Georg Lukàcs는 어떤 위대한 작가도 낭만주의자가 아니며 특히 스콧, 위고, 스탕달은 말할 것도 없다고 말한다.

어쨌든 일독할 가치가 있는 사람들, 다른 측면에서는 많은 주제에 관해 심오하고 재기 넘치는 글을 남긴 사람들에게서 가져온 인용구들을 고려할 때, 이 모든 일반론에서 공통 요인을 찾아낸다는 것은 분명히 어려운 일이다. 그러지 말라고 경고한 노스럽 프라이가 너무도 현명했던 이유가 바로 여기에 있다. 적어도 내가 아는 한, 경쟁하는 이 모든 정의들이 누군가의 항의의 대상이 된 적은 실제로 한번도 없다. 이들 정의 중 그 어떤 것도 누가 봐도 정말로 불합리하고 부적절하다고 여길 수 있을 만한 정의나 일반론을 제기한 사람에게 터뜨릴 정도의 비판적 격분을 유발했던 적이 없다.

다음 단계는 이 주제에 관한 저술가, 비평가 들이 낭만주의적이라고 부르는 특징들이 무엇인지 살펴보는 것이다. 매우 독특한 결과가 드러난다. 내가 모은 사례들은 너무도 다양해서 내가 아주 어리석게 선택한 이 주제의 난점이 더더욱 극명해지는 것처럼 보인다.

낭만주의는 원초적이고, 태생적인 것이며, 풋내기이고, 자연스러운 인간의 혈기왕성한 삶의 감각이지만, 그것은 또한 창백하고, 열병에 들뜨고, 불건전하고, 퇴폐적이며, '세기의 질병maladie du siècle'이고, 무정한 미녀La Belle Dame Sans Merci[존 키츠John Keats의 시 제목]이며, 죽음의 무도이고, 실은 죽음 그 자체이다. 그것은 셸리가 말한 바대로 다채로운 색깔의 유리로 만든 돔이자 영원성이 내뿜는 무색의 광채이다. 그것은 혼란스레 북적거리는 '인생의 충만함과 풍요로움Fülle des Lebens'이며, 고갈되지 않는 다수성이고, 소란, 폭력, 갈등, 혼돈이지만 그러면서 또한 평화이고, 그 위대한 '나는 존재한다'의 단일성이고, 자연 질서와의 조화이고, 천상의 음악이며, 모든 것을 담아내는 영원한 정신 속으로의 용해이기도 하다. 그것은 기이하고, 이국적이며, 그로테스크하고, 신비로우며, 초자연적이고, 폐허이고, 달빛이고, 황홀한 성채들이며, 수렵 나팔이고, 요정들이고, 거인들이고, 그리핀들이고, 낙숫물이며, 플로스 강변의 낡은 물방앗간the old mill on the Floss[엘리엇이 1860년에 발표한 소설 제목]이며, 암흑과 그 암흑의 힘이고, 유령들이고, 흡혈귀들이며, 익명의 테러이고, 비이성적인 것들이자 말로 표현할 수 없는 것들이다. 또한, 그것은 친숙한 것들이고, 우리의 독특한 전통 감각이며, 일상적 자연의 명랑한 일면에 들어 있는 기쁨이고, 느긋하고 소박한 시골 사람들의 친숙한 풍경과 소리들이다. 뺨이 장밋빛으로 불그레한 땅의 아들들이 지닌 건전하고 행복한 지혜인 것이다. 그것은 고래古來의 것이고 역사적인 것이다. 고딕풍의 성당들이자 태고의 연무이며, 분석할 수 없는 성질들을 지닌 먼 옛날의 뿌리들이자 오래된 질서이다. 그것은 심원하지만 말로는 표현할 수 없는 충심들이고, 손으로 만질 수도, 헤아릴 길도 없는 것들이다. 또한, 그것은 참신함과 혁명적 변화의 추구이고, 덧없는 현재에 대한 관심이며, 지금 이 순간에 살고 싶은 욕망이고, 지식과 과거와 미래에 대한 거부이며, 행복한 순결성을 지닌 목가적인 전원시이고, 흘러 지나가는 지금 당장의 순간에서 생겨나는 기쁨이며, 무시간성에 대한 감각이다. 그것은 노스탤지어이고, 백일몽이며, 도취적인 꿈이다. 그것은 달콤한 우울증이자 쓰디쓴 우울증이며, 고독이고, 타향살이의 고통이며, 소외감이며, 외진 장소들, 특히 동방에서의 방랑이자, 외진 시간, 특히 중세에서의 방랑이다. 그러나 또한 그것은 공동의 창조적 노력에 즐거운 마음으로 합세하는 것이고, 교회, 계급, 정파, 전통, 모든 것을 담고 있는 거대한 대칭적 위계질서, 기사騎士와 고용주, 교회의 신분계층, 유기적인 사회적 인연, 신비로운 통일체, 하나의 신앙, 하나의 땅, 하나의 피, 바레스Barrès가 말한 "대지와 죽은 자들la terre et les morts", 죽은 자들과 산 자들과 아직 태어나지 않은 자들의 거대한 사회이다. 그것은 스콧과 사우디Southey[18~9세기 영국의 계관 시인이자 전기 작가]와 워즈워스의 왕당주의Toryism이고 셸리, 뷔흐너, 스탕달의 급진주의이다. 그것은 샤토브리앙의 심미적 중세주의이고, 미슐레Michelet[18~9세기 프랑스의 역사가]의 중세 혐오이다. 그것은 칼라일의 권위 숭배이고, 위고의 권위 증오이다. 그것은 극단적인 자연 신비주의이고, 극단적인 반자연주의적 예술지상주의이다. 그것은 활력, 힘, 의지, 생명, '자기과시étalage du moi'이다. 그것은 또한 자기고문이고 자기소멸이며 자살이다. 그것은 원초적인 것이고, 꾸밈없는 것이며, 자연의 젖가슴이고, 푸른 들판이고, 소의 목에 매달린 방울이고, 졸졸 흐르는 시냇물이고, 무한히 펼쳐진 푸른 하늘이다. 하지만 확실히 그것은 멋 부림이기도 하고, 잘 차려 입고 싶은 욕망이며, 제라르 드 네르발Gérard de Nerval 같은 사람의 추종자들이 파리에서 특정 시기에 입었던 붉은 조끼이고, 녹색 머리 장식이며, 파란 머리이다. 그것은 네르발이 파리의 거리에서 끈에 묶어 이리저리 끌고 다녔던 바닷가

재이다. 그것은 제멋대로의 자기 현시이자 기벽이며, 에르나니의 전투 the battle of Ernani[빅토르 위고의 희곡 〈에르나니〉의 초연 날 위고의 지지자들과 반대자들이 극장에 총출동하여 부딪힌 충돌 사건을 가리키는 말]이고, 권태이고, '염세taedium vitae'이며, 사르다나팔루스의 죽음The Death of Sardanapalus 이다. 사르다나팔루스에 관해 들라크루아가 그린 그림이건, 베를리오즈 Berlioz가 작곡한 칸타타이건 바이런이 쓴 희곡이건 마찬가지이다. 그것 은 위대한 제국들의 격동이며, 전쟁, 학살, 그리고 세계 간의 대충돌이다. 그것은 낭만주의의 영웅들이다. 반란자, '옴므파탈l' homme fatal', 저주받은 영혼, 해적, 만프레드, 불신자, 라라, 카인까지 바이런의 영웅시극에 등장하는 모든 부류가 그들이다. 그것은 멜모스[영국 작가 찰스 로버트 매튜린Charles Robert Maturin이 1820년에 발표한 고딕 소설《방랑자 멜모스 Melmoth the Wanderer》의 주인공]이고 장 스보가르Jean Sbogar[샤를 노디에가 1818년 발표한 소설의 제목]이며, 19세기 소설에 등장하는 고상한 정부情 婦들과 고귀한 심성의 죄수들만이 아니라 온갖 부랑자들과 뜨내기들이다. 그것은 해골바가지에 담아 마시는 물이며, 동족의 영혼과 대화를 나누기 위해 베수비오산에 오르고 싶다고 말한 베를리오즈이다. 그것은 사탄의 환락, 냉소적인 아이러니, 악마적인 비웃음, 흑인 영웅들이기도 하지만, 또한 블레이크Blake의 환영 속에 나타난 신과 그의 천사들이고, 위대한 기독교 사회이며, 영원한 질서이고, "기독교인 단 한 명의 영혼을 채우고 있는 무한한 사유와 감정을 표현"하는 일조차 버거운 "별이 빛나는 천상"이다. 간단히 말해서 그것은 단일성이자 다수성이다. 그것은 예를 들면 자연을 그린 그림들에서 나타나는 특수한 것들을 향한 충절이며 또한 감질나게 괴롭히는 외곽선의 신비로운 모호성이다. 그것은 아름다움이고 추악함이다. 그것은 예술 그 자체를 위한 예술이고, 사회적 구원의 도구로서의 예술이다. 그것은 힘이면서 나약함이며, 개인주의이면서 집단주의이고, 순수이자 타락이고, 혁명이면서 반동이며, 평화이자 전쟁이며, 삶에 대한 사랑이면서 죽음에 대한 사랑이다.

분명 가장 주도면밀한 사람일 뿐만 아니라 지난 두 세기의 사상사를 다뤄본 적 있는 가장 명망 높은 학자 중 한 명인 A. O. 러브조이Lovejoy가 이런 상황에 직면하여 거의 절망적인 상태에 이르렀다는 사실이 아마도 그리 놀랄 일은 아닐 것이다. 그는 뒤엉킨 낭만주의 사상의 실타래를 힘닿는 데까지 최대한 풀어냈으며, 그중 몇 가닥은 다른 가닥들과 모순을 일으키고(이것은 명백히 맞는 말이다), 일부 가닥은 다른 가닥들과 철저히 무관하다는 사실을 발견했을 뿐 아니라, 거기서 한걸음 더 나아갔다. 그는 낭만주의라고 불러도 아무도 반대하지 않을 두 개의 표본을 뽑았다. 예를 들면 원시주의와 멋 부리기이다. 그런 다음 그는 이 둘의 공통점이 무엇인지 물었다. 영국의 운문에서 시작했고 어느 정도는 18세기 초 영국 산문에서도 시작되었다 할 수 있는 원시주의는 고도로 정교해진 사회의 타락한 세련성과 알렉산더격 운문[약강 6보격으로 구성된 시행]에 반대하면서 고귀한 야만성, 단순한 삶, 불규칙적 패턴의 자발적 행위를 찬양한다. 그것은 타락하지 않은 토착민이나 타락하지 않은 아이의 소박한 가슴에서 가장 잘 찾아낼 수 있는 자연법이 존재한다는 사실을 증명하려는 시도이다. 이것이 빨간 조끼, 파란 머리, 초록 가발, 압생트[19세기 예술가들이 즐겨 마셨던 프랑스산 독주], 죽음, 자살, 그리고 네르발과 고티에의 추종자들이 드러낸 전반적인 기벽과 어떤 공통점이 있단 말인가? 러브조이는 매우 합당한 질문을 던진다. 그는 과연 공통점이 있기는 한 건지 정말로 보이지 않는다고 말하면서 논의를 매듭짓는다. 그리고 우리는 그의 생각에 동조할 수 있다. 혹시 누군가는 둘 다 반항의 분위기

에밀 시뇰Émile Signol이 그린 엑토르 베를리오즈 초상화

가 있고 둘 다 모종의 문명화에 반항하지 않았냐고 말할지 모르겠다. 다만 한쪽은 로빈슨 크루소의 섬 같은 곳으로 가서 그곳의 자연과 소통하면서 타락하지 않은 소박한 사람들과 함께 살고자 한 것이고, 다른 한쪽은 모종의 폭력적인 예술지상주의와 멋 부리기를 추구한 것뿐이라는 것이다. 그러나 단지 반항하거나, 단지 타락에 대해 비난하는 것을 낭만주의라 할 수는 없다. 우리는 히브리의 예언자들이나 사보나롤라[16세기 이탈리아의 수도사로 종교의 개혁을 주장하면서 순교했음]나 감리교 설교자들을 특별히 낭만주의적인 사람으로 생각하지 않는다. 이러면 범위가 너무 넓어지는 것이다. 따라서 우리는 러브조이의 절망에 어느 정도는 공감하지 않을 수 없다.

러브조이의 제자 조지 보애스George Boas가 이 문제에 대해 쓴 글 중 한 대목을 인용해 보자.

러브조이가 낭만주의들을 구별한 이후로 낭만주의가 **정말로** 무엇인지에 관해서는 더 이상 논쟁할 이유가 없게 되었다. 어쩌다 보니 다양한 미적 신조들이 있게 되었는데, 그중 일부는 다른 신조들과 논리적으로 관계가 있고 또 일부는 그렇지 않았다. 그런데 이 모든 것이 다 같은 하나의 이름으로 불리게 된 것이다. 그러나 그 사실이 그것들 모두의 공통된 본질이 있다는 것을 함의하지는 않는다. 존 스미스라는 이름을 가진 사람이 수백 명 있다는 사실이 그들 모두가 같은 혈통을 타고났음을 의미하지 않는 것과 같은 이치다. 이것은 아마도 머리에 들어 있는 생각과 그것을 표현하는 어휘 사용의 혼동에서 생겨나는 가장 흔하고 오해하기 쉬운 오류일 것이다. 이런 문제 하나만 가지고도 몇 시간이고 이야기할 수 있을 것이고 어쩌면 그래야만 한다.

나는 그런 일을 할 생각이 없다는 것을 말함으로써 여러분의 두려움을 즉각 해소해주고 싶다. 하지만 동시에 나는 러브조이와 보애스가 비록 둘 다 탁월한 학자들이고 사상을 조명한다는 측면에서 대단히 큰 공헌을 한 것이 사실임에도 불구하고 지금의 경우는 잘못을 저지르고 있는 것이라고 생각한다. 낭만주의 운동은 **있었다**. 그 운동에는 중심을 이루는 무언가가 분명히 있었다. 그것은 엄청난 의식의 혁명을 창조했으며, 과연 그것이 무엇을 의미하는지 밝혀내는 일은 중요하다.

물론 이 게임 전체를 그냥 포기할 수도 있다. 발레리Valéry가 말한 것처럼, **낭만주의**니 **고전주의**니 하는 어휘들이나 **인본주의**니 **자연주의**니 하는 어휘들은 우리가 만지작거릴 수 있는 이름들이 전혀 아니라고 이야기할 수도 있다. "우리는 술병에 붙은 상표만으로는 취할 수도 없고 갈증을 해소할 수도 없다." 이런 관점을 가질 만한 이유는 그야말로 충분하다. 그와 동시에 만약 우리가 어떤 일반론을 정말로 사용하지 않는다면 인간사의 흐름을 추적하는 일은 불가능하다. 따라서 어려운 일이기는 하지만 그 세기 동안에 발생한 인간 의식의 저 어마어마한 혁명을 야기한 것이 대체 무엇이었는지 규명하는 일은 중요하다. 내가 애써 모으려 했던 이 과다한 증거를 접하고 나서 어쩌면 고故 아서 퀼러-쿠치Arthur Quiller-Couch 경의 생각에 어느 정도 공감하는 사람들도 있을지 모르겠다. 그는 영국인의 전형적 태도를 드러내며 퉁명하게 이렇게 말했다. "[고전주의와 낭만주의의 차이에] 관한 이 모든 야단법석에는 건전한 인간이 괴로워해야 할 만한 것이라곤 아무것도 없다."

내가 이런 관점을 공유하지 않는다는 사실을 부인할 길은 없다. 내게는 이런 관점이 과도한 패배주의적 시각처럼 보인다. 따라서 나는 낭만주의 운동이 근본적으로 어디서 유래한 것인지 내 나름의 관점에서 최선을 다해 설명해보고자 한다. 사리 분별에 맞게 이 주제에 다가서는 유일한 방법, 내가 지금껏 조금이라도 유익하다고 깨달은 유일한 방법은 느리고 끈질긴 사적 연구 방법을 사용하는 것이다. 즉, 18세기의 출발을 들여다보고 당시 상황이 어떠했는지 고찰한 다음 그 상황을 침식한 요인들이 무엇이었는지 하나씩 차례로 고찰하고, 그 세기의 후반부에 이르러 내가 보기에 확실히 우리 시대 서구 의식의 가장 커다란 변혁을 일으킨 요인들의 특수한 조합이나 합류점이 과연 무엇이었는지 고찰하는 것이다.

2

계몽주의에 대한 최초의 공격

17세기 후반과 18세기 초의 계몽주의를 어느 정도 정의해 볼 필요가 있다. 핵심을 추리자면 서구 전통 전체가 의지해 온 이를테면 세 개의 버팀목이라고 말할 수 있는 세 개의 명제가 있다. 물론 그 세 명제가 계몽주의에만 한정된 것은 아니지만, 계몽주의는 그 명제들을 특수한 형태로 제공하고 특수한 방식으로 변환했다. 첫째, 모든 진정한 질문에는 해답이 있으며 만약 어떤 질문에 해답이 없다면 그것은 질문이 아니다. 해답이 무엇인지 우리가 모를 수도 있지만 다른 누군가는 알 것이다. 너무 나약하거나 너무 어리석거나 너무 무지해서 그 해답을 스스로 찾아내지 못할 수도 있다. 그런 경우라면 아마도 더 현명한 전문가나 특정 부류의 엘리트 같은 사람들이 그 해답을 알아낼 수 있을 것이다. 우리는 죄 많은 피조물이라서 결코 우리 힘으로 진리에 도달하지 못할 수도 있다. 그런 경우라면 결국 이 세상에서 우리는 그 진리를 알아내지 못하겠지만 아마도 그다음 세상에서는 알게 될 것이다. 혹은 인간의 타락과 노아의 홍수가 우리를 지금처럼 나약하고 죄 많은 존재로 만들기 이전의 어떤 황금시대 때는 아마도 그 진리를 알았을 것이다. 혹은 어쩌면 그런 황금시대란 과거가 아니라 미래에 있는 것이며 우리는 그 때에 이르러 진리를 발견하게 될 것이다. 여기서가 아니라면 거기서다. 지금이 아니라면, 다른 어떤 때이다. 하지만 원리상 해답은 알려져야 하며, 인간이 답을 알 수 없다면 어쨌든 전지한 존재인 신이라도 답을 알아야 한다. 만약 그 해답이 결코 알려질 수 없는 그런 것이라면, 그 해답이 어떤 식으로든 원리상 우리에게는 감춰지는 것이라면, 그 질문에 무언가 잘못이 있는 게 틀림없다. 이것은 기독교인들에게건 학자들에게건 두 부류 모두에게 공통된 명제이며, 계몽주의건 20세기의 실증주의 전통이건 마찬가지이다. 이 명제는 사실상 주류 서구 전통의 척추이며 낭만주의는 바로 여기에 균열을 일으킨 것이다.

두 번째 명제는 그 모든 해답은 알려질 수 있고, 그런 해답들은 우리가 배울 수 있으며 다른 사람에게 가르쳐 줄 수 있는 수단을 통해 발견할 수 있다는 것이다. 세계가 무엇으로 이루어져 있는지, 세계에서 우리가 점유하고 있는 부분은 무엇인지, 우리가 다른 사람들과 맺고 있는 관계가 무엇인지, 우리가 사물들과 맺고 있는 관계가 무엇인지, 참된 가치들이란 무엇인지, 그리고 그 밖에 다른 진지하고 답변 가능한 모든 질문에 대해 그 해답을 발견하는 방법들을 배우고 가르칠 수 있게 해줄 기법들이 존재한다는 것이다.

세 번째 명제는 모든 해답은 서로 양립이 가능해야 한다는 것이다. 왜냐하면 만약 양립할 수 없다면 그 결과는 혼돈일 것이기 때문이다. 한 질문에 대한 참된 답변이라면 다른 질문에 대한 참된 답변과 양립하지 못할 수는 없는 게 분명하다. 하나의 참인 명제가 다른 참인 명제와 모순을 일으킬 수 없다는 것은 논리적 진리이다. 만약 모든 질문에 대한 모든 답변이 명제의 형태로 제시되고 모든 참인 명제는 원리상 발견 가능한 것이라면, 이상적인 우주(괜찮다면 일종의 유토피아 같은 세계라고 할까)에 대한 기술記述이 존재한다는 결론이 필연적으로 뒤따른다. 간단히 말해 그 우주란 모든 진지한 질문에 대한 모든 참된 답변을 통해 기술되는 우주이다. 이 유토피아는 비록 우리가 그런 세계에 실제로 도달할 수는 없을지라도 어쨌든 우리가 그것에 견주어 지금 현재 우리의 불완전성을 측량할 수 있게 해주는 고고한 이상인 것이다.

이 명제들은 그 배경이 기독교적인 것이건 이교적인 것이건, 유신론적인 것이건 무신론적인 것이건 상관없이 서양의 합리주의 전통에서 일반적으로 상정하고 있는 것이다. 계몽주의가 이 전통을 특별히 한 번 비튼 측면은 그 해답들이 지금까지의 수많은 전통적 방식들로는 획득되지 않는다고 말한 점이었다. 이 문제에 관해서는 이제 곧 친숙해질 테니 여기서 붙잡고 설명하고 있을 필요는 없다. 답변은 계시를 통해 획득되는 것일 수 없다. 사람들이 저마다 받았다는 계시들이 서로 모순을 일으키는 것처럼 보이기 때문이다. 전통을 통해 획득되는 것일 수도 없다. 전통은 간혹 오해와 잘못으로 밝혀질 수도 있기 때문이다. 교리를 통해 획득되는 것일 수도 없고, 특권적 부류에 속하는 사람들의 개인적인 자기 검증을 통해 획득되는 것일 수도 없다. 너무도 많은 협잡꾼이 이 역할을 찬탈해 왔기 때문이다, 기타 등등. 이 해답들을 발견해 내는 데에는 오직 한 가지 방법만이 존재하며, 그것은 바로 이성의 올바른 사용을 통해 수학 같은 학문에서처럼 연역적으로 해답을 찾든지, 혹은 자연과학에서처럼 귀납적으로 해답을 찾아내는 것이다. 이것이 일반적인 답변(진지한 질문에 대한 참된 답변)을 획득할 수 있는 유일한 방법이다. 어쨌든 그런 답변들이 물리학과 화학의 세계에서 의기양양한 결과를 산출했고, 사실이 그렇다면 정치학, 윤리학, 미학 등과 같은 훨씬 더 골치 아픈 분야들에 똑같이 적용하지 말아야 할 이유란 없다.

내가 강조하고 싶은 것은 바로 이것이다. 즉, 이런 생각의 일반적인 패턴은 인생 혹은 자연*을 직소 퍼즐로 여긴다는 것이다. 우리는 널브러진 퍼즐 조각들에 둘러싸여 있다. 이 조각들을 다 짜 맞춰 넣는 어떤 수단이 반드시 있을 것이다. 신이 되었건 세속의 전지한 존재건(그런 존재를 어떤 식으로 떠올리고 싶건 간에) 더없이 현명한 인간, 모든 것을 다 아는 어떤 존재가 원리상 이 모든 각양각색의 조각들을 함께 잘 짜 맞춰서 하나의 정합적인 패턴을 만들어 낼 수 있다. 누구라도 그렇게만 한다면 세계의 실상을 알게 될 것이다. 사물들이 현재 어떠하고, 과거에 어떠했고, 미래에 어떠할 것인지, 그것들을 지배하는 법칙들은 무엇인지, 인간은 어떤 존재인지, 인간이 그런 사물들과 맺고 있는 관계는 무엇인지를 알게 될 것이고 그럼으로써 인간에게 필요한 것은 무엇이며 인간은 무엇을 욕망하는지, 또한 그것을 어떻게 성취할 것인지 알게 될 것이다. 사실적 자연에 관한 것이건, 우리가 소위 규범적 자연이라고 부르는 것에 관한 것이건('나는 무엇을 해야 하는가?' 혹은 '마땅히 해야 할 내 의무는 무엇인가?' 혹은 '무엇이 내가 할 만한 옳거나 적절한 일일까?' 등과 같은 의문들) 이 모든 의문에 대해 직소 퍼즐의 조각들을 함께 짜 맞출 수 있는 누군가는 답변할 수 있다. 이것은 마치 모종의 감춰진 보물을 뒤져내는 일과 같다. 유일한 난제는 그 보물에 이르는 경로를 찾아내는 일이다. 물론 이에 관해서 이론가들은 티격태격해 왔다. 하지만 뉴턴이 물리학이라는

---

* 17세기와 18세기의 저자들이 '자연(nature)'이라고 말할 때 우리는 그것을 '생(life)'이라는 말로 더할 나위 없이 간편하게 번역할 수 있다. 18세기에 '자연'이라는 단어는 오늘날의 '창조적(creative)'이라는 단어만큼이나 흔하게 사용되던 말이었으며, 그 의미도 대략 그 정도 수준의 명확성을 지니고 있었다.

영역에서 성취한 업적이 분명히 윤리학과 정치학이라는 영역에도 적용될 수 있으리라는 매우 광범위한 의견의 합치가 18세기에 이루어졌다.

윤리학과 정치학의 영역은 보기 드문 혼돈을 선사했다. 당시에도 지금처럼 사람들이 다음과 같은 질문들에 대한 답변이 무엇인지 알지 못했던 것은 두말이 필요 없는 분명한 사실이었다. 우리는 어떻게 살아야 하나? 공화제는 군주제보다 선호할 만한 것인가? 쾌락을 추구하는 것이 옳은가, 의무를 다하는 것이 옳은가, 혹은 이 두 입장은 서로 화해할 수 있는 것일까? 금욕주의자가 되는 것이 옳은가, 아니면 호색한이 되는 것이 옳은가? 무슨 일을 해야 하느냐에 관한 한, 진리를 알고 있는 전문가 엘리트 집단의 의견에 순순히 따르는 것이 적절한가, 아니면 모든 이가 제 나름의 특수한 견해를 가질 권리가 있다는 말이 맞나? 다수의 의견이라고 해서 반드시 정치 생활의 정답으로 받아들여져야 하는가? 선이란 외적 속성으로서 직감하게 되는 그 무엇, 즉 저 바깥에 영원히 객관적으로 존재하기에 어디에서나 모든 상황에서 모든 인간에게 적용되는 그 무엇인가, 아니면 선이란 오로지 특수한 상황에 부닥친 특수한 한 개인이 어쩌다가 마음에 들어 하게 된, 혹은 어쩌다 마음이 기울어지게 된 그 무엇일 뿐인가?

이런 의문들은 당시에도 지금처럼 당혹스런 성격을 띤 것들이었다. 사람들이 뉴턴을 지목할 수밖에 없었던 것은 너무도 당연한 일이었다. 뉴턴은 당대의 물리학이 고전적이고 스콜라적인, 다량의 오류에 기초한 서로 엇갈리는 수많은 가설들 덕분에 매우 유사한 상태에 처해 있다는 사실을 발견했다. 그는 극소수의 절묘한 수법들을 이용해 이 어마어마한 혼돈에 상당 수준의 질서를 용케도 부여했다. 그는 극소수의 명료한 물리-수학적 명제들로부터 우주에 존재하는 모든 입자의 위치와 속도를 연역할 수 있었다. 혹은 굳이 본인이 연역하지 않더라도 사람들 손에 무기를 쥐어 주고 그 무기를 적용만 하면 그런 것들을 연역할 수 있게 해 주었다. 그런 무기란 지성적인 사람이라면 원리상 직접 사용할 수 있는 것이었다. 만약 이런 종류의 질서가 물리학의 세계에 수립될 수 있다면, 틀림없이 그 똑같은 방법이 도덕, 정치, 미학의 세계뿐 아니라 혼돈에 가득 찬 나머지 인간적 소견의 세계에서도 마찬가지로 찬란하고 영속적인 결과들을 산출할 것이다. 여태껏 사람들은 그런 세계에서 제각기 양립할 수 없는 원리들을 기치로 내걸고 서로 싸우고 서로 죽이고 서로 파괴하고 서로 모욕해 왔던 것이 아니겠는가. 그런 희망은 더 없이 합당해 보였고 매우 훌륭한 인간적 이상처럼 보였다. 어쨌든 그것이 바로 계몽주의의 이상이었음은 확실했다.

이따금 주장되곤 하는 바와는 달리 확실히 계몽주의는 모든 동조자가 대략 같은 것들을 믿었던 획일적인 형태의 운동은 아니었다. 예를 들어, 인간 본성에 관해서 매우 폭넓은 견해 차이가 있었다. 퐁트넬Fontenelle, 생테브르몽Saint-Evremond, 볼테르, 라메트리La Mettrie는 인간은 시샘과 질투가 많고 사악하고 타락했으며 나약하기 짝이 없는 구제 불능의 존재이므로 그저 분수껏 살기 위해서라도 가능한 한 가장 강도 높은 훈육을 받아야 할 필요가 있다고 믿었다. 인간에게는 어쨌거나 인생을 견뎌 낼 수 있는 엄격한 훈육이 필요했다. 다른 이들은 그렇게 암울한 관점을 전혀 받아들이지 않았으며 인간은 본래 가단성이 있는 이를테면 찰흙 같은 물체라서 유능한 교육자나 사리에 밝은 입법자라면 더할 나위 없이 적절하고 합리적인 모양으로 빚어낼 수 있다고 생각했다. 물론 루소처럼 인간은 원래 중립적이거나 사악한 존재로가 아니라 선한 존재로 태어나며 다만 그 자신이 만들어낸 제도들 때문에 황폐해진 것뿐이라고 생각한 사람들도 몇 있었다. 그런 제도들을 매우 과감하게 바꾸거나 개혁할 수만 있다면, 인간의 타고난 선성善性이 뿜어져 나올 것이며 다시 한번 사랑의 권세가 지상에 창조될 수 있을 것이다.

이번에도 역시 일부 저명한 계몽주의 공론가空論家들은 영혼의 불멸성을 믿었다. 다른 이들은 영혼이라는 개념이 공허한 미신에 지나지 않으며 세상에 그런 것은 존재하지 않는다고 믿었다. 어떤 이들은 엘리트 계층을 신뢰했고, 현명한 자들의 통치를 인정했다. 이들은 군중이란 배우고 깨우치지 못할 존재들이며 인간들 사이에는 타고난 재능의 불평등이 항구적으로 존재한다고 믿었다. 그래서 어떻게든 배운 사람들, 전문가들로 구성된 엘리트 계층에 복종하도록 사람들을 훈련하거나 유도할수 없다면(항해술이나 경제학처럼 필요성이 분명한 기법들의 경우에 그렇게 하듯이), 지상에서의 삶은 언제까지나 밀림 속의 정글과도 같을 것이다. 한편, 다른 이들은 윤리나 정치의 문제들이라면 누구나 그 나름대로 전문가라고 믿었다. 누구나 훌륭한 수학자가 될 수 있는 것은 아니지만, 누구나 자신의 마음을 자세히 점검함으로써 선과 악, 옳고 그름의 차이를 알아낼 수 있다는 것이다. 오늘날 사람들이 그 차이를 모르는 이유는 단지 과거에 무뢰한이나 바보 들에게 현혹되었기 때문이다. 이를테면 이기적인 통치자, 사악한 군인, 타락한 사제, 그리고 기타 인류의 적 들에게 그런 일을 당했던 것이다. 어떤 식으로든 그런 자들을 제거하거나 일소할 수 있다면, 누구나 자기 마음속에 영원의 문자들로 새겨져 있는 분명한 해답을 발견할 수 있을 것이라고 루소는 설파했다.

이밖에 다른 의견 차이 또한 존재했지만, 지금 그런 것들을 군이 파고들어갈 필요는 없다. 그러나 이들 모든 사상가의 공통점은 덕德이 궁극적으로 앎에 있다는 관점이다. 만약 우리 자신이 어떤 존재인지 알고, 우리에게 필요한 것이 무엇인지 알고, 우리가 가진 최선의 수단으로 그것을 어디에서 얻을 수 있는지 안다면, 행복하고 덕 있고 정의롭고 자유롭고 만족스러운 삶을 살 수 있다는 것이다. 또한, 모든 덕들은 서로 양립할 수 있다. '정의를 추구해야 하는가?'라는 질문에 대한 답변이 '그렇다'이고 '자비를 추구해야 하는가?'라는 질문에 대한 답변도 '그렇다'이면서 이 두 답변이 어떤 식으로든 양립할 수 없는 것으로 판명 날 수밖에 없는 경우란 절대 있을 수가 없다. 평등, 자유, 동포애는 서로 양립할 수 있어야 한다. 자비와 정의도 그래야 한다. 만약 어떤 사람이 굳이 진리가 누군가를 비참하게 만들 수 있다고 말하려 한다면, 그 말은 어쨌든 거짓임이 입증되어야 한다. 만약 어쩌다가 총체적 자유가 총체적 평등과 양립할 수 없는 것으로 입증될 수 있다면, 그 논증에 무언가 오해가 들어 있는 것일 수밖에는 없다, 기타 등등. 이것이 바로 이들 모든 계몽주의자가 갖고 있던 믿음이었다. 무엇보다 그들은 자연과학자들이 18세기의 위대한 승리를 확립하면서 사용한 신뢰할 만한 방법들, 다시 말해 자연과학 그 자체를 통해 이런 일반 명제들을 성취할 수 있다고 주장했다.

계몽주의에 대한 공격이 취했던 특수한 형태를 다루는 문제로 넘어가기 전에 나는 이런 시각이 과학이나 윤리의 영역 못지않게 당연히 예술의 영역에도 깊이 스며들었다는 점을 설명하고자 한다. 예를 들어, 18세기 초의 지배적인 미학 이론은 인간은 자연 앞에 거울을 집어 들어야 한다는 것이었다. 그렇게 표현하면 너무 노골적이고 오해하기 쉬워 보일 것 같다. 그리고 실제로도 이 말은 거짓이다. 자연 앞에 거울을 집어 든다는 것은 단지 이미 저 앞에 존재하는 것을 그대로 베낀다는 것뿐이다. 이들 이론가들이 이 구절로 의미했던 것은 그런 것이 아니다. 그들이 말한 자연은 생을 의미했고 그들이 말한 생은 우리가 아는 그런 것이 아니라 그들이 보기에 삶에서 마땅히 추구하고자 애써야 한다고 생각하는 바로 그것, 즉 모든 삶이 이루어 가려고 하는 어떤 이상적인 형식들을 뜻했다. 고대 그리스 아테네의 화가 제욱시스Zeuxis가 포도를 너무도 실감 나게 그려서 새들이 쪼아 먹으러 다가올 정도였다는 것은 그야말로 멋진 솜씨였음에 의심의 여지가 없다. 라파엘로가 황금 조각을 너무 정교하게 그려서 진짜라고 생각한 여관 주인이 숙박 요금을 받지 않고 보내 주었을 정도였다는 것도 매우 숙련된 재주를 선보인 것이었다. 그러나 이런 일화들은 인간의 예술적 천재성이 가장 높게 비상한 사례들이 아니다. 최상의 예술적 천재성은 자연과 인간이 다가서고자 애쓰는 내면의 저 객관적 이상을 어떤 식으로든 시각화하고 그런 이상을 고귀한 회화 안에 구현하는 데에 있었다. 즉, 세상에는 모종의 보편적 패턴이 존재하며 철학자나 과학자가 그것을 명제들로 구체화할 수 있듯이 예술가는 바로 이미지들로 그것을 구체화할 수 있는 것이다.

모든 계몽주의 사상가 중에서도 가장 대표적인 인물인 퐁트넬이 언급한 매우 전형적인 진술 하나를 인용해 보자. 그는 매우 조심스럽고 매우 이성적인 삶을 살았으며, 그 덕분에 100세까지 장수할 수 있었던 사람이다. 그는 이렇게 말했다. "도덕에 관한 저술, 정치나 비평에 관한 저술, 어쩌면 문예적인 저술마저도, 모든 것을 고려했을 때, 기하학자의 솜씨로 이뤄 낸다면 더 훌륭해질 것이다." 그 이유는 기하학자는 사물들의 상호관계를 이해하는 사람이기 때문이다. 자연이 따르고 있는 패턴을 이해하는 사람이라면 누구나 겉보기에 혼돈과 혼란으로 가득 차 있는 자연에서 그런 영원한 원리들을, 즉 그런 필연적인 관계들을 틀림없이 끄집어낼 수가 있다. 왜냐하면 자연은 틀림없이 이성적인 그 무엇이고 그렇지 않다면 인간은 그 자연을 전혀 마음에 품을 수 없고 이해할 수도 없었을 것이기 때문이다(바로 이것이 논거였다). 그런 원리나 관계는 세계를 구성하고 있는 영원하고 객관적인 근본 요소들을 한데 묶어주는 것들이다. 17세기에 르네 라팽René Rapin은 아리스토텔레스의 시학은 단지 "자연을 체계적 방식으로 변환하고, 양식良識을 원리로 변환한 것"이라고 말했다. 그리고 포프는 다음과 같은 유명한 시행에서 이를 반복했다. 그는 이렇게 말한다.

> **발명**된 게 아니라 **발견**된 저 오래된 법칙들은
> 그래도 여전히 **자연**이지만, **방식화된** 자연이다.

대략 말하자면, 18세기의 공식 신조는 바로 이것이다. 우리는 자연 그 자체에서 질서 있는 체계를 발견하리라. 아마도 18세기 가장 대표적인 미학 이론가라고 할 수 있는(영국에서는 확실히 그렇다) 레이놀즈Reynolds는, 화가는 자연 그 자체를 통해 자연을 바로잡고, 더 완전한 자연 상태를 통해 불완전한 자연 상태를 바로잡는다고 말했다. 그는 형상이라는 추상적 관념이 실제로 존재하는 그 어떤 원형보다도 더 완벽하다고 인식한다. 그것이 바로 고대 그리스의 조각가 페이디아스Pheidias에게 불멸의 영예를 얻게 해준 저 유명한 미美의 이상이라고 그는 말한다. 따라서 우리는 그 이상이란 게 대체 무엇인지 이해해야 한다.

그 개념은 이것이다. 세상에는 다른 사람들에 비해 더 탁월한 사람들이 있다. 알렉산드로스 대왕은 절름발이나 눈먼 거지보다 더 근사한 인물이며, 따라서 자연이 빚은 우발적 사고에 불과한 거지에 비해 예술가의 주목을 더 많이 받을 만한 가치가 있다. 자연은 완벽성을 향해 나아가는 경향이 있다. 우리는 어떤 내면의 감각을 통해 완벽성이 무엇인지를

알게 되며, 그 완벽성은 우리에게 무엇이 규범이고 무엇이 비정상적인지를, 또한 무엇이 이상적인 것이고 무엇이 그 이상으로부터의 일탈인지를 말해 준다. 따라서 레이놀즈는 만약 알렉산드로스가 혹시라도 단신이었다 하더라도 절대로 그를 그렇게 그려서는 안 된다고 매우 단호한 어조로 말한다. 베르니니Bernini는 절대로 다윗이 아랫입술을 깨문 모습으로 조각해서는 안 되었다. 왜냐하면, 그것은 왕족 계급에 어울리지 않는 저열한 표정이기 때문이다. 설령 성 바울이 우리에게 알려진 것처럼 천한 외모를 지녔다 하더라도 라파엘로가 그를 그렇게 묘사하지 않았던 것은 옳은 일이라고 레이놀즈는 말한다. 17세기 말엽에 저술을 남긴 페로Perrault는 호메로스가 이야기의 주인공들을 돼지치기들과 너무 친해지게 내버려 둔 것은 대단히 유감스러운 일이라고 말한다. 내가 생각하기에는 페로가 호메로스의 이야기 주인공들이나 그런 원형적 존재의 모태가 된 사람들이 어쩌면 실제 묘사된 바대로 돼지치기들과 친할 수도 있었으리란 사실을 부인하고 싶지는 않을 것이다. 다만 설령 그렇다 하더라도 그들은 그렇게 묘사되어서는 안 된다는 것이었다. 화가의 소임이란 단지 저기 바깥에 존재하는 대상을 실감나게 복제하는 것이 아니다. 그것은 네덜란드 화가들이 아주 흔히 하는 짓거리이다. 그런 짓은 그저 원래는 존재할 필요가 없었던 수많은 복제물을 세상에 거주하게 만드는 꼴밖에 되지 않는다.

회화의 목적은 탐구적인 지성 혹은 탐구적인 영혼에게 자연이 추구하고자 하는 바가 무엇인지 전해주는 것이다. 자연은 아름다움과 완벽성을 추구한다. 그들은 모두 이 말을 믿었다. 자연이 이러한 이상에 이르지 못했을 수도 있다. 특히 인간은 확실히 그런 이상에 도달한 적이 없다. 그러나 우리는 자연을 조사함으로써 자연이 전개되는 일반적인 방향성을 관찰한다. 우리는 자연이 산출하려 애쓰는 게 무엇인지 안다. 우리는 자라다 만 떡갈나무와 완전히 자란 떡갈나무의 차이를 안다. 우리가 자라다 만 떡갈나무라고 부를 때 우리는 그 나무가 그 자신이 의도한 대로 혹은 자연이 의도한 대로 되지 못한 떡갈나무임을 아는 것이다. 같은 이치로 세상에는 아름다움, 위대성, 숭고, 지혜의 객관적 이상이 존재하며 어떤 식으로든 그런 것들을 우리에게 전달해 주는 것이야말로 작가, 철학자, 설교자, 화가, 조각가(그리고 작곡가도 역시)의 소임인 것이다. 이것이 그 전반적인 개념이다.

18세기 미학 이론가 가운데서도 가장 독창적인 인물로서 고전 미술에 대해 이런 향수 어린 열렬한 취향을 갖고 있던 요한 요아힘 빙켈만 Johann Joachim Winckelmann은 "고귀한 단순성"과 "고요한 웅장함"에 관해 이야기한다. 어째서 고귀한 단순성인가? 어째서 고요한 웅장함인가? 그는 다른 사람들처럼 그저 모든 고대인이 고귀하게 단순한 사람들이었다거나 혹은 고요하게 웅장한 사람들이었다고 생각하는 게 아니다. 그게 아니라 그는 실제로 그것이야말로 인간이 어떤 존재이어야 하는가를 이상적으로 개념화한 것이라고 생각한다. 그는 실제로 로마의 원로원 의원이 되거나 그리스의 웅변가가 된다는 것은(아니, 뭐가 되었든 그가 인간의 완벽성으로 간주하는 그런 존재, 그의 시대에 모든 독일인이 가장 완벽한 인간이라고 흔히 간주한 그런 존재가 된다는 것은) 이런 가장 고귀한 인간적 이상을 향해 나아가는 인간이 된다는 뜻이라고 생각한다. 그리고 이런 특별한 성질들을 불멸의 것으로 만들어 낸 조각가들은 인간이 도달할 수 있는 이상적 상태가 어떤 것인지를 우리 눈앞에 제시해준 것이다. 그들은 그런 식으로 우리에게 그런 이상들을 본받고 싶은 마음을 고취해 주고, 그뿐 아니라 자연이 품고 있는 내면의 목적들을 드러내 보여 준다.

그것은 실재實在를 드러내 보여 주는 것이다. 실재, 인생, 자연, 이상, 이들 사상가에게는 이런 것들은 다 같은 것들이다.

수학이 완벽한 원을 다루듯, 조각가와 화가는 완벽한 형상을 다루어야 한다. 이것이 바로 18세기 미학에 대체로 들어 있던 이성주의적인 개념이다. 상대적으로 역사에 대한 경시가 존재하는 이유도 그것이다. 볼테르가 왕이나 정복자, 선장이나 모험가 개개인의 역사를 더 이상 집필하지 않고 대신 사람들의 도덕, 의복, 습관, 사법 제도 등에 관심을 두기 시작한 최초의 인물이라는 말도 맞고, 18세기 들어 개별적인 정복 활동이나 조약 못지않게 전반적인 민간 풍속의 역사에 대한 관심이 어느 정도 생겨나기 시작했다는 말도 맞지만, 그럼에도 불구하고 볼링브로크Bolingbroke가 역사란 "예시를 통해 가르치는 철학"에 다름 아니라고 말했을 때 그가 매우 일상화된 관점을 언급하고 있는 것이라는 데에는 의심의 여지가 없다.

역사에 대한 볼테르의 관심은 인간이 대부분의 시대에서 얼마나 같았으며, 어떻게 같은 원인이 같은 결과를 낳는지 보여 주었다. 그렇게 한 목적은 우리가 어떤 존재인지 사회학적으로 보여 주려는 것이었다. 즉, 인간이 어떤 종류의 목적을 추구했고 어떤 종류의 수단으로 그런 목적을 이뤄냈는지 보이고, 이를 통해 어떻게 하면 우리가 잘 살 수 있는가에 관한 모종의 과학을 창안하고자 한 것이었다. 이 말은 이와 거의 같은 방식으로 이야기하는 흄에게도 해당된다. 그는 대부분의 상황에서 대부분의 사람들은 동일한 원인에 반응하면서 대략 동일한 방식으로 처신한다고 말했다. 역사의 목적은 과거에 벌어진 일들에 대한 단순한 호기심 충족이나 과거의 것들을 되살려 내고 싶은 욕망에 있지 않다. 단지 우리 조상들이 어떤 사람들이었는지에 뜨거운 흥미를 느끼기 때문이거나, 어떻게든 우리를 과거와 연결해서 지금 우리를 있게 한 근원이 무엇이었는지 알아내고 싶어서가 아니다. 이런 사람들이 갖고 있는 관심사의 주된 원천은 이런 것들이 아니었다. 그들의 주된 목표는 단순하다. 자료를 축적하고 그것을 바탕으로 일반 명제들을 수립하여 사람들에게 무엇을 해야 하고 어떻게 살아야 하고 어떤 사람이 되어야 하는지 말해 주려는 것이다. 이것은 역사에 대해 취할 수 있는 가장 비역사적인 태도이다. 이런 태도가 18세기에 매우 전형적으로 나타난다. 이런 태도를 취한 사람들 중에는 기번Gibbon처럼 이율배반적이게도 위대한 역사서를 집필한 위대한 역사가들도 들어 있다. 그가 지닌 이상은 오히려 그가 실제 이룬 업적에 상당히 못 미쳤던 셈이다.

이런 것들이 계몽주의에 관련한 일반적 개념들이라고 할 때, 예술의 경우에 그것이 형식적이고, 고귀하고, 대칭적이고, 비례적이고, 사려 분별적인 결과물들로 이어지리라는 것은 분명하다. 물론 예외들이 있었다. 나는 모든 사람이 정확히 동일한 믿음을 갖고 있었다고 말하지는 않을 것이다. 그렇게 된다는 것은 시대를 막론하고 매우 드문 일이다. 고전주의 시기 프랑스에서도 온갖 종류의 일탈이 있었다. 이를테면, 정적주의자들[명상을 통해 신과 합일하여 영혼의 완전한 평안을 얻을 수 있으며 인간의 능동적 노력이나 도덕 및 종교 행위는 부질없다고 믿는 신비주의 종파]과 경련주의자들[열광 얀세니스트파라고 불리는 사람들로, 간질 같은 신체 경련을 일으켜 기적의 존재를 설파하고자 한 종파]이 있었다. 이들은 히스테리를 잘 일으키거나 황홀경에 잘 빠지는 기질을 가진 사람들이다. 인생의 섬뜩한 공허함에 쓸쓸한 불만을 토로한 보브나르그Vauvenargues 같은 사람들이 있었다. 인생에 아무런 의미나 목적도 없다고 느꼈기 때문에 그냥 창문 밖으로 몸을 내던지고 싶다고 말한 라포플리니에르 부인Mme de la

Popelinière이 있었다. 그러나 이런 사람들은 비교적 소수였다. 대체로 말하자면, 이 시대의 지배적 견해를 대표하는 사람들은 볼테르와 그의 친구들, 엘베시우스 같은 사람들, 퐁트넬 같은 사람들이었다고 말할 수 있을 것이다. 그리고 그 지배적 견해란 우리는 진보하고 있으며, 계속 발견해 나가는 중이며, 케케묵은 편견, 미신, 무지, 잔혹성을 파괴하고 있으며, 사람들을 행복하고 자유롭고 덕 있고 정의롭게 살 수 있게 해줄 모종의 과학을 확립하는 방향으로 잘 나아가고 있다는 믿음이었다. 이제 다음으로 넘어가 살펴볼 사람들의 공격 대상이 바로 이 믿음이었다.

이 꽤나 멋지고 매끈한 방벽에는 이미 계몽주의 그 자체로 인해 생긴 특정한 균열이 번져가고 있던 상태였다. 예를 들면, 사실상 계몽주의를 대표한다 할 수 있는 인물인 몽테스키외는 인간이 어디에서나 동일한 것은 아니라는 입장을 제안했다. 꽤 많은 고대 그리스의 소피스트들이 이미 언급했으나 그동안 망각되어 왔던 이 명제가 계몽주의의 전반적 그림에 아주 심한 흠집을 낸 정도는 아니었지만 어지간히 생채기를 낸 것은 사실이었다. 몽테스키외의 요지는 만약 우리가 페르시아 사람이고 페르시아의 환경에서 자랐다면, 파리에서 자란 파리 사람이 원했을 법한 일들을 원하지는 않으리라는 것이다. 같은 것을 준다고 누구나 행복해지는 것은 아니며, 프랑스인이 좋아하는 것을 중국인에게 억지로 주입하거나 중국인이 좋아하는 것을 프랑스인에게 억지로 주입하는 것은 양쪽 모두에게 참담한 결과를 야기할 수 있다. 따라서 입법자나 정치인은 법을 바꾸고 개혁하고 전반적으로 사람들을 돌볼 때 대단히 주의를 기울여야 하며, 심지어 인간관계나 우정, 가족생활에서도 사람들의 실제 욕구가 무엇이고, 적절한 성장 과정이 무엇인지, 사람들의 특정한 신체 모양이 어떤 조건에서 성장하게 되는지 고려해야 한다. 그는 토양,

기후, 정치 제도에 매우 큰 중요성을 부여했다. 다른 사람들은 다른 요인들에 중요성을 부여했다. 하지만 이 문제를 어떤 식으로 고찰하건 간에 기본적인 생각은 전반적인 상대주의, 즉 버밍햄 사람들을 위해 한 일들이 부하라[우즈베키스탄 중부에 있는 도시] 사람들에게는 통하지 않으리라는 것이다.

어떤 의미에서 당연히 이 명제는 어떤 객관적이고 일률적이고 영구적이고 고정적인 실재물이 존재한다는 명제와 실제로 반대되는 것이었다. 이 후자의 명제에 따르면, 예를 들어 어디에 사는 누구건 상관없이 모든 사람을 즐겁게 하는 특정 형태의 쾌락이 있다고 말할 수 있다. 원리상 누구나 언제든 제 스스로의 힘으로 발견할 수 있는 참인 특정 명제들이 존재하며, 다만 그러지 못한 이유는 그들이 너무 어리석거나 불운한 환경에 처해 있었기 때문일 뿐이다. 또한, 유일무이한 삶의 형식이 존재하며 그것이 일단 우주에 도입된다면 영구적으로 고정될 수 있을 것이고 굳이 변경할 필요도 없을 것이다. 왜냐하면 그것은 인간의 항구적 이익과 욕망을 만족시켜줄 것이기 때문이다. 몽테스키외 같은 사람들의 관점이 이런 주장들에 실제로 반대되는 것은 맞지만, 그렇게 첨예하게 충돌하는 것은 아니다. 몽테스키외는 설령 실제로 모든 인간이 이른바 행복, 만족, 조화, 정의, 자유 등과 같은 목표(그는 이 중 어떤 것도 부인하지 않는다)를 추구한다고 하더라도 상이한 환경에 따라 그것을 성취하는 상이한 수단이 필요하다는 것을 말했을 뿐이다. 이것은 매우 분별 있는 주장으로서 계몽주의의 토대를 이루는 주장들과 원리상 충돌을 빚을 이유가 없었다.

몽테스키외가 내놓은 소견은 실제로는 사람들을 충격에 빠뜨렸다. 그는 아즈텍의 황제 몬테수마Montezuma가 스페인의 정복자 코르테스Cortés

에게 기독교라는 종교가 스페인에는 더할 나위 없이 아주 잘 어울릴지 몰라도 자기네 백성에게는 아즈텍의 종교가 최선일 수 있다고 한 말은 불합리한 것이 아니라고 말했다. 당연히 이런 언급은 양측 모두에게 심한 충격을 주었다. 로마교회에게도 충격이었고 좌파에게도 충격이었다. 로마교회가 충격을 받은 데에는 명백한 이유들이 있었다. 좌파마저 충격을 받은 이유는 그들 역시 가톨릭교회가 한 말이 거짓이라면 그와 반대되는 주장은 참이고, 아즈텍의 종교가 한 말이 거짓이라면 그와 반대되는 주장은 참이라고 생각했기 때문이다. 따라서 어떤 명제가 우리에게는 진리로 여겨지지 않을 수 있음에도 불구하고 어떤 다른 문화에서는 진리로 여겨질 수도 있다는 생각과 더불어, 종교적 진리의 가치란 어떤 객관적 표준에 의해서가 아니라 어떤 훨씬 더 유동적이거나 실용적인 수단을 통해, 이를테면 사람들이 그 진리를 믿은 덕분에 행복해졌는지, 그 진리가 그들의 생활 양식에 적합한지, 사람들에게 특정한 이상들을 발전시켜 주었는지, 사람들의 인생과 경험이 빚어낸 질감에 잘 어울리는지 등을 물어보는 방식을 통해 측정되어야 한다는 등의 생각은 로마교회나 무신론적 유물론자들 양측 모두에게는 배신 행위처럼 보였다. 어쨌거나 이것이 몽테스키외가 제기한 일종의 비판이며, 앞서 말한 대로 이 비판은 전체 그림에 어느 정도 수정을 가했다. 어디에 살건 상관없이 모든 이에게 적합한 영원한 진리, 영원한 제도, 영원한 가치가 존재한다는 바로 그 명제를 수정했던 것이다. 우리는 더 유연해져야 했다. 우리는 이렇게 말해야 했다. 글쎄요, 영원한 건 아니지요, 아마, 어디 살건 상관없는 것도 아닐 겁니다. 대부분의 장소에서 대부분의 사람들은 시간과 장소에 맞게 적절한 조정이 필요합니다. 하지만 그렇더라도 우리는 여전히 계몽주의적 관점들의 토대를 보존할 수 있을 것입니다.

다소 더 심각한 파열은 흄 때문에 생겼다. 칼 베커Carl Becker는 매우 지적이고, 흥미롭고, 유쾌하고, 탁월한 그의 저서 《18세기 철학자들의 천국The Heavenly City of Eighteenth-Century Philosophers》에서 흄이 계몽주의의 입장을 통째로 날려버렸다고 주장한다. 흄은 계몽주의 철학자들이 믿었던 필연성, 우주를 구성하고 있으며 이성이 파악하고 준수하며 살 수 있는 엄격한 논리적 관계의 네트워크가 실제로는 존재하지 않는다는 것을 보여 주었다. 따라서 흄은 필연적 관계들이 조화를 이루어 일종의 천의무봉 상태를 이룬다는 전반적인 생각을 뒤흔든 것이었다.

베커의 이런 주장을 자세하게 검토하지는 않겠지만 어쨌든 그의 생각에 동의하지는 않는다. 계몽주의를 공격하면서 흄이 기여한 으뜸의 공헌은(그리고 확실히 본인 눈에는 자기가 그런 공격을 퍼붓고 있다고 보이지도 않았다) 다음 두 가지 명제를 의심한 데에 있다. 첫째, 그는 우리가 직접 인과 관계를 지각하는 것인지, 어쨌거나 그런 관계가 존재한다는 것을 우리가 정말로 아는 것인지 의심했다. 그는 어떤 사건이 다른 사건에 의해 필연적으로 발생하는 것이라기보다는 그 사건들은 필연적으로가 아니라 그저 규칙적인 방식으로 잇달아 일어나는 것뿐이라고 말했다. 원인이 반드시 결과를 생성한다거나 이 사건이 반드시 저 사건을 야기한다거나, 이 상황이 저 상황으로부터 일어나지 않을 수 없다고 말하는 대신에, 우리는 단지 이렇게 말하면 그뿐이다. 대개 이 상황이 저 상황에 뒤따른다. 통상 이것이 저것에 앞서, 혹은 저것과 동시에, 혹은 저것보다 나중에 발견될 것이다. 이렇게 말한다고 해도 현실적인 목적에 비춰볼 때 큰 차이가 없다.

흄에게 의심받은 두 번째 명제가 우리의 지금 목적에는 더 중요하다. 그는 외부 세계가 존재한다는 것을 어떻게 아느냐고 자문하면서 논리적으로는 그것을 연역할 수 없다고 말했다. 탁자가 존재한다는 것을 증명할 수 있는 길은 없다. 지금 이 순간 내가 달걀을 먹고 있다는 것, 물을 마시고 있다는 것을 증명할 길은 없다. 나는 기하학의 명제를 증명할 수 있다. 산술의 명제도 증명할 수 있다. 아마도 문장紋章이나 체스에 관한 명제를 증명할 수도 있지 않을까 생각한다. 혹은 통상적인 약속에 의거하여 확립한 인위적 규칙들을 따르는 다른 학문 분야들의 명제에 대해서도 마찬가지일 것이다. 하지만 무언가가 존재한다는 것에 대해서 수학적 확실성을 지닌 증명을 제시할 수는 없다. 그저 내가 할 수 있는 말은 내가 무언가를 무시하면 후회하게 되리라는 것뿐이다. 만약 지금 내 앞에 탁자가 없다고 생각하고 그쪽으로 걸어간다면, 나는 아마도 불편한 일을 겪게 될 것이다. 그러나 나는 수학적 명제를 증명할 수 있는 것과 같은 차원으로 그것을 증명하는 일, 논리학의 명제를 증명할 수 있는 것과 같은 차원으로 그것을 증명하는 일은 할 수가 없다. 수학이나 논리학의 명제에 위배되는 주장은 단지 거짓일 뿐만 아니라 무의미한 게 되지만, 탁자가 있나 없나 하는 문제는 사정이 다르다. 따라서 나는 세계를 신뢰에 기초한 신념의 문제로서 받아들여야 한다. 신념은 연역적 확실성과는 다르다. 실제로 연역은 사실의 문제에는 전혀 적용되지 않는다.

이런 주장이 논리학과 철학 전반의 역사에 불러온 방대한 귀결들을 더 깊게 파고들어가지 않더라도 이 주장이 어떤 입장을 약화시켰는지는 확실히 알 수 있다. 그것은 우주가 실제로 합리적 총체이며 우주를 구성하는 개개의 부분들은 원래부터 필연적으로 그런 것들이었으며(왜냐하면 개개의 것들 모두 우주의 다른 부분들로부터 필연적으로 생겨난 것들이므로), 그 총체는 그 안에 있는 그 어떤 것도 지금의 그것이 아닌 다른 어떤 것이 될 수는 없었다는 사실로 보아 애초에 아름답고 합리적으로 만들어졌음에 틀림없다고 하는 일반적인 입장이다. 진리는 무엇이든 필연적인 것이며 사물들은 지금 이대로가 아닌 다른 그 어떤 것도 될 수 없었다는 믿음은 오래된 것이었다. 그리고 그것이 바로 스피노자가(그리고 그와 비슷하게 생각하는 사람들이) 말했듯, 어떤 일이 불가피하다는 것을 이해할 때 훨씬 더 기꺼이 수용하게 되는 이유이다. 누구도 둘 더하기 둘이 다섯이라고 믿고 싶어 하지 않는다. '둘 더하기 둘은 언제나 넷이지만 이런 진리는 숨을 턱 막히게 한다. 가끔은 둘 더하기 둘이 넷 반이 되거나 열일곱이 되거나 하는 일이 일어날 수도 있지 않을까?'라고 생각하는 사람이나, 구구단 표라는 소름끼치는 감방에서 탈출하고 싶어 하는 사람은 정신이 썩 멀쩡하다고 여겨지지 않을 것이다. 둘 더하기 둘이 넷이라거나 만약 A가 B보다 크고 B가 C보다 크다면 A는 C보다 크다고 하는 등의 명제들은 일반적인 합리적 사유 과정의 일부이자 우리가 누군가에게 제정신이라고 하거나 합리적이라고 말할 때 의미하는 바를 구성한다고 여겨지는 유형의 명제들이다. 만약 우주의 모든 사실들이 이런 차원으로 환원될 수 있다면, 우리가 더는 그 사실들에 저항해서는 안 될 것이다. 이것이 위대한 이성주의의 선가정이다. 지금 우리가 증오하고 두려워하는 모든 것이 기존에 존재하는 다른 모든 것들로부터 필연적인 논리적 연쇄의 산물로 발원한 것이라고 납득할 수만 있다면, 우리는 '둘 더하기 둘은 넷'이라거나 그밖에 다른 논리적 진리들처럼 우리 삶의 토대를 이루고 우리 사유의 기반을 이루는 것들과 똑같이 그 모든 것을 단지 불가피한 것으로서만이 아니라 합리적이고 따라서 즐거운 것으로서 수용하게 될 것이다. 바로 이런 이성주의의 이상을 흄이 확실히 깨뜨린 것이었다.

　몽테스키외와 흄이 계몽주의의 세계관에 이런 희미한 흠집을 냈다는 사실에도 불구하고(한 명은 모든 것이 모든 곳에서 다 똑같은 것은 아님을 보여줌으로써, 그리고 다른 한 명은 필연성 같은 것은 없고 다만 개연성만이 있을 뿐이라고 말함으로써) 그들이 불러온 효과가 아주 큰 것은 아니었다. 흄은 확실히 우주는 지금껏 그래 왔던 바와 다를 바 없이 앞으로도 계속 작동할 것이라고 생각했다. 그는 확실히 이성적인 행동 방침과 비이성적인 행동 방침이 둘 다 존재하며 인간은 이성적인 수단을 통해 행복해질 수 있을 것이라고 생각했다. 그는 과학을 믿었고 이성을 믿었고 냉철한 판단을 믿었고 18세기에 잘 알려져 있던 모든 명제를 믿었다. 그는 정확히 레이놀즈가 예술을 믿었던 것처럼, 정확히 존슨 박사Dr Johnson가 예술을 믿었던 것처럼 예술을 믿었다. 그의 사상이 논리적으로 함축하는 것들은 실제로 19세기 후반과 20세기에 이르러서야 비로소 명백해졌을 뿐이다. 내가 논의하고 싶은 것은 매우 다른 진영에서 시작된 공격이다. 바로 독일인들로부터다.

17세기와 18세기 때 독일인에 관해 진실을 말하자면, 그들이 다소 후미진 영토를 형성해 놓은 상태라는 것이다. 그들은 이런 관점으로 스스로를 바라보고 싶어 하지 않지만, 그들을 이렇게 묘사하는 것은 거짓이아니다. 16세기 독일인은 유럽 문화에 대한 공헌이라는 측면에서 어느 누구 못지않게 진보적이고 역동적이고 관용적이었다. 확실히 뒤러는 당대 유럽의 다른 그 어떤 화가 못지않게 위대한 화가였다. 확실히 루터는 유럽사에서 그 누구 못지않게 위대한 종교적 인물이었다. 그러나 우리가 17세기와 18세기의 독일을 들여다 본다면, 이유야 어떻든 간에 확실히 세계 수준의 철학자로 여겨 마땅한 라이프니츠라는 한 명의 위대한 인물을 제외하면 그 시대 독일인 중에서 세계의 사상은 말할 것도 없고 심지어 예술 분야에서도 어떤 의미심장한 방식으로 영향을 미친 사람을 발견하기가 무척 어렵다. 특히 17세기 말로 갈수록 더욱 그러하다.

그 이유가 무엇인지를 말하기란 상당히 어려운 일이다. 유능한 역사가가 아닌 나로서는 제 발로 너무 많이 나서고 싶지는 않다. 하지만 이런저런 어떤 이유 때문에 독일인들은 영국이나 프랑스나 심지어 네덜란드까지도 이뤄냈던 중앙집권적인 국가 지위를 성취하는 데 실패했다. 18세기에 300명의 제후와 1,200명의 소제후가 독일인을 지배했다. 17세기에도 실제로 그랬다. 황제는 이탈리아와 여타 지역에 관심이 있었고 아마도 그 바람에 정작 독일 영토에는 적절한 주의를 기울이지 않았을 것이다. 더군다나 무엇보다도 30년 전쟁이라는 폭력적인 대혼란이 있었다. 전쟁 기간 중 프랑스 군을 포함한 외국 군대가 독일 주민을 대규모로 짓밟고 살해했으며 문화 발전으로 이어질 수 있었을 법한 것들을 피바다로 몰아넣어 버렸다. 이것은 유럽의 역사에서 유례를 찾을 수 없는 불행한 사태였다. 어떤 이유에서건 그렇게나 많은 사람이 살해된 경우는 칭기즈칸의 시대 이후로 없었고 독일이 입은 재난은 재기불능 수준이었다. 그것은 독일 정신을 매우 심각한 수준으로 파괴하여 독일 문화가 변두리 문화가 되고, 조그맣고 보잘것없는 지방 소국들로 모래알처럼 분열되는 결과를 낳았다. 파리도 없고, 중심도 없고, 삶도 없고, 자부심도 없고, 성장이나 역동성이나 힘에 대한 감각도 없었다. 독일 문화는 루터주의 류의 학술적으로 극단적인 현학을 추구하는 방향으로 부지불식간에 표류해 들어가거나(깨알 같지만 매우 건조한 학문적 성격을 띤), 아니면 그런 학술적 접근에 저항하면서 인간 영혼의 내면적 삶을 지향하는 반항의 기류 속으로 흘러 들어갔다. 루터주의 자체가 이를 자극했다는 데에는 의심의 여지가 없었지만, 특히 일종의 민족적 열등감이라고 하는 거대한 콤플렉스가 그 시기에 생겨나기 시작했다는 사실도 무시할 수 없다. 이 콤플렉스는 큰 진보를 이룬 서구 국가들, 그 중에서도 특히 프랑스와의 비교에서 비롯되었다. 찬란하게 빛을 발하는 이 나라는 용케도 독일을 짓밟고 모욕을 심어 주었다. 이 위대한 국가는 지금껏 전례가 없는 일종의 오만과 성공을 과시하면서 과학과 예술을 비롯해 인간적 삶의 전 영역을 주도했다. 이것이 영속적인 서러움과 모욕감을 독일에 깊게 심어 주었고, 그런 모습들은 상당히 음울한 17세기 말의 독일 민속 문예와 대중 문학뿐 아니라 독일 사람들이 출중한 실력을 과시한 예술 영역에서도 발견할 수 있다. 음악에서도 특히 라모Rameau와 쿠프랭 Couperin 같은 프랑스 작곡가들이 성취한 화려한 궁중 음악이나 멋진 세속 음악과는 다른 가정적이고, 종교적이고, 격정적이고, 내향적인 경향이 드러난다. 바흐와 그의 동시대 사람들, 그리고 텔레만Telemann 등과 같은 작곡가들을 그 시기의 프랑스 작곡가들과 비교해 본다면, 비록 바흐가 누구도 범접할 수 없을 만큼 위대한 천재성을 지닌 것은 맞지만 그의 음악에서 나타나는 전체적인 분위기와 음색이 라이프치히라는 도시의 (혹은 그가 살았던 적이 있는 그 어떤 곳이라도 좋다) 특수한 내면적 삶에 훨씬 더 국한된 것이라는(지방색을 띤다고 말하지는 않겠다) 점에는 의심의 여지가 없다. 그의 음악은 유럽의 화려한 궁정에 바치려는 의도가 있었던 것도 아니었고, 영국, 네덜란드, 프랑스 등 세계 일류 국가 예술가들의 그림이나 악곡에서 명백히 드러나 보이는 것처럼 인류에 대한 일반적 찬양을 의도한 것도 아니었다.*

---

* 1967년 10월에 벌린은 I. 베르츠(Berz)에게서 바흐에 관한 이 언급에 항의하는 편지를 받았다. 벌린은 1967년 10월 30일에 보낸 답장에서 이렇게 적었다. "물론 제가 이야기한 것은 지나칠 정도로 포괄적이었습니다. 이런 류의 강연에서 흔히 생기는 일이지요. 인쇄물에서라면 그런 말을 하지 말아야 할 것입니다. [⋯] 당신이 옳게 말한 바와 같이 바흐는 바이마르, 쾨텐 등지에서 궁중 음악을 작곡했습니다. 그리고 국왕이 그를 베를

이런 배경 하에 낭만주의의 진정한 뿌리인 경건주의 운동이 독일에 깊이 새겨지게 되었다. 루터주의에서 갈라져 나온 경건주의는 세심한 성서 공부를 중시하고 개인이 신과 직접 맺는 관계를 매우 존중한다. 따라서 이 사상 안에는 영적인 삶에 대한 강조, 학식에 대한 경멸, 제례의식과 형식에 대한 경멸, 허례와 예법에 대한 경멸, 그리고 고통받는 인간 영혼이 개인적으로 창조주와 맺는 개인적 관계를 엄청나게 중시하는 태도가 존재했다. 슈페너Spener, 프랑케Francke, 친첸도르프Zinzendorf, 아르놀트Arnold 등, 이들 경건주의 운동의 모든 창시자들은 사회적으로 짓밟

린으로 초대해서 그가 작곡한 국왕 주제의 실내악곡[프리드리히 2세 국왕이 제시한 주제를 기반으로 바흐가 13개의 소품으로 구성하여 완성한 바흐 작품번호 1079번 실내악곡 〈음악의 헌정(Musikalisches Opfer)〉을 가리킴]에 큰 찬사를 보냈을 때 그는 크게 기뻐했고 이 곡을 기반으로 나중에 그 유명한 변주곡을 작곡하기도 했습니다. 〔…〕 골트베르크 변주곡조차 '마음으로 듣는(innig)' 작품, 즉 영혼을 탐구하는 음악으로 간주되지는 않습니다. 이 모든 것은 진실입니다.

제가 주장하고 싶은 요점은 바흐의 주요 작품들 대부분은 경건주의 분위기에서 작곡되었다는 것입니다. 독일인에게는 종교적 내향성의 전통이 있었고 그에 따라 그들은 현세의 천박함, 광휘, 세속적 명예의 추구, 프랑스나 이탈리아 같은 나라의 화려함 등과는 상당 부분 절연하고 살았습니다. 바흐 본인도 결코 그 시대 음악계를 주도하는 위대한 인물임을 자처하는 사람처럼 처신하지는 않았습니다. 혹시라도 나중 세월에 이탈리아나 프랑스의 궁정에서 자기 음악이 연주될 가능성이 있는 사람처럼 굴지 않았다는 것입니다. 이것은 라모는 확실히 그런 생각을 하고 있었다는 의미에서 한 말입니다. 라모와 달리 바흐의 마음속에는 선구자라든가 혁신자라든가 타의 모범이 되는 음악의 입법자가 된다는 생각 같은 것이 없었습니다. 그는 자기 작품이 자기가 사는 도시나 독일 제후의 궁정에서 연주되는 것만으로도 그저 너무 기쁠 뿐이었습니다. 다른 말로 하자면, 그의 우주는 사회적으로(물론 정서적으로나 예술적으로는 아닙니다) 국한되어 있었고, 파리인들의 경우는 그런 식의 제한이 없었습니다. 이것은 엄청난 운명의 아이러니입니다. 왜냐하면 당신이 옳게 지적한 바와 같이, 셰익스피어나 단테에 비견할 만한 이 범접할 수 없는 천재는 그의 시대를 뛰어넘었고 오늘날 인류 문명의 주요한 선구자로 추앙받기 때문입니다. 이것은 어떤 프랑스인도 이루지 못한 일이었습니다. 요약하자면, 단지 제가 말하고 싶은 것은 바흐도 그 시대 다른 독일인들처럼 야망이라는 측면에서는 그저 수수했다는 것이고, 이것은 18세기에 저 참담한 독일식 편협성과 세계적 중요성에 대한 감각 결여로부터 그렇게나 방대한 영적 결과물을 산출해 낸 내면으로의 방향 전환이 이루어진 원인이자 결과라는 것뿐입니다."

히고 정치적으로 비참한 신세에 처한 거대한 인간 군상에게 위로와 구원을 가져다주는 일을 해냈다. 그렇게 해서 생겨난 결과는 일종의 저 깊은 곳으로의 은둔이었다. 인간사에서는 인간적 만족을 향한 자연스러운 길이 차단될 때 인간이 자기 안으로 은둔하고, 스스로에게 몰입하면서, 어떤 불운한 운명 덕에 외적으로 거부당한 세계를 자기 내면에 창조하고자 노력하는 경우들이 가끔 벌어진다(물론 이런 경우들을 유사 사례들로 묶는 일은 위험할 수도 있지만). 이런 일은 확실히 고대 그리스에서 알렉산드로스 대왕이 도시 국가들을 멸망시키기 시작하고 스토아주의자들과 에피쿠로스주의자들이 개인적 구원에 대한 새로운 도덕을 설교하기 시작했을 때 발생한 바 있었다. 이들의 설교는 이런 내용을 설파하는 형태를 띠었다. 즉, 정치는 중요치 않다, 시민 생활도 중요치 않다, 페리클레스Pericles, 데모스테네스Demosthenes, 플라톤, 아리스토텔레스가 내건 그 모든 위대한 이상들은 하찮은 것이며 개개인의 개별적 구원이라는 절박한 요구 앞에서는 아무것도 아닌 것으로 여겨야 한다, 등등.

이것은 매우 거창한 형태의 신 포도였다. 자기가 정말로 욕망하는 것을 세계로부터 얻을 수 없다면, 그것을 원치 않는다고 스스로를 길들여야 한다. 자기가 원하는 것을 가질 수 없다면, 가질 **수 있는** 것을 원하도록 스스로를 길들여야 한다. 이것이 바로 매우 빈번하게 나타나는 저 깊은 곳으로의 은둔, 일종의 내면의 성채로 숨어드는 은둔의 한 형태이다. 우리는 그 성채 안에 스스로를 감금함으로써 세상의 온갖 무시무시한 재난을 막아내고자 한다. 내가 사는 지역의 국왕이나 제후가 내 땅을 징발한다. 난 원래 내 땅을 소유하고 싶지 않다. 제후가 나에게 높은 신분을 주고 싶어 하지 않는다. 원래 신분 따위는 하찮고 의미 없는 것이다. 국왕이 내 재산을 강탈해 간다. 재산은 원래 아무것도 아니다. 내 아이들이 영양실조와 질병으로 죽었다. 아무리 자녀를 사랑해도 어차피 세속의 애착은 원래 신의 사랑 앞에서는 아무것도 아니다. 다 이런 식이다. 점차 우리는 일종의 단단한 성벽을 자기 주위로 빙 둘러 쌓아올림으로써 자신의 취약한 외양의 노출을 축소하고자 노력한다. 우리는 가급적 최소한의 상처만 받고 싶은 것이다. 온갖 종류의 상처가 산처럼 쌓여 온 우리로서는 따라서 가급적 최소한의 면적으로 수축되기를 소망한다. 그렇게 작아지면 작아질수록 또 다른 상처에 노출되는 일도 줄어들 것이다.

이런 분위기에서 독일의 사제들이 움직였다. 그 결과는 강렬한 내면의 삶이었다. 이것은 매우 감동적이고 매우 흥미로우면서도 고도로 개인적이고 격하게 감정적인 많은 문예, 지성의 혐오, 그리고 당연한 일이지만, 무엇보다도 프랑스, 머리장식, 실크 스타킹, 살롱, 퇴폐, 장군, 황제, 그리고 단지 재물, 불의, 그리고 악덕의 화신들일 뿐인 세계의 모든 위대하고 장엄한 위인들에 대한 증오를 의미했다. 이것은 모욕당한 경건한 군중의 입장에서는 당연한 반응이며, 그들 시대 이후로 다른 여러 곳에서도 벌어진 일이다. 이것은 특수한 형태의 반문화, 반지성주의, 외국인 혐오이며, 독일인들은 그 특수한 시점에 이런 생각들에 특히 더 쉽게 빠져들었다. 이것이 바로 일부 독일 사상가들이 18세기에 신봉하고 숭배했던 반면에 괴테와 실러는 일생 동안 맞서 싸웠던 이른바 지방주의provincialism이다.

모라비아 형제단[보헤미아 지방에서 종교개혁 운동을 주도한 후스Huss를 추종해 15세기에 프로테스탄트들이 결성한 종교 공동체]의 분파인 '헤른후터Herrnhuter'[1736년에 모라비아 형제단의 한 일파가 한 목장에 독립된 교회를 만들어 기도와 생활을 함께하는 공동체를 이루면서 생겨남]파의 창시자 친첸도르프에게서 전형적으로 인용되는 구절이 있다. 그는 이렇게 말했다.

"자신의 지성으로 신을 파악하고자 소망하는 자는 누구든지 무신론자가 되노라." 이 말은 이성은 창녀라서 반드시 피해야 한다고 말한 루터를 흉내 낸 것뿐이다. 여기에 이와 전혀 무관치 않은 이들 독일인들에 관한 한 가지 사회적 요인이 있다. 이들 18세기 독일인들이 누구였고, 독일에 가장 큰 영향을 미친 사상가들이 누구였으며 그래서 우리가 이야기를 들은 사람들이 누구냐고 묻는다면, 이들에 관해 내가 제안하고 싶은 논제를 뒷받침하는 꽤나 특이한 사회학적 사실이 존재한다. 즉, 이 모든 것이 상처 입은 국민적 감수성의 산물이자 지독한 국민적 모욕감의 산물이라는 것이며, 이것이 바로 독일인들 입장에서의 낭만주의 운동의 뿌리라는 것이다. 만약 그런 사상가들이 누구였는지 묻는다면 우리는 그들이 프랑스와는 대조적인, 전적으로 다른 사회 환경에서 등장했다는 사실을 알게 될 것이다.

레싱Lessing, 칸트, 헤르더Herder, 피히테Fichte는 모두 매우 천한 신분으로 태어났다. 헤겔, 셸링, 실러, 횔덜린은 하층민 중산 계급에서 태어났다. 괴테는 부유한 부르주아였으나 나중에 가서야 상응하는 직함을 얻었다. 오로지 클라이스트Kleist와 노발리스만이 그들 시대에 지방 대지주라 불릴 수 있을 법한 사람들이었다. 귀족층과 어느 정도 관련이 있으면서 독일의 문예, 독일식 삶, 독일의 회화, 온갖 종류의 독일 문명에 참여했다고 여길 수 있는 유일한 사람들은 내가 찾아낼 수 있었던 한도 내에서는 크리스티안 레오폴트 슈톨베르크와 프리드리히 레오폴트 슈톨베르크Christian and Friedrich Leopold Stolberg 백작 형제 두 사람과 신비주의자 카를 폰 에카르츠하우젠Carl von Eckartshausen 남작뿐이었다. 엄밀히 말해 이들은 일류에 속한다고도, 최고라고도 말할 수 없는 인물들이다.

반면에 이 시기의 프랑스인에 관해서 생각해 본다면, 급진주의자이건, 좌익이건, 정통성의 가장 극단적인 반대자이건, 교회건, 군주정체건, 그냥 현재 상태 그 자체이건 그 어느 영역을 보더라도 이 모든 이들은 아주, 아주 다른 세상에서 나타난 사람들이었다. 몽테스키외는 남작이었고, 콩도르세Condorcet는 후작이었으며, 마블리는 대수도원장이었고, 콩디야크Condillac도 대수도원장이었고, 뷔퐁은 백작이 되었으며, 볼니Volney는 유복하게 태어났다. 달랑베르D'Alembert는 귀족의 사생아였다. 엘베시우스는 귀족 신분은 아니었지만 아버지가 공주의 진료를 맡던 사람이었다. 그는 세금 징수 청부인으로 백만장자였으며 그 덕에 궁정 사회로 진입했었다. 그림Grimm 남작과 돌바크d'Holbach 남작은 파리로 이주해 살았던 두 명의 독일인이었다. 한 명은 보헤미아 근방에서 왔고, 다른 한 명은 라인란트 출신이었다. 다른 성직자들도 많이 있었다. 사제 갈리아니Galiani는 나폴리 대사관의 서기관이었고, 사제 모를레Morellet와 사제 레이날Raynal은 좋은 혈통을 타고났다. 볼테르도 작은 유지 집안 출신이었다. 오로지 디드로Diderot와 루소만이 평민, 진짜 평민이었다. 디드로는 정말로 빈곤층 출신이었다. 루소는 스위스 사람이었고 따라서 지금 논의의 범주에는 해당되지 않는다. 결과적으로 이 사람들이 사용한 언어는 달랐다. 의심할 바 없이 이들도 저항적이었지만, 이들이 저항한 대상은 같은 계층 출신 사람들이었다. 그들은 살롱에 갔고, 화려하게 치장했으며, 고도로 세련되고, 많은 교육을 받고 화려한 산문 스타일을 지녔고 너그럽고 멋진 시각으로 인생을 바라보는 사람들이었다.

단지 그런 사람들이 존재한다는 사실만으로도 독일인들은 자극을 받고, 모욕감을 느끼고, 격노했다. 1770년대 초에 파리를 방문한 헤르더는 이런 사람들 어느 누구와도 친분을 맺을 수 없었다. 그의 눈에는 그들 모두가 부자연스럽고, 대단히 현학적이고, 극도로 자의식이 강하며, 건조하고, 그저 영혼 없이 살롱에 드나드는 보잘것없는 춤꾼들로 보였다. 그들은 인간의 내면의 삶을 이해할 줄 모르고, 나쁜 신조 때문에서건 잘못된 태생 때문에서건 지상에서 인간의 참된 목적과 인간이 신에게서 하사받은 참되고, 풍요롭고, 너그러운 잠재력을 이해할 수 없었던 사람들이었다. 이것은 또한 독일인과 프랑스인 사이에 깊은 틈새를 만드는데 일조했다. 본래 로마 교회를 증오하고, 본래 프랑스 국왕을 증오하던 이들의 입장에서는 이런 '남 탓하는 자들frondeurs'을 떠올리고 이런 반대자 무리를 떠올리기만 해도 마음이 욕지기, 혐오, 수치심, 그리고 열등감으로 가득 차올랐다. 이것이 독일인과 프랑스인 사이에 엄청난 도랑을 팠고 그 도랑은 모든 학자가 추적할 수 있는 그 모든 문화 교류에도 불구하고 결코 극복할 수 없이 깊은 것이었다. 아마도 이것이 프랑스인에게 품은 독일인의 적대적 감정의 뿌리 중 하나일 것이며 여기에서 바로 낭만주의가 시작되었다.

내가 보기에 계몽주의에 가장 맹렬한 타격을 가하고 내가 지금까지 기술하려 애썼던 계몽주의적 시각에 반대하는 낭만주의의 전반적 과정, 그 총체적인 반항의 과정에 물꼬를 튼 한 사람이 있다. 그는 불투명한 인물이지만, 불투명한 인물들이 때로는 위대한 결과들을 창조하기도 한다(히틀러 역시 결국은 인생의 일정 기간 동안은 불투명한 인간이었다). 요한 게오르크 하만은 매우 불투명한 부모의 아들이었다. 아버지는 쾨니히스베르크라는 도시에서 공공 욕조 관리인 일을 했으며, 하만은 그런 동 프로이센의 경건주의적인 환경에서 자랐다. 그는 아무 짝에 쓸모없는 한량이었으며, 일자리를 얻을 수 없었다. 그는 시도 조금 지었고 비평도 조금 했다. 그런 일은 꽤나 잘 했지만 생활을 보장할 수 있을 만큼은 아니었다. 그는 이웃의 도움을 받았고, 같은 도시에 살면서 훗날 함께 논쟁을 하며 여생을 보낸 친구 이마누엘 칸트에게 도움을 받았다. 그 후 발트해 연안의 부유한 상인 몇 명이 사업상 업무 처리를 맡길 요량으로 그를 런던으로 보냈으나 그는 임무를 완수하지 못했고 대신 술과 도박에 빠져 엄청난 빚까지 지게 되었다.

이런 부절제한 행실의 결과로 그는 거의 자살할 지경에 이르렀으나, 바로 그때 종교체험을 하면서 경건주의자 부모와 조부모가 맹세를 바쳤던 구약성서를 읽게 되었다. 그렇게 해서 갑자기 그는 영적으로 새 사람이 되었다. 그는 유대인의 이야기가 모두의 이야기임을 깨달았다. 구약성서의 룻기나 욥기를 읽을 때, 혹은 아브라함의 시련에 관해 읽을 때, 신의 음성이 그의 영혼에 직접 들려왔다. 그에게 신은 겉으로 드러나 보일 수 있는 그 어떤 것과도 단연코 다른 그야말로 무한한 중요성을 지닌 특정한 영적 사건들이 존재한다고 말해 주었다.

그는 이렇게 종교적인 상태로 변신하여 쾨니히스베르크로 돌아와 글을 쓰기 시작했다. 남들이 알아보지 못하게 익명으로 글을 썼으며, 문체는 그때부터 지금까지도 도통 불명료하다고 알려져 왔다. 동시에 그는 수많은 다른 저술가들에게 강하고도 뚜렷한 영향을 미쳤으며, 그렇게 영향을 받은 저술가들이 뒤이어 유럽의 삶에 상당히 큰 영향을 미쳤다. 그는 헤르더의 존경을 받았다. 헤르더는 확실히 역사 서술의 전기를 불러 온 인물로서, 오늘날 널리 받아들여지고 있는 예술을 향한 전반적 태도를 유발한 측면도 어느 정도 있는 인물이다. 하만은 괴테에게도 영향을 미쳤다. 괴테는 그의 원고들을 편집하고 싶어 했고, 그를 당대의 가장 재능 있고 심오한 영혼의 소유자 중 한 명으로 여겼으며, 있음직한 모든 경쟁자들을 내치고 그를 지지했다. 하만은 키르케고르에게도 영향을 미쳤다. 하만 사후에 활동한 키르케고르는 자기에게도 그의 글이 알기 쉽게 읽힐 수 있었던 것은 아니지만, 어쨌든 그가 자기가 지금껏 읽었던 가장 심오한 저술가 중 한 명이라고 말했다. 그럼에도 불구하고, 비록 그가 모호하게 글을 쓰기는 했지만 극도의 주의를 기울인다면(나로서는 정말로 권장하고 싶지 않은 일이다) 하만의 토막글들(그는 어떤 글도 제대로 완성한 적이 없다) 속에 담겨 있는 비정상적으로 뒤틀린 은유들, 과도한 미사여구가 사용된 문체, 비유나 여타 다른 형태의 음울한 시적 언사들로부터 의미의 낟알들을 긁어모으는 일은 가능하다. 그가 제시한 신조는 대략 다음과 같다.

그는 흄에서 시작했고 결국 흄이 옳았다고 말했다. 우리가 우주를 안다는 것이 도대체 무엇인지 자문한다면, 우리는 우주를 지성이 아니라 신앙을 통해 안다는 게 그 답이다. 만약 흄이 논리로는 보강할 수 없는 신념적인 행위가 없었던들 달걀 하나를 먹을 수도, 물 한 잔을 마실 수도 없었을 것이라고 말했다면, 우리가 겪는 다른 거의 모든 경험에 이런 말이 얼마나 더 많이 적용될지는 굳이 말할 것도 없지 않겠는가. 당연히 하만은 신과 창조에 대한 그의 믿음이 달걀과 물 한 잔에 대한 흄의 믿음과 정확히 동일한 논리로 뒷받침된다고 말하고 싶었다.

프랑스인들은 과학의 일반 명제를 다루었지만, 이런 일반 명제는 결코 실제의 삶, 심장이 고동치는 삶의 현실을 포착한 것이 아니었다. 만약 우리가 누군가를 만나 그가 대체 어떤 사람인지 알고 싶어 한다면, 그 사람에게 몽테스키외나 콩디야크의 저술에서 수집한 다양한 심리학적 일반화나 사회학적 일반화를 덮어씌우는 것은 아무것도 가르쳐 주는 바가 없을 것이다. 인간이 어떤 존재인지 알아내는 유일한 방법은 그에게 말을 걸고 대화를 나누는 것이다. 대화란 두 사람의 인간이 실제로 만나는 것을 의미한다. 사람의 얼굴을 쳐다보며 그 사람 몸의 뒤틀림과 몸짓을 관찰하고, 그가 하는 말을 듣고, 나중에는 분석할 수 없는 다른 많은 방식으로 확신을 갖게 되면서 비로소 그에 관한 자료가 바로 눈앞에 드러나는 것이다. 그럼으로써 우리는 지금 말을 나누고 있는 상대가 누구인지를 알게 된다. 대화가 성립되는 것이다.

이런 대화를 과학적이고 일반적인 명제들로 분석하려는 시도는 반드시 실패할 것이다. 구체적인 사례들을 담아낸다는 일반 명제란 실은 극히 조야하게 만들어진 바구니와 같다. 그런 명제는 아주 많은 것들의 공통점, 상이한 부류의 많은 사람들이 갖고 있는 공통점, 상이한 종류의 많은 것들이 갖고 있는 공통점, 다양한 시대의 공통점을 차별화하는 개념과 범주를 사용했다. 그런 명제는 일반적이기 때문에 불가피하게 떨구어 낼 수밖에 없는 것들이 있다. 그것은 바로 독특한 것, 특수한 것, 저 특수한 인간 혹은 저 특수한 물건이 지닌 특유의 성질이다. 그리고 하만에 따르면 오직 그런 것들만이 흥미로운 것들이었다. 우리가 어떤 책을 읽고 싶어 한다면, 다른 많은 책과 이 책이 공통으로 지닌 요소들에는 관심이 없을 것이다. 그림을 감상한다면, 이 그림을 그리는 데 어떤 원리들이 적용되었는지, 무수한 다른 시대에 무수한 다른 화가들이 그린 무수히 많은 그림의 제작에 어떤 원리들이 적용된 것인지 알고 싶어 하지는 않았을 것이다. 우리는 이 그림을 보는 일, 이 책을 읽는 일, 이 사람에게 거는 말, 이 신에게 비는 기도가 우리에게 전해 줄 그 특유의 메시지, 특유의 실재에 직접 반응하고 싶었을 것이다.

이로부터 그는 일종의 베르그송적인 결론을 이끌어 냈다. 이른바 세상에는 생명의 흐름이라는 것이 있으며, 이 흐름을 잘게 잘라 분할하려는 시도는 그 생명을 죽이는 짓거리라는 것이다. 과학은 그 나름의 목적에는 아주 잘 어울리는 것이었다. 식물이 어떻게 자라는지 알아내고 싶을 때, 모종의 일반 원리나 물체 일반에 관한 일반 명제에 관해 알고 싶을 때(물리적 원리이건 화학적 원리이건 간에), 어떤 기후가 어떤 지역에서 어떤 종류의 생장물이 자라도록 도와줄 것인지 알고 싶을 때 등등의 경우에는 의심의 여지없이 과학이 아주 적절했다(그럴 때에도 과학이 항상 옳은 소리만 하는 것은 아니다). 그러나 인간이 궁극적으로 찾아내고자 하는 바에 대해서는 아니다. 만약 인간이 무엇을 추구하는지, 인간은 실제로 무엇을 원하는지 자문한다면, 우리는 인간이 원하는 것은 볼테르가 그러리라 가정했던 것과는 전혀 딴판임을 알게 될 것이다. 볼테르는 인간이 행복, 만족, 평화를 원한다고 생각했지만, 그것은 사실이 아니다. 인간이 원하는 것은 자신의 모든 능력이 가능한 한 가장 풍요롭고 가장 격렬한 방식으로 사용되는 것이었다. 인간이 원하는 것은 창조이다. 인간이 원하는 것은 뭔가를 만들어 내는 것이며, 이런 만들기가 충돌로 이어지고, 전쟁으로 이어지고, 투쟁으로 이어진다 해도 그것은 인간에게 주어진 운명의 일부이다. 볼테르의 정원에 내던져져서 깎이고 잘려 나간 사람, 물리학, 화학, 수학의 지식, 그리고 백과전서파가 권장했던 모든 과학적 지식으로 무장한 몇몇 현명한 '철학자philosophe'[18세기의 프랑스 철학자들을 가리킴]가 길러 낸 사람, 그런 사람은 죽음의 한 형태에 지나지 않는 삶을 살게 될 것이다.

과학이 인간 사회에 적용된다면 무시무시한 일종의 관료주의로 이어질 것이라고 하만은 생각했다. 그는 과학자들, 관료들, 물건을 작게 만든 사람들, 윤기 흐르는 루터주의 성직자들, 이신론자들, 사물을 상자에 집어넣고 싶어 하는 모든 이들, 이것을 저것과 동화시키고 싶은 모든 이들, 창조란 예를 들어 자연이 제공하는 특정 자료를 획득하여 그것들을 만족스런 특정 패턴으로 재배열하는 일과 실제 다를 바 없음을 증명하고 싫어 하는 이들에게 반대했다. 반면 하만에게 창조란 당연히 가장 입에 올리기 황송하고, 형언할 수 없고, 분석이 불가능한 개인적 행위였으며, 그 덕분에 인간은 자연에 족적을 남겼고 자신의 의지를 솟구쳐 오르게 했으며, 자기의 말로 이야기했고, 자기 안에 머물러 있으면서 어떤 종류의 걸림돌도 허용하지 않으리라는 말을 내뱉을 수 있었다. 따라서 그가 볼 때 계몽주의 신조 전체는 인간 안에 살아 있는 바로 그것을 죽이는 것이었고, 인간의 창조적 에너지와 그 모든 풍요로운 감각의 세계 대신에 창백한 대체물을 제공하는 것이었다. 인간은 그런 에너지와 감각이 없이는 살고, 먹고, 마시고, 즐거워하고, 다른 사람을 만나고, 헤아릴 수 없이 많은 행위에 몰두하는 일이 불가능하다. 그런 것들이 없으면 사람들은 시들어 죽고 만다. 그에게는 계몽주의가 그런 점을 아무렇지 않게 여기는 것처럼 보였다. 계몽주의 사상가들이 그린 인간은 '경제적 동물'까지는 아니라 해도 어쨌든 모종의 인공적인 장난감이고, 모종의 생명력 없는 모형이라서 하만이 자기 삶의 일상에서 만나 교제하고 싶은 그런 종류의 인간과는 전혀 무관해 보였다.

괴테는 모제스 멘델스존에 대해서도 상당히 유사한 언급을 했다. 마치 곤충학자가 나비를 다루듯 멘델스존은 아름다움을 다룬다고 말한다. 곤충학자는 그 가엾은 동물을 잡아 핀으로 꽂아 둔다. 핀에 꽂힌 나비는 자신의 절묘한 색깔이 퇴색해 가도록 그 자리에 그대로 펼쳐진 채 생명 없는 송장으로 남는다. 이게 미학이라니! 이것은 '생의 약동élan vital'[베르그송이 기계적이거나 목적론적인 진화 개념에 반대하며 도입한 창조적 진화 개념에서 주장한 생명의 본질], 흐름, 개체성, 창조의 욕망, 심지어 투쟁의 욕망은 내버린 채, 일반화하고, 분류하고, 고정시키고, 앨범 안에 배치하고, 인간 경험에 대한 모종의 이성적 배열을 산출하고자 한 프랑스인들의 경향성에 반대하면서 1770년대의 젊은 낭만주의자 괴테가 하만의 영향 하에 드러낸 매우 전형적인 반응이다. 하만과 그의 추종자들에 따르면 인간이 지닌 저 근원적 요소는 프랑스인들이 추구하는 저 생명 없는 조화와 평화가 아니라 상이한 관점을 지닌 사람들 사이에서 창조적 의견 충돌을 생성하는 힘이다.

하만은 이런 식으로 탄생했다. 그의 접근 방식을 구체적으로 설명하기 위해 몇 가지 전형적인 구절들을 인용하겠다. 하만은 인간 영혼의 희열은 볼테르가 생각한 듯 보이는 이른바 행복이 전혀 아니라고 말한다. 인간 영혼의 희열은 자신의 힘을 구속받지 않고 구현하는 데에 뿌리 박혀 있다. 인간이 신의 형상에 따라 만들어진 것처럼, 신체는 영혼의 그림이다. 이는 무척이나 흥미로운 관점이다. 신체가 영혼의 그림인 이유는 우리가 어떤 사람을 만나 '그는 어떤 사람인가?'라고 물을 때, 우리는 그의 얼굴로 판단하기 때문이다. 우리는 그의 신체로 판단한다. 영혼과 육신이 해부될 수 있다는 발상, 정신과 육신이 따로따로라는 발상, 신체와는 별개로 인간 안에는 무언가가 들어 있으며 그것은 그 기계 내부에서 고동치고 있는 일종의 귀신 같은 것이라는 발상 등은 인간의 총체적 본성, 통일체로서 인간의 모습과는 전혀 다른 것이며 전형적인 프랑스의 해부적 관점인 것이다. "보편성, 오류 불가능성, 자만심, 확실성, 자명성을 갖춘 가장 드높은 칭송의 대상인 이 **이성**이란 대체 무엇인가? 그것은 **광기어린 터무니없는** 미신이 **신성한 속성들**을 집어넣어 속을 꽉 채워놓은 인형에 불과하다."

사제 뒤보스Dubos는 18세기 초에 이렇게 말했다. "우리가 한 언어에서 느끼고 생각한 바는 다른 어떤 언어로도 똑같이 적확하게 표현할 수가 있다." 이런 말은 하만에게는 철저히 미친 소리로 들렸다. 언어는 우리가 자신을 표현하는 수단이다. 한편으로 생각이 있고 다른 한편으로 언어가 있는 그런 식의 것이 아니다. 언어는 우리가 생각에 끼워 주는 장갑 같은 것이 아니다. 우리는 생각을 할 때, 상징들로 생각하고 단어들로 생각하는 것이며 따라서 모든 번역은 원리상 불가능하다. 생각하는 사람들은 특수한 상징들로 생각하는 것이며, 이 상징들이 우리가 말을 거는 사람들의 감관과 상상력에 무언가를 떠오르게 한다. 다른 언어들로도 근사치는 얻어낼 수 있을지 모르겠지만, 만약 우리가 다른 인간들과 정말로 접촉하고 싶고 그들이 무슨 생각을 하고 무엇을 느끼는지, 그리고 그들이 어떤 사람들인지 정말로 이해하고 싶다면, 우리는 모든 몸짓과 모든 뉘앙스를 이해해야 하며 그들의 눈을 봐야 하고 그들의 입술이 어떻게 움직이는지 관찰해야 하고, 그들의 말을 들어야 하며, 그들이 손으로 쓴 글을 이해해야 할 것이다. 즉, 우리는 실제적인 생명의 원천들을 직접 대면해야 하는 것이다. 이에 미치지 못하는 모든 것들, 이를테면 어떤 이의 언어를 다른 언어로 번역하려는 시도, 그 사람의 온갖 다양한 동작들을 어떤 해부학적 수단이나 인상학적인 수단으로 분류하려는 시도, 그 사람을 다른 많은 사람들과 함께 한 상자에 집어넣고 단순히 어떤 한 종의 일원 혹은 어떤 한 유형의 일원으로 분류하게 될 한 권의 학술 서적을 출판하려는 시도, 이것은 모든 지식을 놓치는 것이다. 이것은 죽이는 길이고, 살아 있는 심장이 고동치는, 독특하고, 비대칭적이고, 분류 불가능한 모든 인류의 인간적 경험 위에 텅 빈 바구니에 불과한 개념과 범주를 덮어씌우는 길이다.

이것이 대략적으로 말해 하만의 신조이며, 그가 추종자들에게 물려주었던 신조이다. 그는 예술에서 변덕과 환상을 완전히 없애 버리는 것은 예술과 인생과 명예를 상대로 암살 음모를 꾸미는 것과 같다고 말했다.

열정, 예술이 가진 것이 바로 그것이다. 열정, 이것은 기술될 수도 분류될 수도 없다. 너는 이런 일에 나서지 말고, 저것을 맛보지 말지어다. 모제스 멘델스존, 미학자 모제스, 미학의 입법자 모제스가 이런 식으로 온갖 미학적 계율을 들이대며 도려내 버리고 싶어 한 것이 바로 그 열정이라고 그는 말한다. 그는 이렇게 말한다. 신성한 셰익스피어의 신성한 책에서 떨어진 나뭇잎들이 시간의 온갖 폭풍우 속에 흩날리는 자유로운 국가에서 감히 어떻게 인간이 그리 한단 말인가?

괴테는 하만에 대해 이렇게 말했다. "그는 불가능한 것을 성취하기 위해 모든 요소들에 자신의 손을 뻗는다." 그러면서 그는 하만의 시각을 이런 방식으로 압축한다. "한 인간이 착수하는 모든 일은 〔…〕 그의 통일된 능력에서 솟아나야 하며, 모든 분리는 거부되어야 한다."

3

진정한 낭만주의의 시조들

내가 요한 게오르크 하만이라는 불명료한 인물을 소개했던 이유는 가장 공개적이고 격렬하고 완성된 방식으로 계몽주의에 선전포고를 한 최초의 인물이 바로 그라고 생각하기 때문이다. 그럼에도 불구하고 그는 이 싸움에서 완전히 혼자는 아니었으며 이미 살아생전에 그랬다. 내가 왜 이런 말을 하는지 이제부터 설명하도록 하겠다.

모두가 아는 진부한 말이지만, 18세기는 과학이 거둔 위대한 승리의 시대이다. 과학의 위대한 승전보들은 그 시대의 가장 경이로운 사건이다. 그리고 그 시대에 발생한 인간 정서의 가장 심원한 혁명은 더 오래된 형식들의 파괴로 인해 생겨난 결과였다. 조직화된 자연과학이 제도화된 기성 종교에 퍼부은 공격과, 신흥 세속 국가들이 중세의 낡은 위계질서에 가한 공격 둘 다로부터 생겨난 결과인 것이다.

그와 동시에 이성주의가 너무 멀리 나간 것도 틀림없는 사실이다. 그 바람에, 그런 경우들에서 늘 벌어지는 일이지만, 이런 유형의 이성주의가 차단해 버린 인간 정서는 다른 방향에서 모종의 배출구를 찾아 나서게 되었다. 올림피아의 신들이 너무 길들여져서 너무 이성적이고 너무 정상적인 상태가 되었을 때, 사람들은 매우 자연스럽게 더 어둡고 깊숙한 지하로 파고들어 간 신들에게 마음이 쏠리기 시작했다. 이것이 그리스에서 기원전 3세기에 벌어진 일이고, 18세기에 벌어지기 시작한 일이다.

조직화된 종교가 뒤로 물러났다는 데에는 의심의 여지가 없다. 예를 들어 독일에서 라이프니츠의 제자들이 설파했던 이성적인 유형의 종교를 고려해 보라. 독일에서는 그 나라 대학들을 주름잡았던 위대한 철학자 볼프Wolff가 종교와 이성을 화해시키려고 애썼다. 이성과 화해할 수 없는 것이라면 무엇이든 유행에 뒤떨어진 낡은 것으로 취급되었기 때문에 종교와 이성의 조화를 증명하여 종교를 구원해야 할 필요성이 있었다.

볼프는 기적을 우주에 대한 이성적 해석과 화해시킬 수 있다고 말함으로써 이를 실현하고자 했다. 예를 들면, 여호수아가 예리코에서 태양을 멈춰 서게 한 것은 단지 그가 그 시대 다른 대부분의 천체물리학자들에 비해 더 심오한 지식을 가진 천체물리학자였음을 뜻하는 것이며, 그의 천체물리학 지식이 그 정도의 깊이의 통찰력을 지녔다는 것은 확실히 기적이라고 생각하는 식이다. 마찬가지로 그리스도가 물로 포도주를 만들었을 때 그는 단지 성령의 도움을 받지 못하는 사람의 이해 수준을 뛰어넘는 매우 심오한 방식으로 화학을 이해하고 있었을 뿐이었다.

이성주의가 이 정도로 깊은 나락으로 추락하고 종교 역시 어쨌든 받아들여질 기회를 얻기 위해 이런 종류의 타협을 감수할 수밖에 없었다는 점을 고려할 때, 사람들이 도덕적 만족과 정신적 만족을 얻기 위해 관심을 다른 곳으로 돌려야만 했다는 사실이 어쩌면 그리 놀랄 일도 아닐 것이다. 아마도 과학적인 새 철학이 행복과 질서를 제공할 수 있을지도 모르지만, 인간의 비이성적인 욕망들, 20세기에 들어서야 비로소 아주 예리하게 자각하게 된 그런 무의식적 충동의 전체 영역이 당시에 그 나름대로 일종의 만족을 불러오기 시작했다는 데에는 의심의 여지가 없다. 그래서 18세기가 조화롭고, 대칭적이고, 무한히 이성적이고, 우아하고, 유리처럼 투명한 형태의 세기가 되었다고 믿는 사람들, 헤아리기 어렵고 음울한 그 어떤 것에도 방해받지 않는 인간 이성과 인간적 아름다움이 잘 반영된 일종의 평화로운 거울과도 같은 세기가 되었다고 믿는 그런 사람들에게는 다소 놀랍게도, 우리는 유럽 역사상 그렇게 많은 비이성적인 사람들이 무언가를 고수한다고 주장하면서 세상에 활개치고 다닌 경우란 이전까지 한 번도 없었다는 사실을 알게 된다. 프리메이슨 결사와 장미십자회가 번창한 때도 바로 18세기이다. 사람들이 온갖 종류의 협잡꾼과 방랑자에게 매혹된 것도 바로 그 때, 특히 그 세기 후반부의 일이다. 칼리오스트로Cagliostro[카사노바나 생제르맹 백작과 함께 프랑스 혁명 이전에 암약한 모험가 중 한 사람]가 파리에 등장하여 사교계 최상류층 인사들과 인연을 맺게 된 것도 그 때 일이다. 메스머Mesmer가 동물 영혼에 관해 언급하기 시작한 것도 그 때이다. 온갖 종류의 주술사, 손금 보는 사람, 물점水占치는 사람 들이 가장 좋아했던 시대가 바로 그 때이고, 이들이 내놓은 가지각색 만병통치의 묘약들은 사람들의 이목을 끌었으며 실제로 다른 측면에서는 겉보기에 건전하고 이성적인 아주 많은 사람들의 신앙심을 사로잡았다. 확실히 스웨덴과 덴마크의 국왕들, 데번셔 공작부인the Duchess of Devonshire, 추기경 드 로앙cardinal de Rohan 같은 이들이 행한 주술 실험들은 17세기에라면 놀랄 일이었을 것이고 19세기라면 알려지지 않았을 것이다. 이런 일들이 퍼져나가기 시작한 때가 18세기이다.

물론 같은 반이성주의라 해도 더 존중할 만하고 흥미로운 의견 표명도 있었다. 예를 들면, 그 시대의 융 같은 사람이라 할 수 있는 취리히의 라파터Lavater는 소위 "인상학Physiognomik"이라고 부른 학문을 창안했다. 그는 심리적 특징에 대한 모종의 통찰을 얻어 낼 심산으로 사람들의 얼굴 치수를 측량하고자 했다. 인간의 정신적 측면과 신체적 측면은 합일을 이루고 있어서 분해될 수 없다고 믿었기 때문이다. 그러면서도 그는 이런저런 종류의 훨씬 더 수상쩍은 온갖 골상학자들과 심령술사들의 주장에는 찬성하지 않았다. 이곳저곳을 방랑하며 이따금 범죄를 저지르고 또 어떤 때는 그냥 사람들을 혼절시키기도 하는 그 모든 수상쩍은 메시아들에 대해서도 마찬가지였다. 이런 자들 중 일부는 범죄 행위로 체포된 반면 또 다른 일부는, 예를 들면 독일 제국의 더 황량하고 더 케케묵은 지역들에서 자유롭게 배회하도록 방치되었다.

어쨌든 우리가 바로 이런 분위기 속으로 발을 들인 것이다. 겉으로는 정합적이고 우아해 보이는 이 세기의 표층 아래로 온갖 종류의 어두운 힘이 준동하고 있는 것이다. 하만은 단지 가장 시적이고, 신학적으로 가장 심오하고, 굳이 표현하자면, 양量에 반대하는 질質의 이 격렬한 반항과 인간의 모든 반과학적 열망과 욕망을 대표하는 가장 흥미로운 인물이다. 내가 앞서 요약해 보고자 했던 하만의 근본 신조는 이렇다. 즉, 신은 기하학자나 수학자가 아니라 시인이며, 우리의 보잘것없고 인간적인 논리적 도식들을 신에게 억지로 떠안기려는 시도에는 불경한 측면이 들어 있다. 친구인 칸트가 그에게 천문학이라는 학문이 마침내 종착점에 도달했으며, 천문학자들은 알 수 있는 모든 것을 알고 있어서 이 특수한 과학이 이제 완성된 학문으로서 깊게 간직될 수 있게 되었다는 사실은 만족스러운 결과라고 말했을 때, 그는 그런 과학을 파괴해 버리고 싶다고 느꼈다. 그건 마치 우주에는 더 이상 기적이란 없다는 말이 아닌가!

마치 그 어떤 인간의 노력도 이제는 다 그만으로, 그냥 다 끝난 것으로 여겨질 수 있다는 말이 아닌가! 인간은 유한하며, 특정 주제들에 관해서는 전모가 알려질 수 있으며, 자연의 일정 영역은 완벽히 탐구될 수 있으며, 일부 질문들에는 궁극적으로 답변이 이뤄질 수 있다고 하는 이 모든 생각들이 하만에게는 충격적이고, 비현실적이고, 지극히 어리석게 보였다.

이것이 하만 신조의 핵심이다. 이것은 자연과 역사 속에서 신의 음성을 감지하는 일종의 신비적 생기론이다. 신의 음성이 자연을 통해 우리에게 전해진다는 것은 신비주의의 오랜 믿음이었다. 하만은 여기에 역사도 우리에게 말을 전한다고 하는 미래의 신조를 보탰다. 각성되지 않은 역사가들이 단지 일상적인 경험 관찰의 사건들로 받아들이는 모든 다양한 역사적 사건들은 실제로는 신성한 그분이 우리에게 말씀을 전하는 수단들인 것이다. 이런 각각의 사건들에는 제대로 된 눈이 있는 사람들이라면 감지할 수 있는 주술적이거나 신비적인 중요성이 담겨 있다. 그는 신화가 세계에 관한 완전히 거짓된 진술들이 아니며 사람들의 눈을 가리고 싶어 하는 파렴치한 인간들의 사악한 창작물도 아니고, 시인들이 자기 상품을 치장하려는 목적으로 고안해 낸 예쁘장한 장식물도 아니라고 말한 가장 초창기 사람 중 한 명이었다(비코보다는 나중 사람이지만 당시에 비코를 읽은 사람은 없었다). 신화란 인간이 말로 형언하기 어려운 자연의 신비로운 느낌을 표현하는 방식이었으며, 그것을 표현할 수 있는 다른 방법은 없었다. 신화가 단어들을 사용했다면, 그런 일을 제대로 해내지 못했을 것이다. 단어들은 사물들을 너무 많이 토막 낸다. 단어들은 사물들을 분류했고, 또한 너무 이성적이었다. 사물들을 한데 묶어 깔끔한 꾸러미로 만들고 그런 꾸러미들을 보기 좋게 어떤 분석적 방

110

식으로 배열하려는 시도는 우리가 숙고 중인 그 해당 주제, 즉 생명과 세계의 통일성과 연속성과 생명력을 파괴하는 일이었다. 신화는 이런 신비로움을 예술적 이미지와 예술적 상징 속에 담아 전달했다. 이런 수단들은 단어 사용 없이도 인간을 자연의 신비와 용케 연결시켜 주었다. 대략 이것이 그의 신조였다.

물론 이 모든 것은 전체적으로 프랑스인들에 대한 거대한 저항이었다. 이 저항의 정신이 독일을 넘어 멀리 퍼져 나갔다. 이런 종류의 현상은 영국에서도 현저히 드러났다. 그 나라에서 이런 관점을 가장 설득력 있게 옹호한 인물은 하만보다 조금 나중 사람인 신비주의 시인 윌리엄 블레이크William Blake였다. 블레이크의 적들, 즉 블레이크가 전체 근대기의 악한들로 간주했던 사람들은 로크와 뉴턴이었다. 블레이크는 이들을 오직 어떤 비수학적인 방식으로만 음미 가능한 살아 있는 총체인 실재를 수학적으로 잘 맞아 떨어지는 모종의 조각들로 잘게 쪼갬으로써 정신을 살해한 악마들로 간주한다. 그는 전형적인 스베덴보리주의자였다. 스베덴보리의 신봉자 무리는 앞서 언급했던 바로 그 18세기에 번성한 불가사의한 지하 운동들 가운데서도 매우 전형적인 유형에 속했다.

같은 유형에 속하는 모든 신비주의자들과 마찬가지로 블레이크가 바랐던 것은 정신적 본령에 대한 일종의 통제력 회복이었다. 인간의 정신적 본령은 수학자나 과학자처럼 상상력이라고는 없는 인간 정신 살해자들이 저지른 인간적 퇴보와 사악한 작업의 결과로 단단히 경직되어 버린 상태였다. 이런 뜻을 전달하는 수많은 인용구가 있다. 블레이크는 법칙들이란 인간을 울타리에 가두기 위해서나 필요한 것이라고 말한다.

그리고 그들의 자녀들은 슬퍼했다, &

황량한 장소들에 무덤을 쌓았다,

그리고 분별의 법칙들을 만들어냈고, 그것들을

신의 영원한 법칙들이라고 불렀다.

이것은 18세기 이성주의자들과 비신비주의적인 경험적 추론이나 논리적 추론에 토대를 둔 대칭적 배열의 질서라는 그 총체적 개념을 겨냥한 것이다. 그가 모든 사람이 알고 있는 저 유명한 시행들을 썼을 때,

새장 속의 붉은 가슴 울새 한 마리가

모든 천국을 격분 속에 몰아넣으니,

여기서 그가 언급한 새장이 바로 계몽주의이다. 블레이크나 그와 비슷한 태도의 사람들 눈에는 계몽주의가 18세기 후반부에 그들의 모든 삶을 옥죄는 새장으로 보였던 것이다.

이 성난 지면을 읽고 있는

미래 세대의 아이들이여,

예전의 어느 한 때에는

사랑! 달콤한 사랑! 이것이 범죄로 생각되었음을 알라.

그에게 사랑은 예술과 동일한 것이었다. 그는 예수를 예술가라고 부르며 사도들도 예술가라고 부른다. "예술은 생명의 나무이며 〔…〕 과학은 죽음의 나무이다." 저 불꽃을 해방시켜라. 이것은 인간의 영혼을 뒤흔

드는 더 심오한 문제들에 대해서는 응답하지 않는 깔끔한 신흥 과학적 질서 때문에 목이 졸려 숨이 막힌다고 느끼는 모든 사람들의 위대한 외침이다.

독일인들은 프랑스에서는 이런 더 심오한 문제들이 무엇인지 누구도 깨닫지 못했고 비로소 깨달을 조짐을 보인 사람조차 아무도 없다고 가정하는 경향이 있었다. 프랑스인들이란 누가 뭐래도 영혼의 소유자이자 모종의 정신적 욕구의 소유자인 인간을 움직이는 힘이 무엇인지에 대해 전혀 개념이 없는 그저 무미건조한 원숭이들에 불과하다는 것이다. 이것이 전적으로 맞는 말은 아니었다. 예를 들어, 디드로 같은 대표적인 계몽주의 사상가의 글을 읽는다고 생각해 보자. 문제의 저 독일인들은 그를 새로운 유물론, 새로운 과학, 정신적이고 종교적인 삶의 모든 요소의 새로운 파괴를 대표하는 가장 유해한 인물 중 한 명으로 바라보았다. 하지만 반드시 그렇지만은 않은 무언가도 발견된다. 디드로에게는 심지어 내가 기술한 저 독일인들 사이의 태도와 별반 다르지 않은 측면도 있는 것이다. 디드로는 인간에게 비이성적인 요소 같은 것이 존재하며 온갖 종류의 어두운 힘이 준동하는 무의식의 저 심연이 존재한다는 사실을 완벽하게 인식하고 있다. 또한 그는 인간의 천재성이란 바로 그런 요소들을 자양분으로 삼는 것이며 빛의 권능 그 자체만으로는 본인이 찬양해 마지않는 저 신성한 예술 작품들을 창조하기에 충분치 않다는 것을 인식하고 있다. 그는 대단히 격정적인 어조로 예술을 매우 자주 언급하며, 위대한 천재, 위대한 예술가에게는 17세기 식 표현을 빌리자면 무언가 '뭐라 말할 수 없이 좋은 것 je ne sais quoi'이 있다고 말한다. 그 덕분에 예술가는 자신의 상상 속에서 어지간히 넓은 시야와 웅장한 깊이의 통찰과 어느 정도의 지적 용기(거대한 지적 위험을 감수하는)를 통해 그러한 예술 작품을 창조할 수 있는 것이며, 바로 이 덕분에 이런 유형의 천재적인 인간과 예술가 들은 중대한 범죄자와 닮게 된다. 디드로의 글 중에는 범죄자와 예술가의 근사성에 관해 사색한 대목이 있다. 그가 그렇게 생각한 이유는 범죄자나 예술가는 둘 다 규칙에 도전하고, 둘 다 힘과 장엄과 광휘를 사랑하며 정상적인 삶의 자취들이나 과도하게 문명화된 인간의 철저히 길들여진 삶 따위는 걷어 차 버리는 사람들이기 때문이다.

　디드로는 두 부류의 인간이 존재한다고 설파한 최초의 인물에 속한다. 사회에 속하고 사회적 관행에 순응하며 쾌락을 추구하는 인위적인 인간이 있다. 이런 사람은 18세기의 풍자만화가들이 인위적이고 점잔 빼는 시시한 인물로 묘사하는 통상적 유형의 인간이다. 하지만 이런 인간의 내부에는 감방에 갇힌 채 탈출을 소망하는 인간의 폭력적이고, 당돌하고, 어둡고, 범죄적인 본능이 들어 있다. 이 인간은 제대로만 통제된다면 천재적인 웅장한 작품들을 창조하기 위해 책임을 다하게 될 인간이다. 이런 유형의 천재는 길들여질 수 없으며, 이런 유형의 천재는 바토 Batteux 사제나 뒤보스 사제가 훌륭한 예술 작품을 창조하기 위해 반드시 따라야 한다고 규정한 이성적인 규약, 이성적인 규칙과는 아무런 관계가 없다. 그가 남긴 초기 예술 비평 중 한 편으로 이에 합당한 유명세를 그에게 안겨 준 《1765년의 살롱 Salon of 1765》의 한 전형적인 대목에서 디드로는 이렇게 적는다.

　주머니가 **에스프리** esprit, 즉 재기 才氣로 가득 차서 매번 기회 있을 때마다 이를 도처에 뿌려대는 사람들을 경계하라. 그들 안에는 어떤 귀재도 들어 있지 않으며, 그들은 음울하지도, 음침하거나, 울적하거나, 고요하지도 않다. 그들은 서투르지도 어리석지도 않다. 종다리, 되새, 홍

방울새, 카나리아, 이 녀석들은 하루 종일 꼬박 찍찍 짹짹 지저귀고 해질녘에는 머리를 접어 날개의 품속에 움츠린다. 그리고 보라! 녀석들이 잠에 빠져든다. 바로 이때가 천재가 등잔을 가져 와 불을 켜는 시간이다. 그리고 이 은밀하고, 고독하고, 야만적인 새, 이 길들여질 수 없는 피조물은 자신의 음울하고 울적한 깃털을 펼치며 목구멍을 열고 노래를 시작한다. 작은 숲에 노래 소리가 울려 퍼지고 밤의 침묵과 어둠이 깨진다.

이것은 재주와 대비되는, 규칙과 대비되는, 18세기가 소위 덕목이라며 자랑하는 건전성, 합리성, 측량, 비율, 기타 나머지 모든 것과 대비되는 천재성에 대한 찬가이다. 이것은 저 독일인들에 따르면 그 누구도 결코 살아 있지 않고 그 누구도 결코 색깔을 본 적이 없으며 그 누구도 인간 영혼의 약동이 무엇인지 결코 알지 못하고 그 누구도 과연 정신의 번민이란 무엇인지, 신이란 어떤 존재인지, 인간의 변신이란 어떤 것일 수 있는지 결코 생각해 보지 않는 이 파리라고 하는 지독하게 무미건조한 도시, 바로 이런 도시에조차 자기초월, 비이성적인 힘들, 하만이 전향적으로 노래했던 것과 의심의 여지없이 똑같은 유형의 그 무언가를 인식했던 사람들이 있었음을 보여준다.

여기서 누군가 다시 이런 질문을 던질 것이다. 루소는 어떤가? 요점을 잘 잡은 질문이다. 루소의 신조, 루소의 말들이 낭만주의 운동에 영향을 준 한 요인이라는 사실을 부인한다는 것은 어리석은 일일 것이다. 그럼에도 불구하고, 나는 다시 한번 반복해야겠다. 그의 역할은 과장되었다. 만약 루소가 자기 생각을 표현한 방식 말고(물론 그 방식과 그 삶은 중요하다) 그가 실제로 한 말들을 고려한다면 우리는 그것이 이성주의적인 언사에서 짜낸 가장 순도 높은 모유라는 사실을 발견하게 된다. 루소가 말한 것은 단지 이게 전부다. 우리는 타락한 사회에 산다. 우리는 나쁘고 위선적인 사회에 산다. 이런 사회에서 인간은 서로에게 거짓말을 하고 서로를 살해하며 서로에게 잘못을 저지른다. 진리를 발견하는 일은 가능하다. 이 진리는 세련된 교양이나 데카르트적 논리를 통해서가 아니라, 타락하지 않은 순박한 인간, 고귀한 야만인, 혹은 어린이, 혹은 누가 되었든지 간에, 바로 이런 이들의 마음속을 들여다봄으로써 발견된다. 일단 이 진리가 발견되고 나면, 그것은 영원한 진리로서 어떤 풍토나 계절에도 상관없이 세상 도처의 모든 인간에게 적용된다. 그리고 그 진리를 발견했을 때, 그에 부합하는 삶을 살아야 한다는 것이 중요하다. 이것은 히브리의 선지자들이 했던 말과 다르지 않다. 혹은 거대 도시의 타락한 세련성과 그런 장소들에서 발생하는 신과의 괴리에 반대하며 설교해온 모든 기독교 설교자들이 했던 말과도 다르지 않다.

루소의 실제 신조는 백과전서파의 신조와 크게 다르지 않다. 루소는 인간적으로 그들을 싫어했다. 왜냐하면 그는 기질상 사막에서 온 일종의 탁발수도승과도 같은 사람이었기 때문이다. 그는 어떤 측면에서는 망상적이고 사나우면서도 침울한 사람이었고, 요즘 말로 하자면 신경증적인 사람이었다. 따라서 그는 돌바크d'Holbach의 꽤나 불경한 동석자들이나 볼테르가 페르네Ferney에서 마련한 우아한 연회에 참석한 사람들과는 공통점이 많지 않았다. 그러나 이것은 어느 정도는 개인적인 문제이거나 감정적인 문제였다. 루소가 한 말의 실질적인 요체는 18세기 계몽주의의 공식 신조와 아주 많이 다르지가 않았다. 달랐던 것은 방식이었다. 달랐던 것은 기질이었다. 루소가 자신의 특수한 마음 상태와 영혼 상태를 기술하고 자기가 겪은 맹렬한 분노나 기쁨의 격발처럼 자기 가슴을 미어지게 하는 감정들을 기술하기 시작할 때, 그는 18세기의 말투와는 아주 다른 말투를 사용한다. 그러나 이때 하고 있는 말은 자코뱅파가 물려받았던 혹은 다양한 형식으로 19세기 신조들의 일부가 되었던 루소의 신조와는 다른 것이다.

실제로 그를 낭만주의의 아버지 중 한 명으로 간주해 마땅하다고 할 만한 구절들이 있다. 예를 들면 다음과 같은 구절들이다. "나는 추론하지 않았다, 나는 철학하지 않았다. [⋯] 강탈당한 나는 이들 위대한 사상들의 혼란 앞에 항복했다, [⋯] 나는 우주에서 숨이 막혔다, 나는 무한 속으로 도약하고 싶었다. [⋯] 나의 정신은 부푼 황홀경을 스스로에게 제공했다." 이런 종류의 구절들은 백과전서파의 더 건전하다거나 더 분별 있다는 구절들과 그렇게 비슷해 보이지 않는다. 이런 말들에는 엘베시우스나 돌바크나 볼테르나 심지어 디드로도 관심을 갖지 않았을 것이다. 루소의 요지는 아무도 루소가 사랑한 만큼 사랑할 수 없고, 아무도 루소가 증오한 만큼 증오할 수 없으며, 아무도 루소가 겪은 고통만큼 고통을 겪을 수 없고, 오로지 루소만이 루소를 이해할 수 있다는 것이었다.

그는 유일무이했다. 다른 어느 누구도 그를 이해할 수 없었고, 오로지 천재만이 다른 천재를 이해할 수 있었다. 이것은 진리란 불필요한 감정과 불필요한 무지로 인해 이해력이 혼탁해지지 않은 모든 이성적인 사람들에게 동등하게 개방되어 있다는 관점과는 반대되는 신조였다. 루소가 한 일은 그의 끊임없는 불만의 대상이었던 소위 차가운 논리를 차가운 이성, 뜨거운 치욕의 눈물, 기쁨 혹은 불행, 사랑, 절망, 울분, 정신적 고통, 무아경의 환상과 대비시킨 것이며, 이것이 바로 하만이 그를 소피스트들 중에서 최고지만 어쨌든 소피스트라고 부른 이유이다. 하만은 소크라테스였고, 루소는 소피스트였다. 그가 최고의 소피스트였던 이유는 우아하고 이성적이고 분별 있는 파리의 저 모든 것들이 썩 올바르지 않은 것들임을 이해하고 있다는 징표를 내보이기 때문이다.

루소는 어쨌든 소피스트였다. 왜냐하면 그의 신조들은 여전히 이성에 호소하는 것들이기 때문이다. 그의 신조들은 세상에는 모종의 확립된 체제, 모종의 선한 인간 생활, 선한 인간들이 존재한다는 사실에 여전히 호소했다. 오로지 사람들이 수세기에 걸쳐 그럭저럭 축적해온 오류들을 깨끗이 벗겨내고 사람들을 타락케 한 나쁜 사회를 제거할 수 있을 때에만, 그들은 시간을 초월한 교훈에 부합하는 훌륭한 삶을 길이길이 살아갈 수 있을 것이다. 독일인들이 받아들이지 않았던 믿음이 정확히 이것이며, 그들은 루소가 정확히 이 믿음을 받아들였다며 그를 옳게 비난했던 것이다. 유일한 차이는 파리의 다른 백과전서파 사람들은 개혁을 통해 점진적으로 그 목표를 성취할 수 있다고 믿었다는 것이다. 어떻게든 통치 세력을 그들의 관점으로 전향시키고 계몽된 독재자를 찾아내는 것도 방법이 된다. 충분히 계몽된 독재자라면 지상에서 더 나은 종류의 삶을 확립할 수 있을 것이기 때문이다. 반면 루소는 저주받은 상부구조 전체를 완전히 무너뜨려야 한다고 믿었다. 사악한 인간 사회는 모조리 불태워 잿더미로 만들어야 한다. 그렇게 되면 그 자신과 추종자들이 만들어낸 새로운 불사조가 높이 솟아오를 것이다. 그러나 비록 루소와 여타 백과전서파가 적합한 방법이 무엇이냐에 관해 관점의 차이가 있었을지 몰라도, 그들이 하고 싶었던 일은 같았다.

만약 우리가 이런 종류의 담론을 그 시대 독일인들이 하고 있던 이야기와 비교한다면, 이 모든 것에 대한 독일인들의 태도가 훨씬 더 극단적임을 알게 될 것이다. 여기에 루소와 거의 동시대 인물인 시인 렌츠Lenz가 쓴 한 대목이 있다. 그는 이렇게 말한다.

행동, 행동이야말로 세계의 영혼이다. 쾌락도 아니고, 감정의 포기도 아니고, 이성적인 사유의 포기도 아니라, 오직 행동뿐이다. 우리는 오직 행동을 통해서만 신의 형상이 되는 것이다. 쉼 없이 창조하고 자신의 작품들에서 쉼 없이 기쁨을 누리는 바로 그 신의 형상 말이다. 행동 없이는, 온갖 쾌락, 온갖 감정, 온갖 지식이 그저 유예된 죽음에 지나지 않는다. 우리는 자유로운 공간을 창조해 낼 때까지, 설령 그 공간이 두려운 폐허이고 두려운 공허일지라도, 분투를 멈추어서는 안 된다. 그럼으로써 우리는 그 위에 보금자리를 틀 것이다. 신이 폐허와 공허 위에 보금자리를 틀어 세계가 창조되었듯이. 그럴 때 무언가가 생겨날 것이다. 오, 축복이여, 오, 거룩한 감정이여!

이것은 루소의 가장 격렬한 노작과도 매우 다르고 가장 도취적인 절규와도 매우 다른 그런 질서에 속하는 무언가로서 매우 다른 태도를 나타낸다. 행동 그 자체에 대한 이런 느닷없는 열정, 기존에 확립된 모든 질서에 대한 이런 증오, 우주가 차분한(아니, 굳이 차분하지 않더라도) 지각을 통해 이해할 수 있고, 숙고할 수 있고, 분류할 수 있고, 기술하고 마침내 활용할 수 있는 구조를 갖고 있다고 보는 모든 종류의 관점에 대한 증오, 바로 이런 것들이 독일인들에게 특유하게 나타나는 것들이었다.

원인이 무엇이냐에 관해서는 오로지 앞서의 제안을 반복할 수밖에 없다. 즉, 대략 다음 두 가지에서 기인했다는 것이다. 하나는 이들을 탄생시킨 경건주의의 강렬한 영성이고, 다른 하나는 그들의 경건한 신앙을 훼손하고 경건주의자의 기질이 그대로 남아 있는 그들에게서 그 운동의 종교적 확실성을 앗아간 과학의 폐해이다.

만약 우리가 1760년대와 1770년대 독일의 소위 '질풍노도 운동'이 만들어낸 삼류에도 못미치는 한참 수준이 떨어지는 희곡들을, 살펴본다면, 다른 곳의 유럽 문예에서 지배적으로 나타나는 어조와는 매우 다른 어조를 발견할 것이다. 독일의 희곡작가로서 《질풍노도Sturm und Drang》라는 작품을 쓴 클링거Klinger를 예로 들어보자(바로 이 작품의 제목을 본 따 이 운동의 이름이 붙여졌다). 클링거가 《쌍둥이Die Zwillinge》라고 이름 붙인 희곡이 있다. 극 중의 쌍둥이 중 한 명은 힘이 더 세고 상상력이 풍부한 불같은 성격의 낭만주의자로서 나약하고, 딱딱하고, 까다로운 성격의 다른 한 명의 쌍둥이 형제를 죽인다. 그가 말한 살해 이유는 그 쌍둥이 형제 때문에 자신의 악마와도 같은 거대한 내면의 요구에 부합하는 본성을 계발하지 못하게 되리라는 것이다. 이전의 모든 비극에서 가정했던 것은 이런 무시무시한 일들이 발생할 이유가 없는 사회도 있다는 것이었다. 사회가 나쁜 것이고, 따라서 개선되어야 한다. 사회가 사람들을 고꾸라뜨린다. 자, 그러면 마땅히 우리는 루소가 그리 했던 것처럼 사람들이 숨막혀 하지 않고, 싸우지 않고, 악한 자가 꼭대기를 차지하고 선한 자가 밑바닥을 기는 일도 없고, 부모가 자녀를 학대하지 않고, 여성이 사랑하지 않는 남성과 억지 혼사를 치르는 일도 없는 더 나은 사회를 꿈꿀 수 있어야 한다. 더 나은 세계를 건설하는 일이 가능해야 한다. 클링거의 비극은 그런 게 아니었다. 라이제비츠Leisewitz의 비극 《율리우스 폰타렌트Julius von Tarent》도 마찬가지다.

이들 망각되어 마땅한 이름들을 더 많이 열거하고 싶은 마음은 없다. 하지만 대체로 말해서 이 모든 희곡들의 요체는 세상에는 본성상 그 자체로 해소될 길이 없는 그런 유형의 갈등이 존재하며 그것은 강한 자들이 약한 자들과 함께 살 수 없기 때문에 생겨나는 결과라는 것이다. 사자가 양과 함께 살 수는 없는 일 아닌가. 강한 자들은 숨쉴 공간이 있어야

120

하며, 약한 자들은 궁지로 몰려야 한다. 만약 약한 자들이 고통을 겪는다면 그들은 당연히 저항할 것이다. 약한 자들은 저항해야 하는 것이 옳고, 강한 자들은 진압하는 것이 옳다. 따라서 갈등, 충돌, 비극, 죽음, 이 모든 종류의 공포는 우주의 본성에 불가피하게 수반된다. 이 관점은 따라서 숙명적이고 비관적인 것으로서, 과학적인 낙관적 관점도 아니고, 어느 모로 보더라도 정신적인 낙관적 관점도 아니다.

이 태도는 신은 정상적인 사람들보다는 비정상적인 사람들에게 더 가까이 있다는 하만의 견해와 모종의 자연스러운 친화성을 드러낸다. 하만은 정상적인 사람들은 세상에서 무슨 일이 벌어지는지 진정으로 이해하지 못한다고 대놓고 말한다. 이것이 온전한 형태의 도스토예프스키 콤플렉스가 탄생하는 최초의 순간이다. 물론 어떤 의미에서 이것은 기독교정신의 응용이기는 하지만 매우 진지하고 아주 철저하게 의도된 것이기 때문에 꽤나 새로운 방식의 응용이라고 말할 수 있다. 이 견해에 따르면 신은 파리의 나긋나긋한 철학자들이나 종교와 이성을 화해시키려 애쓰고 있는 베를린의 나긋나긋한 성직자들보다 도둑, 매춘부, 죄인, 술집주인과 더 가까이에 있다. 종교와 이성을 화해시키는 일이야말로 인간이 소중히 아끼는 모든 것을 격하하고 모욕하는 짓이다. 인간적 노력으로 탁월성을 드러낸 모든 위대한 거장들은 이런저런 측면에서 병들고 상처 입은 자들이라고 하만은 말한다. 헤라클레스, 아이아스, 소크라테스, 성 바울, 솔론, 히브리의 선지자들, 바커스 예찬자들, 악마적인 천재성을 지닌 인물들, 이들 중 그 누구도 양식 있는 사람들이 아니다. 내 생각에는 개인의 자기주장이라고 하는 독일 '질풍노도' 운동의 고갱이에 해당하는 저 격렬한 신조의 심장부에 자리 잡고 있는 태도가 바로 이것이다.

하지만 저들 극작가들은 모두 비교적 소소한 인물들이다. 단지 하만이 완전히 혼자는 아니었다는 사실을 보여 주기 위해서 그들을 소환한 것뿐이다. 물론 내 생각에 하만은 망각의 어둠에서 건져 올려 마땅한 인물이다. **질풍노도 운동**의 산물 가운데 유일하게 시간을 들여 읽어 볼 만한 가치가 있는 작품은 괴테가 자신의 심경을 전형적으로 표출하면서 쓴《베르테르》이다. 여기에도 물론 치료제 같은 것은 없다. 베르테르가 자살을 피할 수 있는 길은 없다. 유부녀와 사랑에 빠진 베르테르 앞에 결혼의 서약이 엄연히 건재하고, 베르테르도 그 부인 본인도 그 서약이 앞으로도 그대로일 거라고 믿는 상황에서라면 그렇다. 이 문제가 해결될 수 있는 길은 없다. 한 남자의 사랑과 다른 남자의 사랑이 충돌한다면, 그것은 가망 없는, 정말로 가망이 없는 사건이며, 결국은 안 좋게 끝을 맺을 수밖에 없다. 이것이《베르테르》의 정신이며 이것이 바로 독일 전역의 젊은이들이 베르테르를 핑계로 자살을 저질렀다고 회자되는 이유이다. 그것은 18세기나 그들의 특수한 사회에 적절한 해결책이 없었기 때문이 아니라, 그들이 세계를 단념했고 그 세계는 원리상 해결책을 발견할 수 없는 불합리한 장소라고 생각했기 때문이었다.

자, 이것이 1760년대와 1770년대에 독일에서 전개된 분위기이다. 그러나 내 견해로는 낭만주의의 진정한 두 명의 아버지가 있었다. 그들은 확실히 내가 지금까지 낭만주의에 책임이 있다고 언급했던 그 누구보다도 함량이 큰 사람들이었으며, 이제는 그들에게 초점을 돌려야 할 시간이다. 그들은 둘 다 이 운동을 통해 모습을 드러냈는데 한 명은 동조적이었고 다른 한 명은 몹시 적대적이었다. 하지만 이따금 아이러니한 일들이 벌어지듯이, 이 후자의 인물은 자신의 저술을 통해 오히려 낭만주의의 이상을 한층 더 전진시키는 역할을 하게 되었다. 앞 사람은 헤르더이고, 나중 사람은 칸트이다. 이들에 관해서는 조금은 깊게 고찰해 보아야 한다.

헤르더에게서 비롯된 일반적인 사상이나 새로운 개념을 상술하고 싶은 마음은 없다. 어쨌든 그는 그런 사상과 개념을 통해 예를 들면 우리의 역사 개념, 사회 개념을 변모시켰다. 이 비범한 사상가가 미친 영향이란 실로 엄청난 것이었다. 그는 또한 경건주의자이고 프로이센 사람이었다. 다른 이들처럼 그도 말끔하기 그지없는 프리드리히 대제의 제국에 구역질을 느꼈다. 이들 선량한 사람들을 질식하게 만든 것은 바로 이 극도로 명민하고 정력적이고 강력한 전제군주의 영도하에서 프랑스의 지성인들과 프랑스의 관료들이 꾸려 낸 바로 이 단정하고 계몽된 독재 정치였다(그렇다. 이 독재는 계몽된 것이었다). 이는 다소 성마르고 불안정한 기질을 타고난 헤르더는 말할 것도 없이 칸트 같은 사람마저도 질식시킬 정도였다. 내가 논의의 초점으로 삼고 싶은 헤르더의 신조는 세 가지이다. 이 신조들은 낭만주의 운동에 매우 강력한 공헌을 했고 내가 기술한 바 있는 환경에서 매우 자연스럽게 생겨난 것들이었다. 첫째는 내가 앞으로 표현주의expressionism라고 부르고자 하는 개념이다. 둘째는 어떤 집단에 속하는 것을 의미하는 귀속 개념이다. 그리고 셋째는 이상들, 참된 이상들은 대개 서로 양립이 불가능하며 화해할 수 없다는 생각이다. 이들 세 가지 발상은 제각기 그 시대에 혁명적인 중대성을 지닌 것이었으며, 조금은 시간을 들여서 찬찬히 들여다 볼 가치가 있다. 왜냐하면 이런 논의들은 흔히 사상사 입문서에서조차 제대로 다뤄지지 않기 때문이다.

첫 번째 개념인 표현주의란 이런 것이다. 헤르더는 인간의 근본석인 기능 중 하나가 바로 표현하고 말하는 것이며, 따라서 인간의 행동은 무엇이건 그 자신의 충실한 본성을 표현한다고 믿었다. 그리고 만약 그 행동이 본인의 충실한 본성을 표현한 게 아니라면, 그 이유는 그 사람이 스스로를 망가뜨렸거나, 스스로를 억압했거나, 자신의 에너지에 모종의 속박을 가했기 때문이다. 그는 이것을 스승인 하만에게서 배웠다. 실제로 헤르더는 '북구의 박사der Magus in Norden'라고 불린 그 기이한 인물의 성실한 직속 제자였다(여기서 '박사'는 성서에 나오는 '동방박사'의 그 '박사'를 의미한다).

18세기 미학에서는 바토 사제의 무미건조하고 진부한 미학과 비교되는 디드로 같은 사람의 훨씬 더 열정적인 미학에서조차도, 대략적으로 말하자면, 예술 작품의 가치란 그것이 어떤 성질을 갖고 있느냐에 달려 있다고 이야기되곤 했다. 그래서 그림의 가치는 그것이 아름답다는 데에 있다. 그림의 아름다움을 판단하는 근거가 무엇이냐에 관해서는 논쟁이 있을 수 있다. 쾌락을 주느냐 여부에 달린 것일 수도 있고, 지성을 만족시키느냐 여부에 달린 것일 수도 있고, 특정 영역이나 우주의 조화와 어떤 특유의 관계를 맺고 있느냐 여부에 달린 것일 수도 있고, 화가가 순간적인 영감을 받아 접하게 된 어떤 위대한 플라톤적인 원형의 복제인지 여부에 달린 것일 수도 있다. 그리고 우리는 그런 기준들에 동의하지 않을 수도 있다. 모든 이가 동의하는 것은 예술 작품의 가치란 그것이 가진 속성, 즉 그것이 어떠한 상태에 있느냐, 아름다우냐, 대칭적이냐, 예리하냐, 등등에 달려 있다는 것이었다. 은잔은 아름다운 잔이기 때문에 아름다웠다. 아름다움을 어떻게 정의하건 간에 그것이 아름다움이라는 속성을 갖고 있기 때문에 아름다운 것이다. 누가 그것을 만들었는지, 왜 만들었는지 하는 문제는 아무 상관이 없다. 예술가의 입장은 이렇게 말하는 일종의 납품업자와 매우 유사한 것이었다. 내 사생활은 예술 작품을 구입하는 사람이 관여할 문제가 아니오. 당신은 은잔을 요청했으니, 여기에 있소, 내가 제공하리라. 내가 훌륭한 남편인지, 훌륭한 유권자인지, 선량한 사람인지, 신을 믿는 사람인지, 이런 것들은 당신이 참견할 문제가 아니오. 당신은 탁자를 요청했으니, 여기에 탁자가 있소. 그것이 당신이 필요로 하는 것처럼 튼튼하고 견고한 탁자라면 당신이 어떤 불만을 가질 수 있겠소? 당신은 그림을 요청했고, 초상화를 요청했소. 이것이 훌륭한 초상화라면, 가져가시오. 나는 모차르트이고, 하이든이오. 나는 부디 아름다운 음악 작품을 작곡하고 싶소. 내가 말한 아름다운 작품이란 다른 사람들이 아름답다고 인정하게 되고, 그 덕분에 적당한 구전을 받게 될, 그래서 어쩌면 내 이름을 불멸의 예술가로 만들어 줄지도 모를 그런 작품을 의미하오. 바로 이것이 통상적인 18세기의 관점이며, 아주 많은 사람들이, 실제로는 아마도 대다수가 지금껏 갖고 있는 관점일 것이다.

우리가 관심을 갖고 있는 독일인들이 취한 관점은 이런 것이 아니었다. 특히 하만은 더욱 아니었다. 그리고 확실히 헤르더의 관점도 아니었다. 그들에게 예술 작품이란 어떤 이의 표현이자 언제나 말을 건네고 있는 목소리이다. 예술 작품은 한 사람이 다른 사람에게 말을 거는 목소리이다. 은잔이건 음악 작품이건 시이건 심지어 법률 조항이건, 아니 그것이 무엇이건 상관없이 인간의 손에 나온 인공물은 어떤 식으로든 그것을 제작한 사람이 의식적으로나 무의식적으로나 삶에 대해 갖고 있던 태도의 표현인 것이다. 우리는 예술 작품을 감상할 때 그것을 만든 사람과 모종의 접촉 상태에 처하며 그 작품은 우리에게 말을 건넨다. 바로 이것이 그들의 신조이다. 따라서 예술가라면 '나는 예술가로서는 이 일을 하고 유권자나 남편으로서는 저 일을 한다.'는 식으로 말해야 한다는 발상, 나는 내 자신을 쪼개서 구획을 나눈 다음 한 손으로는 이 일을 하며 이 일은 다른 한 손이 하고 있는 저 일과는 아무런 상관이 없다고 말할 수 있다는 바로 그 생각, 나의 사적인 신념은 내가 쓴 비극에서 등장인물들의 입을 통해 내뱉어지는 대사들과는 아무 관계가 없으며 나는 단지 납품업자일 뿐이고, 판단되어야 할 대상은 예술 작품이지 그것의 제작자가 아니라는 생각, 예술가의 일생, 심리, 목적, 전체적인 대의 따위는 예술 작품과는 무관하다는 생각, 이런 모든 생각을 수용하는 저 신조를 헤르더와 그의 추종자들은 맹렬히 거부했던 것이다. 예를 들어 민요를 생각해 보라. 이들은 만약 민요가 우리에게 말을 건다면, 그것은 그것을 지은 사람들이 우리와 같은 독일인들이었기 때문이라고 말한다. 그들이 자신이 속해 있는 사회에 같이 속해 있는 사람들에게 말을 건 것이다. 그리고 그들은 독일인들이기 때문에 특수한 뉘앙스를 사용하고 특수하게 이어지는 음성을 사용하며 특수한 단어들을 사용했다. 어떤 식으로든 연결되어 있고 모든 독일인이 헤엄치고 있는 단어와 상징과 경험의 거대한 조류 속에서 함께 헤엄치고 있는 이들 음성과 단어 들은 어떤 사람들에게는 말이 통할 수 있지만 다른 어떤 사람들에게는 그럴 수 없는 독특한 무언가를 담고 있다. 독일인이 이해할 수 있는 독일 노래의 내면에 담긴 참뜻을 포르투갈 사람은 이해할 수 없다. 그런 노래에는 어쨌거나 내면의 참뜻 같은 것이 존재한다는 바로 그 사실이 그런 노래는 말할 줄 모르는 자연물 같은 그런 대상이 아니라는 생각을 옹호하는 근거이다. 그런 노래들은 인공물이며, 다시 말해 인간이 다른 인간과 대화를 나눌 목적으로 만든 무언가다.

이것이 표현으로서의 예술, 의사소통으로서의 예술이라는 신조이다. 헤르더는 여기서 더 나아가 가장 시적이고 상상력 넘치는 방식으로 이

126

논제를 발전시켰다. 그는 어떤 사물은 개인이 만들고 또 어떤 사물은 집단이 만든다고 말한다. 어떤 것은 의식적으로 만들어지고, 또 어떤 것은 무의식적으로 만들어진다. 만약 누가 민요를 만들었는지, 누가 민속춤을 만들었는지, 누가 독일의 법을 만들었는지, 누가 독일의 도덕을 만들었는지, 누가 우리 삶을 규제하는 제도들을 만들었는지 묻는다면, 우리는 그 답을 제공할 수 없다. 그 답은 특정 개인을 확인할 길이 없는 아득한 먼 옛날의 안개에 싸여 있다. 그럼에도 불구하고 그런 것들을 만든 것은 인간이다. 세계는 인간이 만들어 놓은 것이다. 우리의 세계, 우리의 독일 세계는 다른 독일인들이 건설한 것이며, 그 세계가 지금처럼 냄새나고, 느껴지고, 보이고, 들리는 이유가 바로 거기에 있다. 이로부터 그는 모든 인간은 모종의 집단에 소속되고자 노력하며, 아니 사실상 집단에 실제로 소속되어 있으며, 만약 그 집단에서 끄집어내진다면 낯설고 불편하게 느낄 것이라는 생각을 발전시켰다. 자신의 본령에서 편안을 느낀다거나 혹은 자신의 태생적 뿌리로부터 잘려 나간다거나 하는 그 전체적인 발상, 뿌리라고 하는 전체적인 발상, 집단, 분파, 운동에 소속된다는 전체적인 발상은 대체로 헤르더가 고안한 것들이었다. 비코의 경이로운 저서인 《새로운 학문Scienza nuova》에 이미 이런 발상들이 예견되어 있지만, (다시 한 번 반복하는데) 이는 벌써 사람들 사이에서 망각된 상태였고, 비록 헤르더가 이 위대한 이탈리아 선배의 저서를 1770년대 후반에 보았을 수도 있으나 그가 자신의 사상 대부분을 발전시켰던 시기는 이 책을 보았을 가능성이 있는 그 어떤 시기보다도 이른 것으로 보인다.

헤르더의 근본 신념은 다음과 같은 차원에 속하는 것이었다. 자신을 표현하길 소망하는 모든 이는 말을 사용한다. 말은 그 사람이 고안한 것이 아니며, 전통적 이미지들이 전수되어 온 모종의 흐름을 따라 그에게 일찌감치 건네진 것이다. 이 흐름 자체도 다른 사람들이 스스로를 표현함에 따라서 자양분을 얻는다. 사람은 자신과 동떨어진 곳에 있는 사람들보다는 자연스럽게 자기 주변에 자리를 잡게 된 다른 사람들과 미묘한 종류이기는 하지만 어쨌든 더 많은 공통점을 지니게 된다. 헤르더는 혈연이라는 규준을 사용하지 않으며, 인종이라는 규준도 사용하지 않는다. 그는 민족에 관해서 이야기하지만 18세기 독일어에서 **민족**이라는 단어는 19세기 때의 '민족'이라는 단어와 내포가 다르다. 그는 하나의 인연으로서 언어를 언급하고, 하나의 인연으로서 땅을 언급한다. 대략적으로 말해서 이 논제는 다음과 같다. 같은 집단에 속한 사람들이 공유하고 있는 요소가 다른 곳의 다른 사람들과 공유하는 요소보다 그들의 현재 모습을 낳은 더 직접적인 원인이라는 것이다. 이를테면 어떤 독일인이 앉고 서는 방식, 춤추는 방식, 법을 제정하는 방식, 그 사람의 육필, 시가, 음악, 머리 빗는 방식과 철학하는 방식 등 이 모든 것들이 어떤 쉽게 인지되지 않는 공통의 게슈탈트를 이룬다는 것이다. 모든 것이 어떤 패턴적인 성질을 갖고 있으며 그 덕분에 그런 것들은 당사자에 의해서건 다른 사람에 의해서건 독일적인 것으로 인식될 수 있고, 그런 측면에서 그런 것들은 중국인의 입장에서 그에 해당하는 유사한 행위들과는 다르다. 중국인도 머리를 빗고, 시도 쓰고, 법도 있고, 사냥도 하고, 다양한 방식으로 식량을 얻고 의복을 만든다. 또한 자연의 유사 자극에 반응하는 방식들에는 당연히 모든 인간에게 공통적인 무언가가 있다. 그럼에도 불구하고, 특정 인간 집단에 한정되는 특유의 게슈탈트 성질이 존재한다. 여기서 말하는 집단이 아마도 민족은 아닐 것이다. 아마도 여기서의 집단은 그보다 더 작을 것이다. 만약 혈연이나 인종과 관계 있는 쉽게 감지할 수 없는 모종의 심원한 본질 같은 것이 존재한다고 믿는 사람들을 민족주의자라 부른다면, 헤르더는 확실히 민족주의자가 아니었다. 그가 믿은 것은 인간 집단도 식물이나 동물과 비슷한 방식으로 성장하며, 유기적이고 식물학적인 은유들 뿐 아니라 여타의 생물학적인 은유들이, 18세기 프랑스에서 과학 대중화를 이끈 사람들이 사용한 화학적이고 수학적인 은유들보다 그런 성장을 기술하는 데에 더 적절하다는 것뿐이었다.

이로부터 특정한 낭만주의적 결론들이 뒤따라 나온다. 이를테면 적어도 18세기에 이해된 바로서의 반이성주의에 영향을 미친 결론들이다. 그중 우리의 현재 목적에 비추어 중대성을 갖는 한 가지 결론은 다음과 같다. 만약 실제로 그게 그런 것이라면, 제작자의 목적을 고려하지 않고서는 어떤 대상도 기술할 수 없다는 결론이 명백히 도출된다. 예술 작품의 가치는 그것이 소개될 특수한 사람들의 집단, 말을 하는 그 사람의 동기, 말을 듣는 사람들에게 미치는 효과, 그리고 그것이 화자와 청자 사이에 자동적으로 창조하게 되는 유대 관계에 의거하여 분석되어야 한다. 예술 작품은 의사소통의 한 형식이며 만약 예술 작품이 의사소통의 한 형식이라면 그것은 비인격적 가치나 영원한 가치를 갖지 않는다. 만약 어떤 고대 그리스인이 만든 예술 작품을 이해하고 싶다면, 어떤 예술 작품이건 아름다운 것이 되려면 반드시 지켜야 하는 시간을 초월한 규준 같은 것을 정한 다음 그 규준에 의거하여 그 그리스인의 예술 작품이 아름다운지 아닌지를 숙고하는 일은 아무런 소용이 없다. 우리는 그리스인들이 어떤 사람들이었는지, 그들은 무엇을 원했고, 어떻게 살았는지 이해해야 한다. 우리는 가능한 한 최대의 상상력을 발휘하는 노력을 기울이면서 터무니없다 할 만큼 가장 어려운 실천을 통해 시간적으로나 공간적으로나 우리와는 멀리 동떨어져 있는 이 지극히 낯선 사람들의 감정 속으로 들어가야 한다(헤르더가 비코의 생각을 가장 기묘한 방식으로 흉내 내서 한 말마따나). 우리는 상상력의 발동을 통해 이 사람들이 이어 갔던 삶의 형식들, 이를테면 그들의 법이 어떠했고, 그들의 윤리적 원칙들이 어떠했고, 그들이 살던 거리가 어떠했고, 그들의 다양한 가치관이 어떠했는지를 우리 안에 재구성해 보고자 노력해야 한다. 달리 말해 우리 자신이 그들의 삶의 형식 속에서 산다면 어떨지 상상해 보려 애써야 한다(오늘날에는 그저 진부한 소리로 들리겠지만 이런 말들이 처음 언급된 1760년대와 1770년대에는 결코 진부한 소리가 아니었다). 만약 그러지 못한다면, 우리가 그들의 예술을 진정으로 이해하고 그들의 글을 진정으로 이해하고 플라톤이 무슨 말을 하려 했는지 정말로 알 수 있고 소크라테스가 어떤 사람이었는지 정말로 알 수 있는 가능성은 크지 않을 것이다. 헤르더에게 소크라테스는 시간을 초월한 프랑스 계몽주의의 현자나 시간을 초월한 이성주의의 현자가 아니다. 소크라테스는 단지 하만이 생각했던 것처럼 모든 것을 다 안다고 건방 떠는 자들의 코를 냉소적으로 납작하게 해 놓은 사람도 아니다. 소크라테스는 5세기 아테네에서 살았던 5세기 아테네 사람이다. 4세기도 아니고, 2세기도 아니고, 독일에서도 아니고, 프랑스에서도 아니라, 그리스에서 그때, 바로 그때에 살았던 사람이다. 우리가 그리스 철학을 이해하려면 그리스의 예술을 이해해야 한다. 그리스의 예술을 이해하려면 그리스의 역사를 이해해야 한다. 그리스의 역사를 이해하려면, 그리스의 지리를 이해해야 하며, 그리스인들이 알았던 식물들을 알아야 하고, 그들이 살았던 땅을 이해해야 하고, 기타 등등.

이것은 따라서 역사주의historicism, 진화주의evolutionism라는 전반적 개념의 출발점이 되는 셈이다. 그것은 바로 우리는 오로지 자신의 환경과는 매우 상이한 환경을 통해서만 다른 사람을 이해할 수 있다는 개념이다. 이것은 또한 귀속 개념의 뿌리이기도 하다. 실제로 헤르더는 이 개념을 처음으로 명료하게 설명한 사람이다. 세계시민적 인간이라는 전반적 발상, 파리에 있든 코펜하겐에 있든 아이슬란드에 있든 인도에 있든 똑같이 자기 집처럼 여기는 인간이라는 그 발상이 그에게 혐오감을 주는 이유가 바로 거기에 있다. 인간은 본인이 현재 있는 곳에 속해 있으며 사람들에게는 뿌리가 있다. 그들은 오로지 자랄 때 함께 있던 상징들을 통해서만 창조할 수 있다. 그들은 독특하게 이해되는 방식으로 말을 거는 모종의 닫힌 사회에서 양육되었다. 이러한 경험을 겪는 행운이 없었던 사람, 뿌리 없이 외딴 섬 같은 곳에서 자기 힘으로 자라거나 타향살이나 이민자로 자란 사람이라면 누구라도 이런 측면에서 취약한 것이며 그런 사람의 창조력은 자동으로 더 왜소해진다. 이것은 18세기 프랑스의 이성주의자, 보편주의자, 객관적 세계시민주의 사상가들로서는 이해할 수 있을 만한 신조가 아니었고, 더군다나 그런 사람들의 인정을 받는 일은 확실히 있을 수 없었던 신조였다.

그러나 훨씬 더 깜짝 놀랄 결론이 이로부터 도출되는데, 아마 헤르더 본인도 이 점은 전혀 주목하지 않았을 것이다. 그것은 다음과 같다. 모든 문화의 가치가 그 특수한 문화가 추구하는 바에 있는 것이라면(그가 말한 바대로 모든 문화가 그 나름의 무게 중심을 갖는 것이라면) 우리는 그가 "중점Schwerpunkt"이라고 부른 이 무게 중심이 무엇인지를 먼저 결정해야 하며 그래야 비로소 이 사람들이 어떤 일에 관여했는지 이해할 수 있을 것이다. 그런 것들을 어떤 다른 세기나 어떤 다른 문화의 관점에서 판단하는 일은 아무 소용이 없다. 만약 그래야 한다면, 우리는 상이한 시대마다 상이한 이상이 있는 것이며 그런 이상들이란 제각기 그 시대와 그 장소에서 나름의 타당성을 가진 것들로서 지금의 우리에게 제각기 존중받고 진가를 인정받을 수 있다는 사실을 깨닫게 될 것이다.

하지만 이제 한번 생각해 보라. 애당초 내가 확증하고자 노력했던 것은 이것이었다. 즉, 낭만주의가 파괴하고자 작심했던 18세기 계몽주의의 위대한 공리들 중 하나는 인류의 마음을 불안하게 한 모든 위대한 질문들, 이를테면 어떻게 살아야 하나, 무엇이 되어야 하나, 선은 무엇이고 악은 무엇인가, 옳은 것은 무엇이고 나쁜 것은 무엇인가, 아름다운 것은 무엇이고 추한 것은 무엇인가, 왜 저렇게 아니라 이렇게 행동해야하나, 등등에 대해 타당하고 객관적인 답변이 발견될 수 있다는 것이었으며, 이에 따르면 그런 답변은 문제의 그 특정 사상가가 권장하는 어떤 특별한 방법을 통해 획득될 수 있고, 이 모든 답변은 명제의 형식으로 진술될 수 있으며, 이 모든 명제들은 만약 참이라면 서로 양립하게 될 것이며(어쩌면 양립할 수 있는 차원을 훨씬 넘어 서로를 함축하기까지 할지 모른다), 이 명제들을 다 함께 받아들였을 때 우리 모두가 이런 저런 이유에서 꼭 이뤄지는 모습을 보고 싶은 저 이상적인 완벽한 상태를 형성하게 되리라는 것이었다(실제로 실행에 옮길 수 있는 실현 가능한 일인지 여부와 상관없이).

그러나 이제 헤르더가 옳다고 가정해 보라. 5세기 때 그리스인은 그저 바빌로니아인과는 매우 다른 이상을 추구할 수 있었을 뿐이라고 생각해 보라. 이집트인의 인생관과 비교해도 그렇다. 왜냐하면 그 인생관을 보유한 사람들은 지리도 다르고 기후 등도 다른 이집트에 살았으며 그리스인과는 완벽히 다른 이념을 가진 조상들의 후손이기 때문이다. 이집트인이 원했던 것은 그리스인이 원했던 것과 달랐지만 그럼에도 불구하고 똑같이 타당하고 똑같이 풍요로운 것이었다. 헤르더는 정말로 원래 모습 그대로 존재하는 사물을 절대적으로 찬미하면서 그것이 다른 어떤 것이 되지 않았다고 비난하지 않은, 세상에 그리 많지 않은 사상가 중 한 명이다. 헤르더에게는 모든 것이 기쁨이다. 그는 바빌론에 기뻐하고, 아시리아에 기뻐하고, 인도에 기뻐하고, 이집트에 기뻐한다. 그는 그리스인을 좋게 생각하고, 중세를 좋게 생각하고, 18세기를 좋게 생각하며, 자신이 속한 시대와 장소를 둘러싼 인접 환경만 빼고 나머지 거의 모든 것을 좋게 생각한다.

헤르더가 싫어하는 것이 하나 있다면, 그것은 바로 타인에 의해 한 문화가 제거되는 것이다. 그는 율리우스 카이사르를 좋아하지 않는다. 왜냐하면 율리우스 카이사르가 아시아의 많은 문화를 짓밟았고 그 바람에 우리는 카파도키아인들이 실제로 무엇을 추구했는지 알지 못하게 되었기 때문이다. 그는 십자군 운동을 좋아하지 않는다. 왜냐하면 십자군이 비잔틴이나 아랍에 손상을 입혔는데, 이런 문화들은 제국의 수많은 기사들에게 짓밟히지 않고 가장 풍부하고 완전하게 자신을 표현할 완벽한 권리를 갖고 있기 때문이다. 그는 모든 형태의 폭력과 강압, 그리고 한 문화가 다른 문화를 집어삼키는 행태를 혐오했다. 왜냐하면 그는 모든 것이 가급적 최대한 원래의 그 성질을 그대로 유지하고 있기를 원하기 때문이다. 비록 헤르더의 사상 중 일부가 민족주의에 개입한 것은 틀림없는 사실이지만, 그는 종종 말해지는 바와 달리 민족주의가 아니라 만민 평등주의 같은 것에 훨씬 가까운 사상(어떤 명칭을 붙여야 할지 잘은 모르겠으나)의 창시자 겸 저술가이다. 다시 말해, (더 익살스런 형태로 예증하자면) 그는 원주민들이 가능한 한 원래 모습 그대로 남아 있기를 원하며, 예술과 공예를 좋아하고, 표준화에 진절머리를 내는 온갖 골동품 수

집의 창시자이다. 기묘한 것들을 좋아하는 모든 사람, 가장 절묘한 형태의 오래된 지방색에 어떤 섬뜩한 도회지풍의 획일성을 침투시키지 않고 그것을 있는 그대로 보존하기를 소망하는 사람들의 선구자인 것이다. 헤르더는 세계를 돌아다니면서 온갖 종류의 망각된 삶의 형식들을 뒤지고 독특한 모든 것들, 기기묘묘한 모든 것들, 토속적인 모든 것들, 외부의 손길이 닿지 않은 모든 것들 안에서 기쁨을 찾는 세상의 모든 여행자, 모든 아마추어의 아버지이자 조상이다. 그런 의미에서 그는 인간적 감성의 시류에 힘을 불어넣어 매우 높은 수준으로 끌어올렸다. 어쨌든 그것이 헤르더의 기질이고 바로 그것이 세계 도처의 모든 인간에게 단 하나의 이상만이 존재할 수 있다는 개념을 납득할 수 없는 이유이다. 그는 세상 만물이 저마다 그 자신이 될 수 있는 가능한 최고치에 도달하기를, 다시 말해 저마다 스스로를 가장 풍요롭고 완전한 수준까지 발전시키기를 원하기 때문이다. 만약 그리스인이 그리스인으로서 본인들에게 완벽한 이상을 갖고 있었다면, 만약 불행히도 로마인이었던(적어도 헤르더의 관점에서 명백히 로마인은 그리스인보다 재능이 떨어지는 사람들이었다) 사람들 입장에서 볼 때 그들 로마인이 비록 덜 완벽하지만 어쨌든 가질 수 있는 최대한의 이상을 갖고 있었다면, 만약 초창기 중세가 이를테면《니벨룽의 노래》(그가 대단히 찬양해 마지않은)나 다른 초기 서사시의 형식을 빌려 장엄한 작품들을 탄생시켰다면(그는 이 서사시들을 여전히 숲속을 방황하고 있는 때묻지 않은 신선한 사람들의 간명하고도 영웅적인 표현들로 간주했는데, 이들은 그들 문화를 야만적인 방식으로 짓밟는 어떤 무시무시하고 질투심 강한 이웃들에게 분쇄되지 않은 사람들이다), 그리고 만약 이 모든 것들이 참이라면, 우리가 그것들 모두를 한꺼번에 가질 수는 없다.

이상적인 삶의 형식은 무엇인가? 우리는 그리스인이면서 페니키아인이면서 중세인일 수 없고, 동양인이면서 서양인일 수 없고, 북부 사람이면서 남부 사람일 수 없다. 우리는 모든 세기와 모든 장소에서 동시에 채택할 수 있는 최고의 이상에 도달할 수 없다. 우리가 그런 일을 할 수 없기 때문에, 완벽한 삶이라는 전반적 개념은 무너진다. 인간적 이상에 해당하는 것이 있어서 그것을 추구하는 것이 모든 인간의 소임이 된다는 식의 전반적 개념은 무너지는 것이다. 또한 화학이나 물리학이나 수학의 영역에서 특정 질문들에 대한 답변이 존재하며 그럴 때 적어도 원리상 모종의 최종적인 답변이 주어질 수 있는 것처럼 이런 종류의 질문들에도 모종의 답변이 존재한다는 생각이나, 최종 답변은 아닐지라도 어쨌든 최종 결말에 근접한 것으로서 여태껏 성취했던 다른 어떤 답변보다 더 최종적이라고 말할 수 있기에 우리가 계속해서 같은 방향으로 더 나아간다면 최종 해결책에 더 가까이 다가갈 수 있다는 희망이나 적어도 그런 기회를 얻을 수 있으리라는 생각 역시 마찬가지로 무너진다. 만약 그런 생각이 물리학과 화학과 수학에 참되게 적용되고, 18세기가 생각했던 것처럼 윤리학, 정치학, 미학에도 적용되어야 한다고 쳐 보자. 만약 무엇이 완벽한 예술 작품과 완벽한 인생과 완벽한 성격과 완벽한 정치 체제를 만드는지 알려주는 규준을 정하는 일이 가능하다고 쳐 보자. 만약 이런 질문들에 대한 답변이 가능하다고 쳐 보자. 그 답변은 오로지 다른 모든 답변이 제아무리 흥미롭고 제아무리 매력적이라고 하더라도 그것들을 다 거짓이라고 가정할 때에만 성취될 수 있을 것이다. 그러나 헤르더가 옳다면, 만약 그리스인이 그리스인다운 방향으로 계속 전진해 나가는 것이 옳고 인도인이 인도인다운 방향으로 계속 전진해 나가는 것이 옳은 일이었다면, 만약 그가 단지 자인했을 뿐만 아니라 모종의 기쁨에 차서 강조했던 바대로 그리스의 이상과 인도의 이상이 철저히 양립 불가능한 것들이라면, 만약 다양성과 차이란 세계에 관한 그냥 사실이 아니라 실로 빛나는 사실로서(이것이 바로 헤르더가 생각했던 바다) 창조자의 창조적 다양성과 인간적 창조력의 광채, 아직도 인류 앞에 놓여 있는 무한한 가능성들, 인간적 야망의 충족 불가능성, 어떤 것도 결코 남김없이 구명될 수 없는 세계에서 느끼는 일반적인 삶의 흥분에 찬동하게 되는 것이라면, 바로 그것이 그의 그림이라면, 어떻게 살아야 하는가라는 질문에 대한 최종 답변이라고 하는 개념은 절대적으로 무의미해진다. 그것은 아무런 의미도 전혀 가질 수가 없다. 왜냐하면 추정컨대 이 모든 답변들은 서로 양립이 불가능할 것이기 때문이다.

그리하여 헤르더의 최종 결론은 이것이다. 즉, 각각의 인간 집단은 자기네 전통의 일부로서 자신의 뼛속에 아로새겨진 바로 그것을 추구해야 한다. 각각의 인간은 자신이 속해 있는 그 집단에 속한다. 인간으로서 그의 소임은 자기에게 보이는 대로의 진리를 이야기하는 것이다. 자기에게 보이는 대로의 진리는 다른 사람들에게 보이는 것만큼이나 타당한 진리이다. 이런 엄청나게 다양한 색깔들로부터 경이로운 모자이크를 만들 수 있지만, 누구도 전체 모자이크를 볼 수 없고, 누구도 전체 나무를 볼 수 없다. 오로지 신만이 전 우주를 볼 수 있을 뿐이다. 인간은 자신이 속한 곳에 속해 있고 자신이 사는 곳에 살기 때문에 전체를 볼 수가 없다. 각각의 시대에는 그 나름의 내면적 이상이 있으며 그렇기 때문에 향수 어린 모든 과거 지향의 형식들(예를 들면, 추정컨대 프랑스의 정치철학자들이나 프랑스의 화가들이나 프랑스의 조각가들이 18세기에 자문하고 있었으리라 여겨지는 '어째서 우리는 그리스인들을 닮을 수 없는가? 어째서 우리는 로마인들을 닮을 수 없는가?' 같은 질문들), 부활이라는 전반적 개념, 중세로의 회귀, 로마의 덕목들로의 회귀, 스파르타로의 회귀, 아테네로의 회귀, 혹은 대안적으로 모든 형태의 세계시민주의로의 회귀 같은 전반적 개념('어째서 우리는 모든 구성원이 마치 이상적인 벽돌들처럼 매끈하게 잘 맞아떨어지고, 오류 불가능한 방법들을 통해 성취한 불멸의 진리로서 결코 누구도 파괴할 수 없는 공식에 입각하여 건설된 덕분에 앞으로도 영원히 존속할 구조물을 형성하게 될, 그런 종류의 세계 국가를 창조할 수 없는가?') 등등, 이 모든 것들은 헛소리이자 무의미한 자기모순이 되어야 한다. 그리고 헤르더는 바로 이런 신조를 수면 위로 떠오르게 함으로써 유럽 이성주의의 몸통에 가장 무시무시한 단검을 꽂아 넣었던 것이다. 그리고 그 이성주의는 이 상처에서 결코 회복하지 못했다.

이런 의미에서 헤르더는 확실히 낭만주의 운동의 아버지 중 한 명이다. 다시 말해, 그는 행동의 영역에서건 사유의 영역에서건, 통일성의 부정, 조화의 부정, 이상들의 양립 가능성 부정을 전형적인 특징으로 하는 그 운동의 아버지 중 한 명인 것이다. 앞서 인용했던 행동에 관한 렌츠의 공준, 즉 행동, 언제나 행동만이 행동의 여지를 만들며 우리는 오로지 행동 속에서만 살 수 있고 그렇지 않으면 그 어떤 것도 소유할 가치가 없다고 하는 그 공준은 헤르더의 전반적인 관점에 매우 동조적이다. 왜냐하면 그에게 인생이란 경험을 있는 그대로 표현하고, 그 경험을 분열되지 않은 자기 인격의 총체와 더불어 타인에게 전달하는 데 있기 때문이다. 사람들이 200년 안에 무엇을 이루게 될지, 500년 안에, 2,000년 안에 무엇을 이루게 될지, 하는 것들은 중요한 문제가 아니며, 그는 이런 문제에 관심이 없다. 그는 자기가 왜 관심을 가져야 하는지 알지 못한다. 이것은 지난 2,000년 동안 견고했던 서구의 '영원의 철학philosophia perennis'에서 등장한 대단히 새롭고 더 없이 혁명적이고 전복적인 외침이다. 저 영원의 철학에 따르면 모든 의문에는 참된 답변이 존재하며 모든 참된 답변은 원리상 발견될 수 있거나 혹은 전부 조합하여 직소퍼즐처럼 하나의 조화로운 전체를 형성할 수 있다. 만약 헤르더가 한 말이 참이라면, 이런 관점은 거짓이다. 그리고 당시 사람들은 이 문제와 관련하여 실천적인 측면과 이론적인 측면 모두에서, 국가적인 혁명 전쟁의 과정과 신조와 실천의 폭력적인 충돌의 과정 모두에서, 그리고 예술의 영역과 사상의 영역 모두에서 그다음 170년의 세월 동안 이어질 논쟁과 투쟁에 착수하기 시작했다.

4

절제된 낭만주의자들

이제 나는 세 명의 독일 사상가로 논의를 전환하려 한다. 두 명은 철학자이고 한 명은 예술가(극작가)로서 세 명 모두 독일뿐 아니라 국경 바깥에까지 낭만주의 운동 전체에 매우 심대한 족적을 남긴 사람들이다. 이들 낭만주의자들은 '절제된 낭만주의자들'이라고 마땅히 불릴 수 있을 것이다. 이들을 다루고 난 후에 나는 이 운동이 궁극적으로 도달하게 되는 무절제한 낭만주의자들을 논의할 것이다.

루소는 이렇게 말한 적이 있다. "사물의 본성은 우리를 성나게 하지 않으며 다만 병든 의지가 그러는 것뿐이다." 이것은 아마도 대다수 인류에게 해당되는 말일 것이다. 그러나 18세기에는 이 말에 명백히 해당 안 되는 특정 독일인들이 있었다. 그들은 단지 사람들의 병든 의지 때문이 아니라 사물의 본성 때문에 성이 난 사람들이었다. 이들 중 한 명은 철학자 이마누엘 칸트였다.

칸트는 낭만주의를 증오했다. 그는 모든 형태의 방종, 환상, 그가 소위 '광신Schwärmerei'이라 부른 것, 온갖 형태의 과장, 신비주의, 모호성,

혼란을 혐오했다. 그럼에도 불구하는 그는 마땅히 낭만주의의 아버지 중 한 명으로 여겨진다. 그리고 그런 판단에는 특정한 아이러니가 존재한다. 그는 본인이 둘 다 알고 있던 하만이나 헤르더처럼 경건주의의 분위기 속에서 자라났다. 그는 하만을 애수에 찬 혼란스러운 신비주의자로 여겼고, 헤르더의 글은 증거로 뒷받침되지 않는 방대한 일반화들, 어마어마하게 넓은 상상의 범위들 때문에 싫어했다. 그는 이런 것들을 이성에 대한 침해로 여겼다.

칸트는 과학의 신봉자였다. 그는 엄밀하고 극히 명료한 정신의 소유자였다. 그의 글은 의미를 이해하기는 어렵지만 부정확한 경우는 거의 없었다. 그 사람 본인이 저명한 과학자였다(그는 우주학자였다). 그는 아마 다른 그 어떤 원리들보다도 과학적 원리를 더 철저하게 신뢰했을 것이다. 그는 과학적 논리와 과학적 방법의 토대를 설명하는 일을 일생의 과제로 여겼다. 그는 어떤 측면에서건 광상적이거나 혼란스러운 모든 것을 싫어했다. 그는 논리를 좋아했고 엄격을 좋아했다. 그는 이런 성질들에 반대하는 사람들을 그저 정신적으로 나태한 자들로 간주했다. 그는 논리와 엄격은 인간 정신의 어려운 과제들이며 이런 과제들이 너무 어렵다는 것을 알아챈 사람들이 다른 유형의 반박들을 꾸며내는 경우가 다반사라고 말했다. 의심할 바 없이 그가 한 말 중에도 그런 경우가 꽤 많다. 하지만 그를 어떤 측면에서 낭만주의의 아버지라 부른다면, 그것은 과학 비판자로서는 아니며 그 자신 과학자로서는 당연히 아니다. 구체적으로 말하자면, 그의 도덕 철학에서 그런 것이다.

칸트는 인간의 자유라는 관념에 거의 중독되어 있었다. 그의 경건주의적인 양육은 하만이나 다른 사람들의 경우처럼 광상적인 자기와의 내면의 대화로 이어진 것이 아니라 인간 내면의 도덕적 삶에 대한 일종의 강렬한 몰입으로 이어졌다. 그가 확신을 갖고 있던 명제 중 하나는 엄밀한 의미에서 모든 인간은 한편으로 자신의 정서적, 감성적, 경험적 본성의 일부를 구성하는 것으로서 바깥에서 자신을 끌어당기는 경향성, 욕망, 정념 등과, 다른 한편으로 그러한 쾌락의 욕망이나 경향성과 종종 충돌을 일으키곤 하는 이른바 옳은 일을 해야 한다는 의무나 당위 같은 개념 사이에 차이가 있음을 자각한다는 것이었다. 그 둘을 혼동하는 것은 그에게는 원초적인 오류로 보였다. 그가 섀프츠베리Shaftesbury의 유명한 말들을 인용한 것도 당연한 일이었다. 섀프츠베리는 외부 요인에 의해 결정되거나 좌우되는 존재로서의 인간관에 반대했다. 18세기 초에 섀프츠베리는 인간이란 "단단히 사슬에 묶인 호랑이"나 "채찍으로 조련받는 원숭이"가 아니라고 말했다. 다시 말해, 처벌의 공포 속에 사슬로 단단히 묶여 있는 호랑이도 아니고, 보상의 욕망이나 처벌의 공포라는 채찍의 영향하에 있는 원숭이가 아니라는 것이다.

인간은 자유롭다. 인간은 원형적으로 타고난 자유를 지닌다. 섀프츠베리에 따르면 바로 이 자유가 나에게 내 자아의 특권을 제공하고 나를 나 자신으로 만든다. 그러나 섀프츠베리의 경우에 이런 이야기는 단지 '부수적인 의견obiter dictum'이었을 뿐 그의 나머지 철학과는 큰 관련성이 없었다. 칸트의 경우에는 이것이 강박적인 핵심 원리가 되었다. 칸트에게 인간은 오로지 선택하는 존재라서 인간이다. 동물이건 무생물이건 식물이건 여타 자연과 인간의 차이는 다른 모든 것은 인과율의 지배를 받으며 일종의 미리 운명지어진 원인과 결과의 도식을 엄격히 따르는 반면, 인간은 자신이 소망하는 것을 자유롭게 선택한다는 데에 있다. 바로 이것, 즉 의지라고 하는 것이 인간을 자연의 다른 대상들과 구분해 준다. 인간은 의지에 따라 선하거나 악한 것 사이에서, 옳거나 그른 것 사이에서 선택을 할 수 있다. 그른 것을 선택하는 것이 애초에 가능하지 않았다면, 옳은 것을 선택했다고 칭찬할 일은 없다. 이러저러한 원인들 덕분에 영원히 옳고 아름답고 참된 것을 선택하게끔 미리 결정되어 있는 피조물이라면 자신이 그렇게 한 것을 두고 공로를 주장할 수 없을 것이다. 왜냐하면 그 결과가 제아무리 고귀한 것이라고 해도 그것은 그냥 자동적인 행위였을 테니까 그렇다. 따라서 칸트는 도덕적 탁월성이라고 하는 전반적인 개념, 도덕적 공과라고 하는 전반적 개념, 우리가 칭찬을 하고 비난을 한다는 사실과 인간이 이런저런 식으로 행동하면 그에 따라 축하받거나 질책받을 것으로 기대된다는 사실이 함축하는 전반적 개념은 모두, 인간이 자유롭게 선택할 수 있는 존재라는 사실을 선제한다고 가정했다. 이런 이유에서 그가 가장 격심하게 혐오하는 것 중 하나가 (어쨌든 정치의 영역에서) 바로 온정적 간섭주의였다.

전 생애에 걸쳐 칸트를 끈덕지게 괴롭힌 두 가지 주된 걸림돌이 있다. 하나는 인간 걸림돌이고 다른 하나는 사물 걸림돌이다. 인간 걸림돌은 아주 친숙한 주제이다. 〈'계몽이란 무엇인가?'라는 질문에 대한 답변〉이라는 짧은 논고에서 칸트는 계몽이란 단지 자기 삶을 결정할 수 있는 인간의 능력이자 타인의 굴레에서 자기를 해방시키는 것이라고 규정한다. 계몽은 인간이 성숙해져서 악한 일이 되었건 선한 일이 되었건 어쨌든 자기가 무엇을 해야 할지를 권위나 이런저런 엄한 교사들이나 국가나 부모나 보모나 전통이나, 혹은 도덕적 책임의 무게가 단호하게 부과되는 온갖 종류의 기성 가치관에 과도하게 매달리는 일 없이 스스로 결정한다는 사실을 가리킨다는 것이다. 인간은 자신의 행위에 책임이 있다. 그런 책임을 포기한다거나 너무 미성숙해서 그런 책임을 깨닫지 못하는 사람은 그런 점에서는 야만인과 다를 바 없다. 그런 사람은 문명화되지 않은 어린아이 같은 사람인 것이다. 문명화된다는 것은 곧 성숙을 뜻하며, 성숙이란 곧 자기 결정을 뜻한다. 그런 결정은 이성적 숙고를 통해 이루어지는 것으로서, 우리가 통제할 수 없는 다른 무언가에 의해, 특히 타인들에 의해 밀고 당겨지지 않는 것을 의미한다. 칸트에 따르면 통치자의 자비심에 기초한 "온정적 간섭주의를 표방하는 정부"는(비록 쾨니히스베르크의 일개 교수로서 황제의 이름을 공개적으로 언급한다는 것이 틀림없이 위험한 일이었을 테지만, 어쨌든 그는 여기서 프리드리히 대제를 염두에 두고 있다) 국민을 "덜 자란 어린아이"처럼 취급하는 것이며 [⋯] "그것은 우리가 생각할 수 있는 가장 심한 **독재 정치**"이고 "모든 자유를 파괴하는 것이다." 그리고 다른 곳에서 그는 이렇게 적었다. "타인에게 의존하는 관계에 있는 사람은 더 이상 인간이 아니다. 그런 사람은 자신의 설 자리를 잃은 것이며, 단지 다른 사람의 소유물에 지나지 않는다."

따라서 칸트는 자신의 도덕 철학에서 타인에 의한 모든 형태의 인간 지배에 특히나 격렬하게 반대한다. 실제로 그는 악행으로서 착취 개념의 아버지이다. 18세기 후반 이전, 특히 칸트 이전에 악행으로서 착취에 관해 아주 많은 논의들을 발견하리라고 생각하기란 어렵다. 실제로 한 사람이 다른 사람을 그 사람의 목적이 아닌 자신의 목적을 위해 이용하는 것이 왜 그렇게 끔찍한 일로 간주되어야 하는 것일까? 아마도 이보다 더 나쁜 악덕들이 있을 것이고, 어쩌면 잔혹성이 더 나쁜 것일 수 있고, 계몽주의가 주장하듯 무지가 더 나쁜 것일 수도 있으며 혹은 나태나 그런 유형에 속하는 다른 태도들이 더 나쁘다고 할 수도 있을 것이다. 칸트의 경우는 그렇지 않다. 타인을 그 사람 자신의 목적이 아닌 자기 자신의 목적을 위해 이용하는 모든 유형의 행위는 칸트에게 한 사람이 다른 사람을 격하하는 형태처럼 보일 뿐이다. 그것은 타인을 불구로 만드는 소

144

름끼치는 행태이며, 타인을 인간으로 구분 짓게 해준 바로 그 성질, 즉 그 사람의 자기 결정의 자유를 앗아가는 것이다. 이것이 바로 우리가 칸트에게서 착취, 격하, 비인간화에 반대하는 그리도 열렬한 장광설을 발견하게 되는 이유이다. 칸트의 이런 생각을 훗날 19세기와 20세기의 모든 자유주의적 저술가와 사회주의적 저술가가 상투적으로 언급한다. 이를테면, 삶의 격하, 물상화, 기계화라고 하는 전반적 개념, 인간 상호간의 소외 및 자신의 목적으로부터 소외, 물건처럼 이용되는 인간, 누군가의 의지를 관철하기 위한 소재로 사용되는 인간, 사람들을 당사자의 의지와 반대로 조종하고, 결정하고, 교육할 수 있는 개체로 바라보는 일반적인 관점 등이 그것이다. 이런 현상들이 실로 극악무도한 것이며 인간이 서로에게 저지를 수 있는 도덕적으로 최악의 처사라고 하는 생각은 칸트의 그런 열정적인 주장에서 비롯된 것이다. 칸트 이전의 다른 저자들, 특히 기독교 저술가들에게서도 이런 생각을 엿볼 수 있는 것은 틀림없지만, 그 생각을 세속화하고 일상적인 유럽의 시쳇말로 바꾸어 말한 사람은 바로 그였다.

이것은 실제로 매우 핵심적인 개념이다. 그는 왜 그렇게 느꼈던 것일까? 왜냐하면 그는 가치란 인간이 스스로 생성하는 그 무엇이라고 생각했기 때문이었다. 이 생각은 다음과 같은 것이다. 만약 인간이 본인이 통제할 수 없는 자기 바깥의 무언가에 의존하여 행동한다면, 다른 말로 해서, 만약 인간 행동의 원천이 그 자신이 아니라 다른 무언가에 있다면, 인간은 책임을 지는 존재로 여겨질 수 없다. 만약 인간이 책임을 지지 않는 존재라면, 완전한 도덕적 존재가 아니다. 그런데 우리가 도덕적 존재가 아니라면, 옳고 그름, 자유와 비자유, 의무와 쾌락을 구분한다는 것은 망상일 뿐이며, 그가 직시할 준비가 되어 있지 않았던 것이 바로 이 귀결이었다. 바로 이런 귀결을 그는 부인했던 것이다. 그는 우리가 행하거나 삼가거나 할 수 있다고 말할 수 있는 특정 행동 방침들이 있음을 안다는 사실을 인간 의식의 원천적인 자료로 간주했다. 적어도 이 자료는 우리가 공간 속에서 탁자, 의자, 나무, 물체를 본다거나 자연의 다른 대상들을 지각한다는 사실만큼이나 원천적이다. 이것은 기본적인 자료이다. 사정이 그렇다면, 인간이 달성하려고 애쓰는 목표 혹은 목적에 해당하는 이른바 가치들이 신에게 있건 자연에 있건 어쨌거나 우리 바깥에 있을 수는 없는 일이다. 왜냐하면 그런 가치들이 우리 바깥에 존재하면서 자체의 강한 힘으로 우리의 행위를 결정 짓는다면, 우리는 결국 그 힘의 노예가 되어야 할 것이기 때문이다. 그것이 설령 지극히 숭고한 형태의 노예 상태일지는 몰라도, 어쨌든 노예 상태인 것만은 분명하다. 노예처럼 되지 않고 자유롭다는 것은 따라서 모종의 도덕적 가치들에 스스로를 자유로이 전념케 하는 것이다. 어떤 가치에 전념할 수도 있고 그러지 않을 수도 있지만, 그 자유는 전념에 있는 것이지 가치 그 자체의 지위나 도의 따위에 있는 것이 아니다. 즉, 자유는 그 가치에 전념하거나 하지 않는다는 사실, 전념할 수 있으나 그래야 할 이유가 없다는 사실에 있는 것이다. 우리가 어떤 가치에 전념할 것이냐는 다른 문제로서 이성적인 수단을 통해 발견할 수 있는 것이지만, 그 가치를 나 자신을 위한 가치로 만드는 것은 그것에 전념하느냐 마느냐 바로 그 선택뿐이다. 달리 말해, 어떤 행위를 좋거나 나쁘다고 부르거나 옳거나 그르다고 부르는 것은 결과적으로 인간에게 자유로운 자기 전념의 행위가 존재한다고 말하는 것과 같다. 나중에 사람들은 이런 행위를 '참여적 행동engagé behaviour', 전념한 행동committed behaviour, 비중립적 행동un-indifferent behaviour으로 부르게 되었다.

이것이 바로 칸트가 인간은 그 자체가 목적이라고 말할 때 의도한 바이다. 대체 인간 말고 다른 무엇이 목적이 될 수 있겠는가? 인간은 행위의 선택자이다. 우리는 더 고귀한 무언가를 위해서만 어떤 한 인간을 희생시킬 수 있다. 그러나 최고의 도덕적 가치로 여겨지는 인간이라는 대상보다 더 고귀한 것은 아무것도 없다. 그럼에도 어떤 사물을 고귀한 도덕적 가치의 대상이라 부르는 것은 이 사람 혹은 저 사람이 그것을 위해 살거나 죽을 준비가 되어 있다고 말하는 것이다. 누군가가 그것을 위해서 살거나 죽을 준비가 되어 있지 않는 한, 도덕적 가치의 차원에서 '그것'은 존재하지 않는다. 가치는 인간의 선택 덕분에 가치가 되는 것이다. 적어도 욕망과 성향을 초월한 의무나 목표는 그렇게 만들어진다. 그 자체로 저 바깥에 존재하는 어떤 본래적 성질이 가치를 만드는 게 아니다. 가치는 도덕의 천상에 떠 있는 별이 아니다. 가치는 내면적인 것으로서 인간이 그것을 위해 살기로, 싸우기로, 죽기로 자유롭게 선택할 수 있는 그런 것이다. 이것이 칸트가 전하는 근본적인 설교 내용이다. 그가 이를 주장하면서 아주 많은 논증을 제공하지는 않는다. 그는 단지 이것을 자명한 진리로서 다소간 상호 반복적인 다양한 유형의 명제들에 담아 진술할 뿐이다.

그러나 칸트의 관점에서 인간의 방해물, 인간의 노예화, 서로에게 간섭하는 인간, 서로를 손아귀에 넣으려는 인간보다 훨씬 더 사악한 것은, 결정론이라고 하는 이른바 인간이 자연의 손아귀에서 노예 신세로 전락한다고 하는 (그가 보기에는) 악몽 같은 사상이다. 요컨대 칸트는 이렇게 말한다. 만약 생명 없는 자연에 의심의 여지없이 참되게 적용되는 이른바 인과율이 인간 생활의 모든 측면에도 마찬가지로 참되게 적용된다고 하면, 실제로 세상에는 도덕성이란 것은 존재하지 않을 것이다. 왜냐하면 그럴 때 인간은 전적으로 외적 요인에 좌우될 것이며, 비록 자기가 자유롭다고 생각하게끔 스스로를 기만할 수 있을지는 몰라도 사실상 결정되어 있는 존재가 될 것이기 때문이다. 다른 말로 하면, 칸트에게 결정론, 특히 기계적 결정론은 어떤 자유나 어떤 도덕과도 양립할 수가 없으며 따라서 반드시 거짓이어야 한다. 그가 의미한 결정론이란 외부 요인에 의한 모든 형태의 결정론이다. 18세기에 거론된 물질적 요인들(물리적 요인이건 화학적인 요인이건)이 결정하는 것이건, 인간으로서 저항이 불가능해 보이는 정념들이 결정하는 것이건 마찬가지이다. 이를테면 만약 어떤 정념에 관해서 그것이 나보다 더 강하고, 나로서는 어찌할 도리가 없어서 굴복하고, 휘둘리고, 무력해지고, 압도된다고 말한다면, 그것은 결국 특정한 종류의 무기력한 노예 상태를 고백하고 있는 셈이다.

칸트가 보기에 이런 사상이 옳아야 할 이유는 없다. 자유 의지 문제는 아주 오래된 난제이다. 이 문제는 스토아주의자들이 고안한 이후로 인간의 상상력과 인간의 마음을 곤란하게 만들어 왔다. 그러나 칸트는 이 문제를 일종의 악몽과도 같은 딜레마라고 보았다. 그리고 그의 앞에 다음과 같은 공식적인 해결책이 제출되었다. 즉, 당연히 우리는 본인이 선택하는 대로 선택하지만(우리는 이것과 저것 중에 선택하며 아무도 그것을 부인하지 않는다), 그럼에도 불구하고 우리의 선택지가 된 대상들은 결정되어 있다. 그리고 우리가 선택한 대로 선택하게 되리라는 사실도 결정되어 있다. 다른 말로 하면, 선택지들이 주어졌을 때 이것 혹은 저것을 선택하는 일이야 당연히 가능하지만, 우리가 **그런** 선택지들이 주어진 상황에 처해 있다는 사실과 더 나아가 우리의 의지가 특정 방향으로 결정될 것이라는 사실은, 비록 본인이 의지한 바를 그대로 실행에 옮긴다 하더라도 우리의 의지 그 자체가 자유로운 것은 아님을 의미한다. 칸트는 이 해결책을 형편없는 사기극이라고 부르면서 아마 그 누구도 여기에 속아 넘어가지는 않을 것이라고 말했다. 결과적으로 그는 가능한 모든 탈출구를 차단해 버린다. 이 딜레마에 겁을 집어먹은 다른 철학자들이 제공한 모든 공식적인 탈출구를 막아 버린 것이다. 그 이후로 이 문제는 비록 칸트에게 특히 더 심각하게 다가오기는 했으나 어쨌든 유럽인의 사유를 지배했으며 실제로 어떤 측면에서는 유럽인의 행동을 지배했다고도 말할 수 있다.

이것은 19세기의 철학자와 역사학자 들을 모두 사로잡은 문제이며, 실제로는 우리 세기에도 역시 마찬가지이다. 특유의 날카로운 성격을 지닌 이 문제는 오늘날 다양한 형태로 제기되고 있다. 예를 들면, 이 문제가 역사가들 사이에서는 역사에서 개인의 상대적 역할과 사회적 혹은 경제적 혹은 심리학적인 거대한 비인격적 힘들에 관한 논쟁의 형태로 나타난다. 이 문제는 다양한 유형의 정치 이론의 형식으로도 제기된다. 예를 들면, 인간이란 이를테면 계급 구조 같은 구조 안에서 본인이 차지하는 객관적인 위치에 의해 결정되는 존재라고 믿는 사람들도 있고, 인간은 그런 존재가 아니며 어쨌든 전적으로 그런 식으로만 결정되는 존재는 아니라고 믿는 사람들도 있다. 법 이론에서 이 문제는, 범죄는 질병이고 범죄자의 책임이 아닌 것이기 때문에 의료 수단으로 치유해야 한다고 믿는 사람들과, 범죄자는 무엇을 해야 할지 선택할 수 있으며 따라서 그를 치료해 줘야 한다거나 그에게 의료적인 처치 수단을 사용해야 한다고 말하는 것은 당사자의 천부적인 인간적 존엄성을 모욕하는 것이라고 믿는 사람들 간의 의견 차이로 제기된다. 확실히 후자가 칸트가 채택한 관점이었다. 그는 응보적인 처벌을 믿었다(이것은 오늘날 퇴보적인 관점으로 간주되며, 아마도 실제로도 그렇게 볼 수 있을 것이다). 그 이유는 어떤 사람은 병원에 가느니 차라리 감방에 가는 쪽을 더 선호할 것이라고 그가 생각했기 때문이다. 또한 그는 만약 어떤 사람이 무슨 일을 저지른 후에 그 일을 저지르지 않을 수도 있었다는 이유로 비난을 받는다면, 그러니까 아주 심하게 비난받거나 처벌까지 받는다면, 그것은 그 사람을 본인이 통제할 수 없는 힘에 좌우되지 않는 자로 대우하는 것이라고 생각했다. 그 힘이란 이를테면, 무의식일 수도 있고, 환경일 수도 있고, 부모의 어린애 취급일 수도 있고, 혹은 그를 달리 행동할 수 없게 만든 수많은 다른 요인들일 수 있고, 무지일 수도 있고, 모종의 신체 질병일 수도 있다. 그 사람이 비난받을 수 있다는 것은 그가 선택 능력이 있는 인간임을(비록 악행을 저지르는 쪽을 선택하기는 했지만) 전제하는 것이라고 그는 생각했다. 칸트는 그렇게 전제하지 않는 것이 그 사람에게는 더 심각한 모욕이라고 생각했다. 그것은 그 사람을 인간이 아니라 동물이나 물건처럼 대우하는 것이나 다름없기 때문이다.

칸트는 이 점에 대해 매우 열의에 찬 입장을 취하고 있으며, 나는 그런 그의 관점을 충분히 음미해 보고 싶다. 예를 들어, 그에게 아량은 악덕이다. 왜냐하면 아량은 궁극적으로 생색이나 보호의 형식이기 때문이다. 궁극적으로 '가진 자'가 '가지지 못한 자'에게 주는 것이 아량이다. 정의로운 세상에서라면 아량은 필요치 않을 것이다. 동정은 칸트에게는 혐오할 만한 성질로 여겨진다. 아마도 그는 동정을 사느니, 차라리 무시되기를, 차라리 모욕받기를, 차라리 부당하게 대접받기를 원할 것이다. 왜냐하면 동정에는 동정하는 사람이 동정받는 사람에 비해 우월하다는 생각이 수반되어 있으며, 이런 우월성을 칸트는 단호히 부정하기 때문이다. 모든 사람은 평등하고, 모든 사람은 스스로 결정할 수 있으며, 만약 한 사람이 다른 사람을 동정한다면, 그는 그럼으로써 그 사람을 동물이나 물건으로, 아니 어쨌든 동정받아 마땅한 가엾은 대상으로 위축시키는 것이다. 그리고 칸트에게는 바로 이것이 인간의 존엄성과 도덕성에 대한 가장 지독한 모욕이었다.

이것이 칸트의 도덕관이었다. 그를 겁나게 한 것은 일종의 쳇바퀴처럼 돌아가는 외부 세계라는 개념이었다. 그리고 만약 스피노자나 18세기의 결정론자들, 예를 들면 엘베시우스나 돌바크나 과학자 같은 사람들의 말이 옳다면, 칸트가 공언하듯, 만약 인간이 단지 자연의 대상에 불과한 존재라서 동물이나 물체와 정확히 똑같이 단지 외부의 힘들에 의해 움직이는 살과 뼈와 피와 신경으로 이뤄진 물질 덩어리에 불과한 것이라면, 인간은 그의 말마따나 "턴스핏 강아지"에 지나지 않을 것이다. 그는 움직이지만, 자기 의지대로는 아니다. 인간은 시계에 지나지 않는다. 그는 시간에 맞춰 똑딱똑딱하지만, 스스로 시간을 맞추지는 못한다. 이런 종류의 자유는 전혀 자유가 아니며, 여기에는 어떤 종류의 도덕적 가치도 없다. 이런 점에서 칸트는 무차별적인 결정론을 전면 부인하고 인간의 의지를 엄청나게 강조한다. 이것을 그는 소위 자율성이라고 부른다. 물리적이건 감정적이건 외적 요인에 의해 밀고 당겨지는 상태를 그는 타율성이라고 부른다. 다시 말해 그것은 인간 바깥에 원천이 있는 법칙들에 이끌리는 상태인 것이다.

이것은 새롭고 다소 혁명적인 자연관을 수반하는데, 이번에도 역시 이 관점이 유럽인의 의식에서 지극히 핵심적인 요인이 된다. 당시까지만 해도 자연을 받아들이는 태도는, 그 단어가 무엇을 의미하건 간에(몇몇 학자들은 18세기에만 '자연'이라는 단어에 붙는 의미가 적어도 다 합쳐 200개는 된다고 말하고 있다), 어쨌든 전반적으로 호의적이거나 경의를 표하는 것이었다. 자연은 조화로운 체계 혹은 최소한 대칭적으로 잘 구성된 체계라서 인간이 그런 자연의 톱니바퀴와 어긋났을 때에는 고통을 겪게 되는 것으로 간주되었다.

따라서 누군가가 죄를 지었거나 불행할 때 그 사람을 치유하는 방법은 어떻게든 그를 원래 되었어야 하는 상태로 복원해 주거나 자연의 품으로 되돌아가게 하는 것이었다. 앞에서 설명한 것처럼, 자연을 바라보는 기계적 관점, 생물학적 관점, 유기적 관점, 물리적 관점 등 다양한 관점들이 채택되었음에도 불구하고(온갖 종류의 은유들이 사용된다), 늘 사용되는 동일한 상투어가 있다. 자연의 여왕, 자연의 여신, 우리를 인도하는 결코 끊겨서는 안 되는 자연의 끈. 가장 덜 형이상학적인 사상가인 흄조차도 인간이 무언가 상태가 안 좋아질 때는(불행해지거나 정신이 나가거나 한다면) 대개 자연이 전면에 나선다고 믿는다. 이 말의 의미는 고정된 특정 습관들이 전면에 나서고 치유의 절차가 가동되며, 상처가 낫고, 인간은 조화로운 흐름 혹은 체계 속으로 다시 통합된다는 것이다. 흐름인지 체계인지는 자연을 정적인 것으로 간주하느냐 움직이는 물체로 간주하느냐에 달린 문제이다. 어쨌든 인간은 이탈하지 말았어야 했던 이 거대하고 편안한 매체 속으로 어떻게든 다시 흡수됨으로써 원상태로 복구된다.

칸트에게 이런 말들은 결단코 참일 수가 없다. 자연의 여왕이라는 개념, 자연의 여신, 자애로운 그 무엇, 우리가 숭배하는 그 무엇, 예술이 모방해야만 하는 그 무엇, 도덕의 원천이어야 하는 그 무엇, 몽테스키외가 말한 것처럼 정치가 기반을 두고 있는 그 무엇 등등의 개념은 인간의 천부적인 선택의 자유를 훼손하는 것이다. 왜냐하면 자연은 기계적이고, 아니 설령 기계적이 아니라 유기적이라고 하더라도, 어쨌든 자연의 모든 사건은 다른 모든 사건으로부터 엄격한 필연성에 의거하여 뒤따라 벌어지는 것이기 때문이다. 그리고 그렇기 때문에 만약 인간이 자연의 일부라면, 인간은 결정된 존재이고 도덕성은 가증스런 착각에 불과한 것이다. 따라서 칸트에게 자연은 최악의 경우 적이고, 최선의 경우 단지 우리가 형상을 입히는 중립적 소재일 뿐이다. 인간은 부분적으로 자연의 대상으로 여겨진다. 당연히 인간의 몸은 자연에 속한다. 감정도 자연에 속한다. 인간을 타율적으로 만들고 인간의 참된 자아가 아닌 다른 무언가에 의존하게 만들 수 있는 온갖 다양한 것들은 다 자연적이다. 그러나 인간이 가장 자유로울 때, 가장 인간다울 때, 가장 고귀한 저 높은 곳까지 성장할 때, 그럴 때 인간은 자연을 지배한다. 다시 말해 인간은 자연에 형상을 입힌다. 자연을 부수고, 자신의 인격성을 자연에 부과한다. 인간은 자신이 선택한 것을 행한다. 왜냐하면 인간은 특정한 이상들에 전념하기 때문이다. 그리고 인간은 그런 이상들에 전념함으로써 자연에 자신의 도장을 찍는다. 그리하여 자연은 이리도 되고 저리도 되는 조형적인 소재가 되는 것이다. 자연의 어떤 부분은 다른 부분보다 조형이 더 잘 되기도 하지만, 그와 상관없이 모든 자연은 인간이 무슨 일을 할 때 도구가 되거나 대상이 되거나 장소가 되는 무언가로서 인간 앞에 모습을 드러내야 하며, 도리어 인간이 속하게 되는 그 무언가인양 행세해서는 안 된다. 적어도 인간이 온전히 다 자연에 속해 있는 존재일 수는 없다.

자연이 적이라거나 중립적인 소재라는 개념은 상대적으로 새로운 발상이다. 칸트가 1790년의 프랑스 헌법을 찬양한 이유도 거기에 있다. 그는 마침내 모든 인간이 적어도 이론상 자유롭게 투표하고 자신의 견해를 밝힐 수 있는 정부의 형태가 그 헌법에 들어 있다고 말했다. 사람들은 아무리 자비로운 정부라고 해도 더 이상 복종할 필요가 없다. 아무리 홀

류한 교회라고 해도 더 이상 복종할 필요가 없다. 아무리 오래된 원칙이라고 해도 자기들이 스스로 만든 것이 아닌 한 더 이상 복종할 필요가 없다. 칸트가 프랑스 헌법에 고무된 바대로, 인간이 자기 내면의 결단에 따라(이것은 충동이 아니다. 칸트라면 그것을 충동이라 부르지 않았을 것이다.) 자유롭게 투표할 것을 권장받았다면 그 사람은 그럼으로써 해방을 얻는 것이었다. 그리고 칸트가 올바로 해석했건 아니건 간에 그에게 프랑스 혁명은 개개인이 지닌 영혼의 진가를 주장했다는 점에서 위대한 해방의 행위로 보였다. 그는 미국 혁명에 대해서도 동일하게 이야기했다. 동료들이 공포정치를 개탄하면서 프랑스에서 벌어지는 모든 사건을 노골적인 혐오 속에 바라보았을 때, 칸트는 비록 정확히 공개적으로 승인한 것은 아니지만 설령 잘못된 일이 벌어졌다고 하더라도 그것은 어쨌거나 올바른 방향으로 나아가는 실험의 일환이라는 자신의 입장을 철회하지 않았다. 이런 태도는 평소 매우 관습적이고, 매우 고분고분하고, 매우 단정하고, 구식에다가, 다소 시골티를 내는 저 동프로이센의 교수가, 그럼에도 불구하고 이 인류 역사의 위대한 해방의 한 장章이자 그가 거대한 우상들이라고 생각했던 것들과 맞서 싸우며 역경을 딛고 일어선 인간의 저 자기주장을 얼마나 열정적인 눈으로 바라보았는지 잘 보여 준다. 전통, 깨질 수 없는 오래된 원리들, 왕, 정부, 부모, 단지 권위이기 때문에 받아들여진 온갖 종류의 권위 등, 이 모든 것들이 그에게 반감을 심어주었다. 보통 이런 용어들을 통해 그를 떠올리지는 않지만, 그의 도덕 철학이 이런 반권위주의적인 원리에 단단히 토대를 두고 있다는 데에는 의심의 여지가 없다.

당연히 이것은 의지의 우선성을 주장하려는 것이었다. 어떤 의미에서 칸트는 여전히 18세기 계몽주의의 아들이었다. 왜냐하면 그는 모든 인간은 어떤 일을 하는 게 옳은지 순수한 마음으로 자문했을 때 유사한 상황에서라면 동일한 결론에 도달할 것이라고 생각했기 때문이다. 그 이유는 모든 질문에 대해서 이성은 누구에게든 동일한 답변을 제공해야 하기 때문이다. 이것은 루소도 믿었던 바였다. 한때 칸트는 올바른 답변을 제공할 수 있을 정도로 계몽되었거나 많은 경험을 했거나 도덕적으로 고고한 사람들은 오로지 소수에 불과하다고 믿었다. 대단히 감복해 마지않은 루소의 《에밀Émile》을 탐독하고 큰 영향을 받은(실제로 루소의 초상화는 칸트의 책상 위에서 발견된 유일한 인물화였다) 칸트는 인간이라면 누구나 그렇게 할 수 있다고 믿게 되었다. 사람은 이를테면 무식할 수도 있고, 화학을 모를 수도 있고, 논리학을 모를 수도 있고, 역사를 모를 수도 있다. 하지만 어떤 능력을 결여하건 상관없이 모든 인간은 바로 이 질문에 대한 이성적인 답변을 발견할 수 있다. 나는 어떻게 행동할 것인가? 그리고 이에 대한 모든 이성적인 답변은 반드시 일치해야 한다.* 다시 한번 반복한다. 제아무리 관용적이어도 그게 단지 충동에서 비롯된 행동일 뿐인 사람이라면, 제아무리 고결해도 그게 그저 타고난 성격에서 나온 행동일 뿐인 사람이라면, 바깥에서 가해진 것이건 자기 내면에서 나온 것이건 모종의 불가항력적인 압박하에서 행동하는 사람이라면, 그 사람은 행동하고 있는 것이 아니다. 적어도 도덕적 행위자는 분명 아니다. 속박되지 않은 의지만이 유일하게 소유할 가치가 있다. 그리고 이런 발상이 장차 그로서는 예견할 수 없었던 대단히 혁명적이고 전복적인 결과들을 불러온 것이다.

---

* 나는 이 신조의 오류들에 대해 지금 이 자리에서 논의할 생각은 없다. 그것은 지금의 논의에서 너무 멀리 벗어나는 꼴이 되기 때문이다. 그러나 이 신조가 그래도 칸트와 18세기 이성주의를 묶어 주는 유일한 가는 끈이다.

18세기 말로 다가가면서 이 신조를 해석한 온갖 종류의 입장들이 등장했다. 하지만 우리 관점에서 아마도 가장 선명하고 가장 흥미로운 해석은 칸트의 충실한 제자이자 극작가, 시인, 역사가였던 프리드리히 실러의 견해일 것이다. 실러는 칸트가 그랬던 것처럼 의지, 자유, 자율성, 제 자신으로서의 인간이라는 발상에 중독된 인물이다. 엘베시우스나 돌바크 같은 예전 사상가들은 사회적 의문이나 도덕적이고 미적이고 경제적인 의문이나 모든 종류의 사실적 의문에는 일단 특정한 정답이 존재하며 그저 중요한 것은 사람들이 이런 정답을 이해하고 그에 따라 행동할 수 있게 하는 것이라고 믿었다(그런 목적에서라면 그 정답을 어디서 획득할 것인지는 상대적으로 사소한 문제였다). 하지만 실러는 그런 견해와는 정반대로 인간을 인간으로 만드는 유일한 요소는 자연을 이겨내고, 자연에 형상을 부여하고, 자연을 분쇄하고, 자연을 도덕적으로 규제되는 아름답고 속박 없는 자신의 의지에 자연을 예속시킬 수 있다는 사실에 있음을 끊임없이 호소하고 있다.

   실러가 자신의 저술들에 내내 사용한 몇 가지 특징적인 표현들이 있다. 철학적인 논고들에서만이 아니라 희곡에서도 마찬가지였다. 그는 끊임없이 정신적 자유를 언급한다. 이성의 자유, 자유의 왕국, 우리의 자유로운 자아, 내면의 자유, 정신의 자유, 도덕적 자유, 자유로운 지성, 그리고 그가 가장 좋아하는 구절인 신성한 자유, 자유라는 난공불락의 요새 등등. 그리고 '자유'라는 단어 대신에 '독립'이라는 단어를 사용한 표현들도 있다. 실러의 비극 이론은 그의 자유 개념에 토대를 둔 것이다. 비극 작가이자 시인으로서 그가 보여준 활약에는 바로 이 개념이 스며들어 있다. 이런 식으로 자유 개념은 시나 조형 예술 둘 다에서 낭만주의 예술에 매우 강력한 영향을 미쳤던 것이며, 그 영향이란 아마도 칸트를 있는 그대로 독해했을 때 나올 수 있는 결과 그 이상이었을 것이다. 비극은 단지 고통스러운 광경에 있는 것이 아니다. 만약 인간이 순수한 정신적 존재라면 전혀 고통을 겪지 않을 것이다. 어찌할 도리가 없는 고통, 인간으로서 도저히 피할 수 없는 고통, 불운에 짓밟힌 인간은 비극의 대상이 아니다. 그것은 단지 공포와 동정 그리고 어쩌면 혐오의 대상에 지나지 않는다. 마땅히 비극으로 간주될 수 있는 유일한 것은 저항, 인간이 자신을 억압하는 모든 것에 맞서 싸우는 저항이다. 자기가 아는 진리에 부합하는 처신을 포기하고 싶고 그냥 도망치고 싶은 내면의 자연스런 충동에 저항한 라오콘, 로마에 그냥 남았더라면 더 안락한 삶을 살았을 것이 틀림없었지만 아마도 상당히 불명예스러운 삶이 되리라 짐작하고 자진하여 스스로를 카르타고에게 넘겨준 레굴루스, 소름끼치는 지옥의 풍경을 봤음에도 불구하고 자신이 기획한 바를 계속 실행해 나간 밀턴의 사탄, 바로 이들이 비극적인 인물상이다. 왜냐하면 이들은 그 자신을 웅변한 것이고, 순응하라는 유혹에 흔들리지 않으며, 쾌락의 형태로건 고통의 형태로건, 물리적인 유혹이건, 정신적인 유혹이건 그 어떤 유혹에도 굴복하지 않은 채, 갈림길 위에 서서 팔짱을 끼고 자연에 도전한 것이기 때문이다. 비극을 초래하는 것은 바로 도전이다(그리고 실러의 경우에 그것은 도덕적인 도전이다. 다른 그 어떤 도전이 아닌, 우리가 진지하게 전념하는 어떤 이상의 기치하에 시도되는 도전인 것이다). 왜냐하면 도전은 충돌을 창조하며, 그런 충돌에서 인간은 경우에 따라 감당할 수 없을 만큼 강한 힘과 맞서 싸우게 되기 때문이다.

실러에 따르면 리처드 3세나 이아고는 비극적인 인물들이 아니다. 왜냐하면 그들은 동물처럼 처신한 사람들이기 때문이다. 그들은 정념의 충동에 휩쓸려 행동한다. 따라서 우리는 인간에 대해 숙고 중인 것이 아니고 또한 도덕적 관점에서 숙고 중인 것이 아니기 때문에, 그저 가장 놀랄 만한 방식으로 처신하는 이 신기한 인간 동물들의 불가사의하리만치 영리한 행동을 황홀하게 지켜보는 것뿐이라고 그는 말한다. 셰익스피어의 천재성과 공상 덕분에 평균적인 인간에 비해 몇 가지 측면에서 지적으로 우월한 저들은 범상치 않은 소용돌이를 헤쳐 나간다. 그러나 거기서 무슨 일이 벌어지고 있는지를 곰곰이 생각해 보면 우리는 저들이 본인도 회피할 길이 없는 정념의 영향을 받아서 처신하고 있다는 사실을 금세 깨닫게 된다. 일단 이것이 보이고 나면 저들은 우리에게는 더 이상 인간이 아니며, 우리는 저들을 수치스럽고 불쾌하게 여긴다. 우리는 저들이 인간처럼 처신하지 않는 그야말로 인간성을 포기한 자들이기 때문에, 따라서 혐오할 만한 비인간화된 자들이고, 따라서 비극적인 인물들이 아니라고 생각한다. 유감스럽지만 리처드슨Richardson의 소설《클라리사Clarissa》에 나오는 러브레이스도 역시 아니다. 그는 단지 제어가 안 되는 정념의 충동에 휩쓸려 여러 숙녀들을 쫓아다닌 호색한에 불과하다. 만약 그것이 진정 제어가 안 되는 충동이라면 무슨 일이 일어나더라도 거기에 비극은 존재하지 않는다.

실러는 드라마가 어쩌면 일종의 예방 접종으로 작용할 것이라고 생각한다. 만약 우리 자신이 라오콘의 상황에 처해 있거나 혹은 오이디푸스나 그밖에 운명에 맞서 싸운 다른 그 누구의 상황에 처해 있었다면, 우리는 그냥 굴복했을 수도 있다. 또한 그런 상황에 처해 있다는 공포가 너무도 엄청나서 감정이 마비될 수도 있고 혹은 아예 정신이 나갈 지경이 될수도 있다. 그럴 때 어떻게 처신해야 할지 우리는 떠들 수가 없다. 그러나 이런 상황들을 무대에 올려 지켜봄으로써 우리는 상대적으로 냉철하고 초연한 상태를 유지하게 되며, 따라서 그런 경험은 교육적이고 설득적인 기능을 수행한다. 우리는 인간이 인간처럼 처신한다는 게 어떤 것인지 관찰한다. 그리고 예술의 목적, 적어도 인간에 관심이 있는 극예술의 목적은 사람들에게 가장 인간적인 방식으로 처신하는 모습이란 어떤 것인지 보여 주는 것이다. 이것이 바로 실러의 신조이다. 이 신조는 칸트에게서 직접 도출되는 것이다.

자연 자체는 인간에게 무심하다. 자연 자체는 도덕과 무관하다. 자연 자체는 우리를 가장 무정하고 섬뜩한 방식으로 파괴한다. 그리고 이것이 우리가 자연의 일부가 아니라는 사실을 특히 더 절감하게 해준다. 실러의 전형적인 한 대목을 인용해보자.

> 바로 이런 환경이다. 즉, 전체적으로 바라본 자연은 우리의 지성이 자연을 위해 처방한 모든 규칙을 조롱한다. 자연은 자유롭고 변덕스런 질주 속에 일을 처리하면서 지혜의 창조물들을 인정사정없이 완전히 짓밟아 버린다. 자연은 중대한 것이나 사소한 것이나, 고귀한 것이나 진부한 것이나 그 모든 것을 앗아가고 그것들을 섬뜩한 똑같은 재앙에 휩쓸리게 한다. 자연은 개미들의 세계는 보존하면서 가장 영광스러운 자신의 피조물인 인간은 그 거대한 두 팔로 꽉 껴안아 으깨버린다. 자연은 흔히 인간의 가장 끈덕진 성취이자 실제로는 그 자신의 가장 끈덕진 성취이기도 한 것들을 경솔하게 한 시간 만에 흐트러뜨려 놓고 필요도 없는 어리석은 짓거리에 몇 세기의 시간을 쏟는다. 〔…〕

실러는 이것을 전형적인 자연의 모습으로 간주한다. 이를 통해 이것이 자연이며 예술은 아니라는 사실, 이것이 자연이며 인간은 아니라는 사실, 이것이 자연이며 도덕은 아니라는 사실을 부각하고, 강조하고, 분명히 한다. 그리고 그럼으로써 그는 광포하고, 변덕스럽고, 아마도 인과적이고, 아마도 확률 지향적인 존재물로서의 자연과 도덕성을 갖추고 욕망과 의지, 의무와 이해득실, 옳고 그름을 구분하여 자연을 거스를 필요가 있다면 그에 따라 행동할 줄 아는 인간을 극명하게 대비시킨다.

　이것이 실러의 핵심 신조이며, 그의 대부분의 비극에 이 신조가 등장한다. 그가 얼마나 멀리까지 나아갔는지 잘 보여 줄 매우 전형적인 사례를 제시하겠다. 실러는 칸트의 해결책을 거부했다. 근본적인 이유는 그가 보기에 비록 칸트의 의지가 우리를 자연으로부터 해방시키기는 하지만 칸트는 우리를 매우 협소한 도덕의 길, 너무 모질고, 너무 제약이 많은 칼뱅주의의 세계로 몰아넣었기 때문이었다. 그 세계에는 오로지 두 개의 선택지만 있다. 하나는 자연의 노리개가 되는 것이고 다른 하나는 칸트가 염두에 두었던 루터적인 의무가 부과되는 이 모진 통로를 따라가는 것으로서 이 통로는 인간의 자연적 본성을 망가뜨리고, 파괴하고, 속박하고, 제약한다. 만약 인간이 자유로워야 한다면, 단지 의무를 다하기 위해 자유로워야 할 뿐만 아니라 자연을 따를 것인지 혹은 아주 자유롭게 자신의 의무를 다할 것인지 중에서 자유롭게 선택해야만 한다. 인간은 의무와 자연을 넘어서 있어야 하며 어느 쪽이든 선택할 수 있어야 한다. 실러는 코르네유Corneille의 《메데이아Médée》를 논하면서 이 점을 주장한다. 코르네유의 그 희곡에서 콜키스의 공주는 이아손이 처음에는 자기를 본국에서 납치하더니 이제와서는 자기를 내팽개치는 것에 격분하여 자기 자식들을 살해하기에 이른다. 실제로 그녀는 아이들을 산 채로 끓는 물에 삶아 버린다. 비록 실러가 이런 행동을 용납하는 것은 아니지만, 그는 그럼에도 메데이아가 영웅적인 인물이며 이아손은 영웅적인 인물이 아니라고 말한다. 메데이아는 자연에 도전한 것이다. 그녀는 자

160

연 그 자체에 도전하고, 자연의 모성 본능에 도전하고, 자식을 향한 자신의 애정에 도전한 것이기 때문에, 자연을 딛고 일어서 자유롭게 행동한 것이다. 그녀가 극악무도한 짓을 저지른 것일 수는 있으나, 원리상 그녀는 이아손에 비해서 더 드높은 곳까지 도달할 수 있는 인간이다. 왜냐하면 그녀는 자유롭고 자연의 충동에 휘둘리지 않는 인간이기 때문이다. 그러나 그 시대와 세대에 비추어 볼 때 완벽히 버젓한 아테네인으로서 완벽하게 일상적인 삶, 완전히 결백한 것도 아니지만 그렇다고 비참하게 재난을 겪은 것도 아닌 그런 일상적인 삶을 살았던 저 형편없고 속물적인 이아손은 그저 진부한 감성의 조류에 따라 이리저리 휩쓸려 다닌 인간일 뿐이다. 이런 삶은 철저히 무가치한 것이다. 메데이아는 적어도 어엿한 인간이며, 어쩌면 저 드높은 도덕적 숭고함을 성취할 수도 있었을 것이다. 이아손은 아무 사람도 아니다.

그는 이런 종류의 범주를 다른 희곡들에서도 마찬가지로 사용한 바 있다. 그의 초창기 희곡 《피에스코Fiesco》에서 동명의 주인공은 제노바의 폭군이다. 그가 잘못을 저지르고 있는 것에는 의심의 여지가 없다. 그는 제노바 시민들을 억압한다. 하지만 나쁜 짓을 저지름에도 불구하고, 그는 제노바의 악당이나 바보, 무식쟁이, 어중이떠중이보다 우월하다. 이런 자들에게는 주인이 필요하며, 그래서 그가 그들을 지배하는 것이다. 그리고 공화파 지도자 베리나가 극중에서 마침내 그렇게 했듯, 그를 물에 빠뜨려 죽인 행동이 정당하다는 데에는 의심의 여지란 없다. 하지만 그럼으로써 우리는 피에스코의 내면에 들어 있던 무언가를 잃은 것이다. 그는 그를 정당하게 살해한 사람들보다 질적으로 더 우월한 인간이다. 대략적으로 말해서 이것이 실러의 신조이며, 이것이 장차 19세기 예술에서 제 역할을 맡게 될 이른바 위대한 죄인이자 우월한 인간이라고 하는 저 유명한 신조의 시작이다.

베르테르는 아주 쓸모없이 죽었다. 샤토브리앙의 동명의 이야기에 등장하는 주인공 르네는 아주 쓸모없이 죽는다. 이들이 쓸모없이 죽은 이유는 둘 다 그들을 쓸모 있게 다룰 수 없는 사회에 속해 있기 때문이다. 그들은 잉여 인간이다. 그들이 잉여적인 이유는 그들을 둘러싼 사회의 도덕성에 비해 우월한 그들의 도덕성이 그들이 살고 있는 사회의 속물들, 노예들, 타율적인 피조물들이 제기하는 무시무시한 반대와 싸워가며 그 자신을 내세울 기회가 없기 때문이다. 우리는 그런 식으로 이해해야 한다. 이것이 특히 러시아 문학에서 찬양받은 기나긴 잉여 인간 계보의 출발점이다. 그리보예도프Griboedov의 희곡 〈차스키〉와 푸시킨의《예브게니 오네긴》에 나오는 등장인물들, 투르게네프Turgenev의 잉여 인간들, 곤차로프Goncharov의 소설《오블로모프》의 등장인물 등 러시아 문학에서 지금껏 등장한 온갖 다양한 등장인물들이 그런 잉여적인 사람들이다.《닥터 지바고》도 이에 포함된다. 이 전통의 기원이 바로 여기에 있는 것이다.

또 다른 계보도 있다. 만약 사회가 나쁘고, 합당한 도덕성을 획득하는 것이 불가능하고, 우리가 하는 모든 일이 방해받고, 어떤 일도 될 일이 없다면, 만약 진정 그러하다면 그 사회를 타도하고 파멸시켜 세상에서 사라지게 해야 하며 그런 사회에서라면 어떤 범죄든 다 허용된다고 말하는 사람들의 계보다. 이것이 도스토예프스키의 이른바 위대한 죄인의 시작이다. 이는 자유롭다는 것이 무엇인지를 진정으로 이해하는 우월한 인간이 그에 따라 운신하고자 할 때 그를 막아서게 될 가치 체계를 보유하고 있는 기성 사회를 완전히 무너뜨리고 싶어 하는 니체적인 인물상이다. 그래서 그런 사람은 그런 사회를 차라리 파괴하고 싶다. 본인이 행동할 때도 이따금 따르게 되는 그 원리들을 진실로 파괴하고 싶다. 단지 통제 불능의 급류에 휘말린 물건처럼 끊임없이 이리저리 떠다니느니 차라리 자기 파멸을 선호하고 자살을 선호한다. 이 계보는 매우 기묘하게도 칸트의 영향을 받은 실러에게서 유래한 것이다. 일면 경건주의적이고 일면 스토아적인 자신의 대단히 정통성 있는 신조가 이런 귀결을 낳았다는 사실을 칸트가 알았더라면 아마도 소름이 끼쳤을 것이다.

이것은 낭만주의 운동의 위대한 주제 가운데 하나로서, 만약 우리가 이 운동이 연대상으로 언제 발생했는지 묻는다면, 그것을 확인하는 것이 언제나 전연 어려운 일만은 아니다. 1760년대 말로 다가갈 무렵 레싱은《미나 폰 바른헬름Minna von Barnhelm》이라는 희곡을 썼다. 별로 큰 재미는 없는 이 희곡의 줄거리를 요약할 생각은 없고 다만 다음과 같은 정도만 언급하고자 한다. 이 희곡의 주인공 장교 텔하임은 푸대접을 받는 명예로운 인간이다. 그는 부당한 처사를 당했다. 그는 자신의 명예에 아주 예민한 사람인지라 자기가 사랑하고 또 자기를 사랑하는 여인과의 만남을 거부한다. 그는 자기가 실제로는 매우 순수한 사람인데도 혹시 여인이 자기를 오해해서 아주 명예롭다고는 할 수 없는 행동을 하고 다닌다고 넘겨짚을지 모른다고 추측한다. 여인이 그렇게 생각할지도 모르기 때문에, 따라서 그로서는 자신이 실제로 순수하다는 사실과 혹시라도 자신의 행위에 대한 어떤 오해가 야기할 수 있는 부정적 태도는 실제로 어느 하나도 가당치 않다는 사실이 아주 명백히 밝혀질 때에야 비로소 여인을 마주할 수 있다. 그런 사실들이 명백히 밝혀지지 않는 한, 그가 여인을 만나는 일은 불가능하다. 그는 매우 명예롭게, 그러나 꽤나 어리석게 처신한다. 레싱의 요점은 비록 그가 선한 사람이고 정말로 좋은 사람이라 하더라도, 그럼에도 아주 사리에 밝은 사람은 아니라는 것이다. 그는 오히려 몰리에르의 인간 혐오자와 별반 달라 보이지 않는다. 결국 이 희곡은 아주 행복한 결말로 막을 내린다. 알고 보니 여인이 남자 주인공 신사보다 훨씬 더 사리에 밝은 사람이기(몰리에르의 희곡에 나오는 알세스트의 친구처럼) 때문이다. 여인은 그 남자가 의기양양하게 자신의 순수성을 드러낼 만한 상황을 용케 연출한다. 그리하여 두 사람은 맺어지고 영원한 행복을 누린다. 어쨌든 우리는 그렇게 되었을 것으로 받아들인다. 그녀는 여장부이다. 그녀는 양식, 관용, 성숙성, 인도적이고 자비로운 현실 감각을 드러내며 작가를 대변한다. 텔하임은 사회가 부당하게 대우한 사람이며, 자신의 특정한 이상인 명예와 고결성을 극단적인 형태로 열렬히 추구한 사람으로서 철저히 '참여적이고engagé' 자신의 이상에 전념하는 사람이다. 사실상 실러가 사람들에게 성취하기를 바란 전부를 가진 사람이 바로 텔하임이다.

1780년대 초에 실러는《도적 떼》를 썼는데, 이 희곡의 주인공은 한번 언급한 바 있는 카를 무어이다. 무어 역시 부당한 대접을 받았으며, 그렇게 부당한 대접을 받았기 때문에 도적 떼의 우두머리가 되어 사람을 죽이고, 약탈하고, 방화를 저지르지만 결국은 스스로 정의 앞에 무릎을 꿇고 죽음을 청한다. 카를 무어는 장교 텔하임과 똑같이 영웅적인 지위로 격상된다. 따라서 만약 낭만주의의 영웅이 진정으로 등장하는 순간이 언제인지 알고 싶다면, 그런 인물은 적어도 내가 보기에 이런 인물상의 모국이라 할 수 있는 독일에서 1760년대 말과 1780년대 초 사이의 어딘가에서 등장한다. 이와 관련하여 어떤 사회학적인 이유들이 있었는지에 관해서는 설명을 시도하지 않을 생각이다.

예를 들어, 몰리에르의《인간 혐오자Le Misanthrope》에서 알세스트는 몹시도 세상에 실망한 어떤 인간이다. 그는 이 세계의 거짓되고 보잘것

없고 역겨운 가치들을 참아 낼 수 없고 거기에 적응할 수도 없다. 하지만 그는 이 희곡의 주인공이 아니다. 희곡에는 더 분별 있는 사람들이 등장하며 이들은 궁극적으로 그가 정신을 차리도록 도우려 한다. 그리고 실제로 그는 정신을 차린다. 그는 미워할 만한 사람이 아니고, 경멸할 만한 사람도 아니지만, 그는 주인공이 아니다. 굳이 말하자면 그는 희극적인 인물이다. 텔하임 역시 어렴풋이 희극적이기는 마찬가지다. 붙임성 있고, 유쾌하고, 상냥하고, 도덕적으로 매력이 있으나 어렴풋이 꼴불견이다. 1780년경에 그런 인물은 어렴풋이 꼴불견이 아니라, 그야말로 흉악한 자이다. 이것은 커다란 변화이다. 이것은 합리주의 혹은 계몽주의의 전통이라고 불릴 수 있는 이른바 공부하고 이해하고 알아내야 할 사물의 어떤 본성이 존재하며 사람들은 스스로를 파괴하든가 조롱하는 대가를 치러서라도 그런 본성에 반드시 적응해야 한다고 하는 바로 그 전통과, 이와는 반대로 인간은 자신이 전념하고자 하는 가치에 전념해야 하며 필요하다면 그것을 지키기 위해 영웅답게 목숨을 버릴 줄도 알아야 한다는 전통 사이의 엄청난 단절이다. 다른 말로 하면, 순교나 영웅주의 같은 개념들이 그 자체로 숭배할 만한 성질을 가진 것으로서 그 무렵쯤에 모습을 드러낸 것처럼 보인다.

실러의 근본적인 관점은 인간은 세 단계를 겪어 나간다는 것이다. 첫째는 그가 소위 '자연적 필요국가Notstaat'라고 부른 단계이다. 한마디로 말해 이것은 문자 그대로 '재료충동'이라 번역되는 소위 '슈토프트리프 Stofftrieb'의 형태 속에서 필요에 의해 통치되는 국가를 말한다. 여기서 '충동'이라는 말에는 오늘날의 심리학적 의미가 담겨 있다. 즉, 이 단계에서 인간은 물질적인 본성에 이끌린다. 이것은 인간이 정념과 욕망의 포로가 되는 일종의 홉스적인 정글이다. 사람들에게는 아무런 이상도 없으며 그저 서로 충돌을 빚을 뿐이다. 그래서 이 단계에서는 어떻게든 사람들을 따로 떼어 놓을 필요가 있다. 이것은 실러가 야만적이라고 부른 국가이다. 이 국가를 뒤이어 야만적이지 않은 국가가 등장한다. 이 단계에 이른 국가에서는 사람들이 이전과는 반대로 자신이 처한 조건을 개선하기 위해 매우 엄격한 원칙을 채택하고, 그런 원칙을 일종의 물신숭배의 대상으로 만든다. 실러는 매우 흥미롭게도 이를 미개한 국가라고 부른다. 그가 생각하는 야만인은 자기도 통제 못하는 정념에 충동질되는 자이다. 예를 들면 미개인은 이유도 제대로 모르면서 무턱대고 절대적 원리 같은 우상을 숭배하는 사람이다. 이런 자들은 그런 원리들이 금기이고, 그냥 그렇게 정해진 것이며, 십계명 같은 것이고, 누군가가 절대적이라고 말했고, 은밀하고 의심할 바 없는 권위의 원천에서 만들어져 나온 것들이기 때문에 숭배한다고 말한다. 이것이 그가 말하는 미개함이다. 이런 금기들이 급기야 이성적 권위를 참칭하기에 이르렀기 때문에, 이 두 번째 국가는 '이성국가Vernunftstaat'라고 불린다. 칸트와 그의 율법이 다스리는 국가인 것이다.

그러나 이는 충분치 않으며, 실러가 열망하는 세 번째 상태가 있다. 그 시대 모든 이상주의 작가들처럼 실러는 옛날 옛적에 경이로운 인간적 통일체, 즉 황금시대가 존재했다고 상상한다. 이 시대에는 정념이 이성과 갈라서지 않았고, 자유가 필연과 갈라서지 않았다. 그때 무언가 섬뜩한 일이 발생했다. 바로 노동 분업, 불평등, 문명화다. 간단히 말해서, 문화라는 것이 발생한 것이다(이것은 다소 루소의 사유 노선에 입각한 것이다). 그리고 이에 따른 결과로 제어 불가능한 욕망, 질투, 시기, 서로 편을 갈라 나눠서는 인간들, 같은 편끼리도 결국 갈라서는 인간들, 협잡, 비참함, 소외가 생겨났다. 어떻게 하면 우리가 아예 적합하지도 않고 바

람직하지도 않은 모종의 순진함이나 철부지 상태로 빠져들지 않으면서
도 이런 원형적인 상태로 되돌아갈 수 있을까? 실러에 따르면 이것은 반
드시 예술을 통해 성취되어야 한다. 예술에 의한 해방인 것이다. 그는 무
엇을 염두에 둔 것일까?

실러는 '놀이충동Spieltrieb'에 관해 말한다. 그는 인간이 스스로를 해방
시킬 수 있는 유일한 방법은 놀이하는 사람의 태도를 받아들이는 것이
다. 이것은 무슨 의미일까? 그에게 예술은 놀이의 형식이며, 그는 자기
에게 주어진 난제는 한편으로는 회피할 길 없이 긴장을 야기하는 자연
의 필연성과, 다른 한편으로는 인생을 협소하게 축소시키는 엄격한 율
법을 화해시키는 일이라고 설명한다. 유일한 해결 방법은 자유롭게 상
상하고 자유롭게 발명하는 사람의 태도를 갖는 것이다. 우리가 놀이 중
인 어린이들이라고 상상해 보자(실러 본인의 예시는 아니지만, 어쨌든 제일
단순한 예시를 든 것이다). 그러면 우리는 아메리칸 인디언으로 분장할 수
있고, 자신이 아메리칸 원주민이라고 상상한다면, 그런 의도에 따라 우
리는 아메리칸 원주민이 된 것이며 아메리칸 인디언의 규칙들을 따른다.
그리고 그럴 때 아무런 압박감도 느끼지 않는다. 아무런 압박도 가해지
지 않는 이유는 우리가 직접 그 규칙들과 우리의 역할을 고안하는 것이
기 때문이다. 우리가 만든 것은 모든 게 다 우리 것이고 우리가 만든 것
은 그 어떤 것도 우리를 제약하지 않는다. 따라서 오로지 우리가 스스로
규칙에 복종하는 피조물로 변모할 수 있을 때에만 우리는 구원받는다.
그리고 그 규칙이란 것이 타인이 우리를 위해 만든 것이어서는 안 된다.
단지 어떤 위압적인 신이나, 무시무시한 사람들이나, 혹은 칸트나 자연
그 자체가 규정한 규칙이라서 복종해야 하는 것도 아니다. 우리가 규칙
에 복종할 수 있는 것은 오로지 규칙에 복종하기로 스스로 자유로이 선

택했기 때문이어야 하고, 그러는 것이 역사와 사상가들의 지혜로부터 배움을 얻은 우리가 알고 있는 바대로 이상적인 인간의 삶을 표현하는 것이기 때문이어야 한다. 이럴 때 우리의 시각은 놀이를 즐기고 놀이를 고안하고 놀이의 규칙에 의욕과 열정과 기쁨으로 복종하는 사람의 시각과 정확히 똑같다. 한마디로 그 놀이는 우리가 직접 만들어 낸 예술 작품이어야만 하는 것이다. 이렇게 할 수 있을 때에만, 달리 말해 우리가 규칙 복종의 필연성을 거의 직감적이고, 완벽히 자유롭고, 조화롭고, 자발적이고, 자연스러운 모종의 실행으로 전환할 수 있을 때에만, 오로지 이렇게 할 수 있을 때에만, 우리는 구원을 받는다.

인간은 어떻게 서로 화해하게 되는가? 사람들은 매우 상이한 놀이를 즐길 수 있다. 그리고 이런 놀이들이 다른 어떤 것 못지않게 사람들을 크나큰 재앙에 휘몰아 넣을 수 있다. 실러는 아주 효과적이거나 아주 납득되게는 아니지만 어쨌든 칸트의 원리로 거슬러 올라간다. 만약 우리가 이성적이고, 그리스인들을 좋아하고, 조화롭고, 스스로를 이해하고, 자유가 무엇이고 도덕성이 무엇인지 이해하고, 예술적 창조의 쾌락과 천상의 기쁨이 무엇인지 이해한다면, 틀림없이 우리는 사람들을 고꾸라뜨리거나 짓밟는 게 아니라 행복하고 일체된 창조적 세계에서 공존하는 데에 똑같이 관심이 있는 다른 창조자들, 다른 예술가들과 어떻게든 조화로운 관계를 성취해 낼 것이다. 이것이 실러의 생각이 대략 목적지로 삼고 있는 종류의 유토피아이다. 아주 설득력 있는 소리로 들리지는 않지만, 어쨌든 이런 사유의 전반적인 방향성은 매우 분명하다. 한마디로, 예술가란 자기가 만든 규칙에 복종하는 자라는 것이다. 그들은 규칙을 고안하고, 창조할 대상들을 궁리한다. 소재는 자연이 제공할 수도 있지만, 다른 모든 것은 그들이 만든다.

이것이 내가 보기에는 인간 사유의 역사에서 결정적인 한 대목으로 여길 만한 주장이 처음 도입되는 순간이다. 즉, 이상, 목적, 목표는 직관이나 과학적 수단이나 신성한 문헌의 독해나 전문가 혹은 권위자의 말을 경청함으로써 발견되는 것이 아니다. 이상은 결코 발견하는 것이 아니라 고안하는 것이다. 찾아내는 것이 아니라 예술이 생성되듯 생성하는 것이다. 실러는 새들이 우리에게 영감을 준다고 말한다. 왜냐하면 비록 잘못된 생각이지만 우리 생각에 새들은 중력을 지배하고 필연성을 극복하며 날아오르는데 우리는 그럴 수 없기 때문이다. 꽃병은 우리에게 영감을 주는데, 왜냐하면 꽃병은 무정한 물질을 물리치고 거둔 개가이기 때문이다. 이렇게 말해도 괜찮다면, 그것은 물질을 이긴 형상의 승리이다. 하지만 그 형상은 자유롭게 고안된 형상이며 칼뱅주의자나 루터주의자나 다른 종교 혹은 세속적인 폭군이 부과한 엄혹한 형상이 아니다. 이렇게 해서 고안된 형상들, 인간이 만든 이상들에 대한 열정이 생겨난다. 옛날 옛적에 우리는 완전체였고, 우리는 그리스인들이었다(이것은 그리스인에 대한 위대한 신화로서 역사적으로 볼 때 무척 불합리한 것임에 틀림이 없으나, 이런 신화가 실러, 횔덜린, 헤겔, 슐레겔, 마르크스 등 정치적 무력감에 빠져 있던 독일인들을 지배했다). 우리는 햇살 아래 뛰노는 어린이들이었다. 우리는 필연과 자유를, 정념과 이성을 구분하지 않았다. 이때는 행복하고 순수한 시간이었다. 그러나 그런 시간은 지나갔고, 순수성은 사라졌다. 삶은 더는 우리에게 그런 것들을 제공하지 않는다. 우리가 지금 우주를 설명한답시고 제공받는 것은 냉혹한 인과의 쳇바퀴 말고는 없다. 따라서 이제는 우리의 인간성을 다시 주장해야 하고, 우리 자신의 이상들을 창안해야 한다. 그런 이상들은 창안된 것이기 때문에 자연과 대립적이며 자연의 일부가 아니라 오히려 자연과 충돌한다. 따라서 이상주의, 즉 목적의 창안은 곧 자연과의 단절을 뜻한다. 그리고 우리의 과제는 자연을 변모시키고 우리 자신을 교육시켜서 아주 쉽게 변하지는 않는 우리 자신의 타고난 본성이 아름답고 마찰 없는 방식으로 그런 이상을 따르고 구현할 수 있게 하는 것이다.

그가 남긴 것은 여기까지이다. 실러가 남긴 이 유산은 나중에 낭만주의자들의 영혼에 아주 깊게 스며든다. 이들 훗날의 낭만주의자들은 조화라는 개념도 버리고 이성이라는 개념도 버리고, 앞서 언급한 바와 같이, 대단히 고삐 풀린 상태가 되는 사람들이다.

여기서 반드시 한마디를 해야만 하는 세 번째 사상가는 피히테이다. 그는 철학자로서 칸트의 사도이며 다음과 같은 전형적인 인용구가 잘 보여 주는 바와 같이, 저 자유라는 개념에 특히나 더 열정적인 해설을 추가한 인물이기도 하다. "단지 '자유'라는 이름의 언급만으로도 그 앞에서 내 마음은 활짝 열리고 꽃이 피어오른다. 한편 '필연'이라는 단어 앞에서 내 마음은 고통스럽게 위축된다." 이것은 그가 기질적으로 어떤 종류의 사람인지 보여준다. 그리고 실제로 그는 이렇게 말했다. "한 인간의 철학이 곧 그의 본성으로 존재하는 것이지, 그의 본성이 그의 철학으로 존재하는 것은 아니다." 헤겔은 자연의 영원한 법칙과 그것의 엄혹한 필연성에 대한 생각만으로도 침울해지고, 전율하고, 질색해 하는 피히테의 성향을 언급했다. 이런 완고한 질서, 이 깨지지 않는 대칭성, 만물이 만물의 뒤를 이어 어떤 불가항력적이고, 질서 있고, 전적으로 변경 불가능한 방식으로 생겨나는 그런 도피할 곳 없는 유형의 세계를 생각하면 기질적으로 우울해지는 사람들이 있다. 피히테가 바로 그런 사람들에 속했다.

낭만주의 사상에 대한 피히테의 공헌은 이런 것이다. 그는 이렇게 말한다. 만약 우리가 단지 사색하는 존재로서 무엇을 해야 하느냐, 어떻게 살아야 하느냐 같은 질문에 대한 답변을 지식의 영역에서 요청한다면, 우리는 결코 그 답을 발견하지 못할 것이다. 우리가 결코 답을 발견하지 못하는 이유는 단지 지식이란 늘 더 큰 어떤 지식을 미리 전제하기 때문이다. 즉, 우리가 한 명제에 도달하여 그 근거를 요청하면, 어떤 다른 지식, 어떤 다른 명제가 처음의 그 명제를 정당화하기 위해 소환될 것이다. 그러면 이번에는 새로 소환된 그 명제의 정당화가 필요해지고, 그 생각을 뒷받침하려는 취지에서 더 광범위한 일반화가 필요해진다. 그리고 이 과정은 무한히 계속된다. 따라서 이런 탐구의 과정에 끝은 없으며, 우리는 결국 스피노자적인 체계로 끝을 내고 만다. 기껏해야 이 체계는 운동의 여지란 존재하지 않는 단지 엄격하고 논리적인 단일체일 뿐이다.

이것은 참이 아니라고 피히테는 말한다. 우리의 삶은 사변적인 지식에 의존하지 않는다. 삶이란 대상들의 본성을 초연히 사색하는 데서 시작하지 않는다. 삶은 행동과 더불어 시작한다. 나중에 윌리엄 제임스와 베르그송과 다른 많은 이들이 반복해서 주장하는 바와 같이 지식은 그저 도구일 뿐이다. 지식은 효율적인 삶과 행동이라고 하는 목적에 도움을 주기 위해 자연이 제공한 도구일 뿐이다. 지식은 생존법을 아는 것이며, 무엇을 해야 할지, 어떻게 그렇게 될지, 어떻게 사물들을 우리의 용도에 맞게 길들일지를, 다른 말로 하면, 한마디로 어떻게 살아야 할지를 (그리고 소멸하지 않기 위해 무엇을 해야 할지를) 모종의 수면 상태에서 사실상 본능적인 방식으로 아는 것이다. 세계 안에 있는 특정 사물들을 다짜고짜 수용하게 되는 이 지식은 우리로서는 어찌할 도리도 없는 것이고 생물학적인 충동과 생활의 필요성 안에 미리 전제되어 있는 것이기 때문에 피히테가 보기에는 그저 신앙 행위의 일종일 뿐이다. 그는 이렇게 말한다. "우리는 알기 때문에 행동하는 게 아니다. 행동해야 하므로 아는 것이다." 지식은 어떤 비활성의 상태가 아니다. 외부 자연은 우리에게 영향을 주고 우리를 가로막지만, 그래 봐야 우리의 창조에 사용되는 찰흙일 뿐이다. 그렇게 해서 우리가 창조한다면 우리는 다시 자유를 얻는 것이다. 그런 다음 그는 중요한 명제 하나를 제시한다. 사물들이 지금의 모습을 하고 있는 것은 그것들이 우리와 완전히 별개로 있어서가 아니라, 내가 그렇게 만들기 때문이다. 사물들은 내가 그것들을 대하는 방식, 내가 그것들을 필요로 하는 목적에 의존한다. 이것은 아직 이른 시기이지만 지극히 큰 영향력을 지닌 일종의 실용주의에 해당한다. 음식은 나의 갈망의 대상이 되는 것이 아니라 나의 굶주림이 그것을 음식으로 만드는 것이다. 그는 이렇게 말한다. "나는 음식이 내 옆에 놓여 있기 때문에 그것을 갈망하는 것이 아니다. 내가 배가 고프기 때문에 그 대상은 음식이 되는 것이다." "나는 자연이 제공하는 것을 내가 꼭 받아들여야만 하기 때문에 받아들이지는 않는다." 그것은 동물들이나 하는 짓이다. 나는 발생하는 일들을 마치 일종의 기계처럼 자동적으로 기록하지 않는다. 로크나 데카르트는 인간이 바로 그런 일을 한다고 말했지만, 그것은 거짓이다. "나는 자연이 제공하는 것을 내가 꼭 받아들여야만 하기 때문에 받아들이지는 않는다. 나는 내가 그것을 믿을 것이기 때문에 믿는다."

누가 주인인가, 자연인가 나인가? "목적에 의해 내가 결정되는 것이 아니라 나에 의해 목적이 결정된다." 한 주석가의 말을 빌리자면, "세계는 그래서 내면의 삶이 꿈꾸는 시이다." 이것은 경험이란 내가 행동함으로써 내가 결정한 그 무엇임을 매우 극적이고 매우 시적인 방식으로 표현한 것이다. 내가 특정한 방식으로 살고 있기 때문에, 사물들이 내게 특정한 방식으로 나타나는 것이다. 작곡자의 세계는 도살업자의 세계와는 다르다. 17세기 인간의 세계는 12세기 인간의 세계와 다르다. 공통점이 일부 있을 수 있으나, 그가 보기에는 어쨌든 공통적이지 않은 요소가 더 많고, 그런 공통적이지 않은 요소가 더 중요한 것들이다. 그래서 슐레겔은 이렇게 말했다. "도적들은 내가 낭만주의적인 자들로 만들기 때문에 낭만주의적인 자들이다. 그 무엇도 본성상 낭만주의적인 것은 없다." 자유는 행동이지 어떤 사변적 상태가 아니다. 극작가 에른스트 라우파흐 Ernst Raupach의 말마따나 "자유롭다는 것은 아무것도 아니다, 자유로워지는 것은 다름 아닌 천국이다." 나는 시를 쓰듯이 나의 세계를 만든다. 하지만 자유는 양날의 검이다. 즉, 나는 자유롭기 때문에 다른 사람들을 박멸할 수 있다. 자유는 악행을 저지를 수 있는 자유이다. 야만인들을 서로를 죽인다. 선견지명이 있고 법과 통일성과 문화의 힘을 활용하는 문명화된 나라들은 심지어 서로를 멸절하는 지경까지 이를 것이라고 피히테는 말한다. 문화는 폭력의 억제책이 아니다. 이것은 18세기 전체가 거의 한 목소리로 거부하고 나설 만한 진술이었다(물론 예외들도 있지만). 18세기에는 문화가 폭력의 억제책이었다. 왜냐하면 문화는 지식이고 지식은 폭력이 권장할 만한 게 못 된다는 것을 입증했기 때문이다.* 피히테의 생각은 달랐다. 유일한 폭력 억제책은 문화가 아니라 모종의 도덕적 쇄신이다. "인간은 무언가가 되어서 무언가를 해야 한다."

피히테의 전체적인 생각은 인간이란 일종의 지속적 행위 그 자체라는 것이다. 아예 행위자라는 말도 쓰지 않는다. 인간이 자신의 완전한 높이로까지 자라나기 위해서는 끊임없이 생성하고 창조해 나아가야 한다.

---

* 스코틀랜드의 저술가 퍼거슨(Ferguson)은 이런 주장을 거부했고, 어쩌면 버크도 그랬을 것이다. 하지만 다른 누가 또 그리했던가?

창조하지 않는 인간, 단지 삶이나 자연이 제공하는 것만 받아들이는 인간은 죽은 자이다. 이 말은 인간에게만 적용되는 게 아니라 국가에도 적용된다(여기서 피히테 신조의 정치적 함의까지 파고들어 가지는 않을 생각이다). 피히테는 개인들에 대한 논의로 시작했다. 그러면서 개인이란 무엇인지, 어떤 사람이 완벽하게 자유로운 개인일 수 있는지 자문했다. 우리가 공간에 갇힌 3차원적 대상인 한 완벽히 자유로워질 수 없는 것은 명백하다. 왜냐하면 자연은 우리를 그야말로 수천가지 방법으로 가두어놓기 때문이다. 따라서 완전히 자유로운 유일한 존재란 인간보다 더 큰 내재적인 무언가다. 비록 내가 내 몸을 내 마음대로 할 수는 없지만, 내 정신은 그럴 수 있다. 피히테에게 정신이란 개별적인 인간의 정신이 아니라 많은 사람이 공유하는 그 무엇이다. 많은 사람이 공유하는 이유는 개개의 정신은 불완전하며 그것이 거주하고 있는 특수한 신체에 에워싸인 채 어지간한 제약을 받기 때문이다. 하지만 우리가 순수한 정신이 무엇이냐고 묻는다면, 순수한 정신이란 모종의 초월적 존재자이자(신에 더 가까운) 한 가운데서 타오르는 횃불인 것이다. 우리 모두는 그 횃불에 동참한 개별적인 불꽃들이다. 이것은 최소한 뵈메Böhme[16-7세기 독일의 신비주의 사상가]로 거슬러 올라가는 신비적인 개념이다.

　　나폴레옹의 침략과 독일 민족주의 정서의 전반적인 부상 이후에 피히테는 점차 헤르더가 인간에 대해 언급했던 말들이 어쩌면 참이겠다고 생각하기 시작했다. 인간은 다른 인간에 의해 인간으로 만들어지는 것이다. 인간은 교육과 언어를 통해 인간으로 만들어진다. 언어는 내가 발명한 것이 아니라 다른 사람들이 발명한 것이다. 나는 내가 하나의 요소로 참여한 어떤 공동의 흐름 같은 것의 일부분이다. 나의 전통, 나의 관습, 나의 시각, 나에 관한 모든 것은 어느 정도는 하나의 유기적 통일체를 나와 함께 형성하고 있는 다른 사람들의 창조물이다. 이렇게 해서 그는 점차 우주 안의 경험적 인간으로서의 개인이라는 개념에서 벗어나 이를테면 국가나 계급이나 분파처럼 무언가 더 큰 것으로서의 개인이라는 개념으로 이동했다. 일단 그쪽으로 이동하고 나면 행동도 그쪽 소관이 된다. 자유도 그쪽 소관이 된다. 그리고 한 국가가 자유롭다는 것은 다른 국가들로부터 자유롭다는 것이고 만약 다른 국가가 자유를 훼방한다면 전쟁을 치를 수밖에 없다.

이렇게 해서 피히테가 도착한 종착점은 열광적인 독일의 애국자 겸 민족주의자이다. 만약 우리가 자유로운 국가이고, 또한 우리가 실제로 역사가 우리에게 부과한 저 위대한 가치들의 창조에 참여하는 위대한 창조자라면(왜냐하면 우리 독일은 라틴 국가들을 덮친 것 같은 엄청난 퇴폐 때문에 타락한 적이 용케도 없기 때문이다), 그리고 만약 우리가 의심의 여지없이 훌륭했던 과거 로마 문명의 파편 부스러기에 불과한 저들 퇴폐적인 인간들보다 용케 더 젊고 더 건강하고 더 원기 왕성하다면(그리고 여기에서 다시 반불감정反佛感情, Francophobia이 등장한다), 우리는 자유로워야 한다. 정말로 이것이 지금 우리의 모습이라면, 우리는 어떤 값을 치르더라도 자유로워야 한다. 따라서 세계가 절반은 노예 신세고 절반만 자유로운 경우란 있을 수가 없기 때문에, 우리는 다른 이들을 정복해서 우리의 피륙 안에 흡수해야 한다. 자유롭다는 것은 방해물로부터 자유로운 것이며, 자유롭다는 것은 무엇이든 마음대로 하는 것이며, 자유롭다는 것은 우리가 엄청난 창조의 충동을 완전히 발산할 때 그 무엇으로부터도 훼방받지 않을 수 있다는 것이다. 이렇게 해서 우리는 거창한 민족주의적 집단 충동 혹은 계급 고취적 집단 충동이라고 하는 바로 그 개념이 전면에 나서기 시작한 연유들을 얻게 된 것이다. 이 신비적 개념에 따르면 사람들은 동결되어 있지도 않고, 죽어 있지도 않고, 정적인 자연이건, 제도건, 도덕원리건, 정치원리건, 예술적 원리건 혹은 자기들이 만든 것도 아니고 항구적인 유동적 변형의 과정에 있지도 않은 그 어떤 것에 의해서도, 정적인 그 어떤 것에 의해서도 억압받지 않아야 한다는 목표를 향해 창조적으로 돌진한다. 이것은 고쳐된 개인 혹은 고쳐된 국가의 역할을 향해 나아가려는 거대한 충동의 출발점이다. 마치 영구적으로 자체 갱신하는 일종의 거대한 우주적 설계인 것처럼, 끊임없이 스스로를 새롭게 창조하고, 끊임없이 스스로를 정화하고, 끝없는 자기 변신과 끝없는 자기 창조, 스스로를 창조하는 일에 끊임없이 매달리며 전진, 또 전진하는 예술 작품들의 어떤 전대미문의 드높은 탁월성에 이르고자 열망하는 것이다. 칸트가 자신의 건전한 지면에 등장시켜 가능한 최대의 노기와 열성을 갖고 논박했던, 절반은 형이상학적이고 절반은 종교적인 이 개념은 장차 독일의 정치와 독일의 정신 둘 다에 지극히 폭력적인 효과를 불러오게 된다. 그뿐만 아니라 독일의 예술, 독일의 산문, 독일의 운문에도 마찬가지였다. 그리고 나서는 자연스러운 전이를 통해 프랑스인들과 영국인들에게도 또한 영향을 주었다.

5

고삐 풀린 낭만주의

이제 나는 고삐 풀린 낭만주의의 최종적인 분출에 당도했다. 이 운동에 관해 가장 권위 있게 글을 썼으며 실제로 그 자신이 운동의 일부이기도 했던 프리드리히 슐레겔에 따라, 미학적인 측면만이 아니라 도덕적이고 정치적인 측면에서도 전체 운동에 가장 심원한 영향을 미쳤던 세 요인을 순서대로 말하자면, 피히테의 지식학, 프랑스 혁명, 그리고 괴테의 유명한 소설《빌헬름 마이스터 Wilhelm Meister》이다. 이것은 합당하게 파악한 요인들로 보이며, 어째서 그리고 어떤 의미에서 그렇게 보는지 이제 분명히 밝혀보고자 한다.

피히테를 언급하면서 나는 그가 활동적이고 역동적이고 상상력 풍부한 자아를 찬양한 인물이라고 이야기한 바 있다. 피히테가 이론 철학과 예술 철학에 불러일으킨 혁신은(어느 정도는 삶 그 자체에까지) 대략 이런 것이었다. 그는 자기 자신에 관해 이야기한다는 것이 도대체 무슨 의미일지 조금 문제가 있다는 18세기 경험주의자들의 관점을 수용했다. 흄은 사람들이 보통 그러듯 자기 내면을 들여다 볼 때, 즉 이른바 내성을 할 때, 아주 많은 감각들, 감정들, 기억의 파편들, 희망과 공포 같은 온갖 종류의 자잘한 심리적 단위들을 발견하지만 마땅히 자아라고 부를 수 있을 법한 그 어떤 존재도 지각할 수 없다고 말한 바 있었다. 따라서 그는 자아란 직접적 지각의 대상이 되는 어떤 '것'이 아니라 아마도 연쇄적인 경험들을 가리키는 이름으로 여겨지며 바로 그런 것들로부터 인간의 성격과 인간의 역사가 만들어지는 것이라고 결론 내렸다. 양파들을 한데 묶고 있는 일종의 끈 같기는 하나, 단, 그런 끈은 실제로는 없다는 것이다.

칸트는 이 명제를 일단 받아들였으나 그러고 나서 모종의 자아를 되찾기 위한 영웅적인 노력을 기울였다. 하지만 이 문제에 칸트보다 훨씬 더 열정적이었던 사람들은 특히 피히테 같은 독일 낭만주의자들이었다. 피히테는 인지 활동 중에 자아가 모습을 드러내서는 안 되는 게 너무도 당연하다는 신조를 강하게 주장했다. 우리가 어떤 대상에 완전히 푹 빠지는 경우를 생각해 보라. 자연의 물질적 대상을 바라볼 때나 음악이나 다른 무언가의 소리에 귀를 기울일 때나 혹은 우리 앞에 어떤 사색의 대상이 존재해서 거기에 완전히 푹 빠져드는 그 어떤 다른 종류의 과정 중에 처해 있건 간에, 그럴 때 당연히 우리는 그렇게 푹 빠져 있는 자로서 자기 자신을 의식하지 못하는 지경에 이른다. 우리는 모종의 저항 같은 것이 있을 때나 자아를 의식하게 된다. 우리는 나 자신을 대상으로 의식하는 것이 아니라 완강한 실재에 의해 강제된 그 무엇으로 의식하게 된다. 무언가를 보고 있는데 무언가가 방해할 때, 무언가 듣고 있는데 모종의 방해물이 있을 때, 우리가 지금 이해해 보려고, 느껴 보려고, 어쩌면 지배하거나 정복하거나 고쳐 보거나 어떤 모양으로 만들어 보려고 하는 그것과는 다른, 어쨌든 무언가 조치를 취하든 아니면 그걸로 무언가를 해보려 하는 그 비非자아와는 다른 어떤 존재자로서 우리의 자아를 의식하게 하는 것이 바로 그 방해물이 미친 영향이다. 따라서 당시 낭만주의 운동뿐만 아니라 그밖에 심리학의 상당 영역에서도 공인된 신조가 된 피히테의 신조는 '나I', '자아self'의 의미는 목적격 표현인 '나me'와는 다르다는 것이다. 목적격으로 쓰인 '나me'는 의심의 여지없이 내성 가능하며, 그것을 대상으로 심리학자들이 논의하고 과학 논문을 쓸 수도 있다. 모종의 내성의 대상이자 연구의 대상이고 심리학, 사회학 등 학문적 논의의 대상인 것이다. 그러나 일종의 비목적격으로서의 '나I', 원초적 주격으로서 '나'가 있으며, 우리는 무언가로부터 영향을 받게 될 때 인지 작용 중에는 전혀 의식되지 않던 그 '나'를 비로소 의식하게 된다. 이것을 피히테는 '안슈토스Anstoß', 즉 동인動因이라고 부른다. 그는 이것을 모든 경험을 지배하는 근본 범주로 보았다. 즉 세계가 존재한다고 생각하는 이유가 무엇인지, 우리가 미혹에 빠진 게 아니라고 생각하게 된 이유가 무엇인지, 오직 나만이 홀로 존재한다고 하는 유아론은 참이 아니며 세상 만물이 전부 다 나의 상상력이 지어낸 허구이거나 혹은, 어쨌든 다른 어떤 식으로건 완전히 망상적이고 기만적인 것은 아니라고 생각하게 된 이유가 무엇인지 자문한다면, 그 답은, 우리는 나와 내가 원하는 것 사이에, 나와 내가 되고자 소망하는 것 사이에, 나와 내가 나의 인격을 부과하고 싶어 하나 그러려는 만큼 그 부과에 저항하는 재료 사이에 모종의 충돌 혹은 불일치가 발생한다는 사실을 의심할 수 없다는 것이다. 바로 이 저항 속에서 자아와 비자아가 모습을 드러낸다. 그런 비자아가 없다면 자아는 아무런 의미가 없다. 자아가 아무런 의미가 없다면 비자아도 아무런 의미가 없다. 이것은 가장 근본적이고 가장 기초적인 으뜸 자료로서 나머지 모든 것은 뒤이어 이에 수반되거나 이로부터 연역

될 수 있을 뿐이다. 여러 과학 분야가 서술하고 있는 세계는 이 절대적으로 으뜸가는 환원 불가능한 근본 자료와의 관계 속에서 인공적으로 세워진 것이며, 그 자료란 경험에 관한 것도 아닌, 다만 존재에 관한 것일 뿐이다. 이것이 대략 피히테의 신조이다.

이로부터 그는 그 전체적인 거대한 통찰을 확장하여 결국은 낭만주의자들의 상상력을 사로잡기에 이른다. 이에 의하면, 내가 설명하려 한 바와 같이, 시간을 들일 만한 가치가 있는 유일한 활동은 개개의 특유의 자아에 씌워진 껍질을 벗겨 내는 일이며 그러한 자아가 수행하는 창조적 활동, 물질에 대한 형상의 부과, 다른 사물들에 대한 통찰, 가치의 창조와 그런 가치에 대한 헌신이다. 이는 앞서 내가 암시했던 바와 같이 정치적 함의를 갖는다. 만약 자아가 더 이상 해당 개인과 동일시되지 않고 공동체나 교회나 국가나 계급 같은 어떤 초인격적 존재와 동일시된다면, 그런 자아는 전진 앞으로 돌격해 들어가는 거대한 의지가 될 것이고 자신의 특별한 인격을 외부 세계와 그것의 모든 구성 요소에 부과할 것이다. 개개의 사람들도 그런 구성 요소에 해당할 수 있다. 그러므로 사람들의 역할은 단지 훨씬 더 크고 훨씬 더 인상적이며 역사적으로 훨씬 더 영속적인 인격의 구성 요소나 그 안의 일부분이 하는 역할로 축소된다.

나폴레옹이 프로이센을 점령했을 때 피히테가 독일 국민에게 고한 유명한 연설 중에서 한 구절을 인용해 보자. 아주 많은 사람들 앞에서 했던 연설도 아니었고 사람들이 이 연설을 듣고 그 자리에서 큰 감명을 받은 것도 아니었다. 하지만 나중에 이 연설문을 읽었을 때 사람들에게 거대한 민족주의적 감정이 끓어올랐고, 이어서 독일인들은 이 글을 19세기 내내 찾아 읽게 되었다. 그리고 급기야 1918년 이후로는 그들의 성서가 되었다. 문제의 논조가 과연 어떠했으며 피히테가 이 시기에 어떤 종류의 프로파간다를 열심히 펼치고 있었는지 보자면 이 짧은 연설 원고본의 일부 대목만 조금 인용하는 것으로 충분하다.

여러분은 인간에게 이를테면 자유, 완벽성, 우리 종의 무한한 진보 같은 어떤 원형적인 원리가 있다고 믿든지, 아니면 그런 것은 도무지 어떤 것도 믿지 않을 수 있습니다. 여러분은 그런 것과는 정반대인 감정이나 모종의 직관 같은 것을 가질 수도 있을 것입니다. 자기 안에 창조적인 생명의 소생력을 지니고 있는 모든 이들, 아니면 혹은 적어도 그런 재능이 보류되어 있다고 추정하여 장차 원형적인 생명과 장엄한 급류의 흐름 속에 휘말리게 될 순간을 기다리고 있거나, 혹시 그런 자유에 대해서 어떤 혼란스러운 예감을 갖고 있으면서 그 현상을 바라보며 증오나 공포가 아닌 사랑의 감정을 갖고 있는 모든 이들, 이런 사람들이 바로 원초적 인류의 일원인 것이며, 이들은 참된 민족으로 여길 수 있을 것이며, 이들이 바로 '우어폴크Urvolk', 즉 원민족을 형성합니다. 그들은 다름 아닌 독일인입니다. 반면에 오로지 파생적인 것들, 헌 물건들만 마음에 떠올리려고 스스로를 내팽개치고, 스스로에 대해서조차 이런 방식으로 생각하는 모든 이들은 결국 그런 결말이 되어서 그들 믿음의 대가를 치르게 될 것입니다. 그들은 그저 삶의 부록일 뿐입니다. 그들의 면전에 흘러나왔고 여전히 주변에 흐르고 있을지도 모를 저 순수한 광천은 그런 자들의 위한 것이 아닙니다. 그들은 저 먼 바위에서 비롯된, 지금은 고요한 목소리에서 비롯된 메아리일 뿐입니다. 저들은 '원민족'에서 제외됩니다. 저들은 그저 이방인이고 외부인일 뿐입니다. 오늘날까지 '독일인'이라는 이름을 보유하고 있는 그 국민은 가장 다채로운 분야에서 창조적이고 독창적인 활동의 증거를 끊임없이 제공하고 있습니다.

그는 그런 다음 이렇게 말한다.

그리고 이것이 내가 채택한 배제의 원리입니다. 정신적 실재를 믿고, 정신의 삶의 자유를 믿으며, 자유에 힘입은 정신의 영원한 진보를 믿는 이들이라면 어느 땅에서 태어났건 어느 말을 쓰건 상관없이 전부 다 우리 종족의 일원이며, 지금이 아니라도 조만간 우리 종족에 합류할 것입니다. 포박된 존재, 퇴보, 영원한 윤회를 믿는 모든 자들, 생명 없는 자연을 믿고 그런 자연에게 세계의 실권을 쥐어 주려는 자들이라면 태어난 나라가 어디건 무슨 말을 쓰건 독일인이 아닙니다. 우리에게 그들은 낯선 자들이며, 언젠가는 그자들이 우리 민족과 완전히 절연되기를 희망하게 될 겁니다.

공정하게 피히테를 평가하자면, 이 연설은 자민족중심주의에 빠진 한 독일인의 장광설이 아니었다. 왜냐하면 그는 헤겔과 마찬가지로 독일인이라는 말로 모든 게르만 민족들을 의미했기 때문이다. 그래 봤자 그의 견해가 아주 썩 나아지는 것은 아마도 아니겠으나, 그래도 조금은 나아질 것이다. 이 범주에는 프랑스인이 포함되고, 영국인도 포함된다. 북유럽 국민들도 모두 포함되며, 지중해 민족 중 일부도 포함된다. 그런 점을 감안해도 어쨌든 이 장광설의 정수는 단지 애국심도 아니고, 단지 나폴레옹의 말발굽에 짓밟혀 시들어 가는 독일 정신을 분발시키려는 시도도 아니다. 골자는 산 자와 죽은 자, 메아리인 자와 목소리인 자, 부록이나 별관인 자와 진짜 본문, 진짜 본관인 자 간의 저 뚜렷한 구분이다. 이것은 피히테의 근본적인 구분으로서 1770년대 후반에서 1780년 초반 언저리에 태어난 아주 많은 젊은 독일인들의 마음을 홀려 놓았다.

근본 착상은 '나는 생각한다, 고로 존재한다cogito ergo sum'가 아니라 '나는 의욕한다, 고로 존재한다volo ergo sum'이다. 매우 신기하게도, 거의 동시대에 저술 활동을 했던 프랑스의 심리학자 맨드비랑Maine de Biran이 같은 종류의 심리학을 발전시키고 있었다. 그의 이론은 한 인간으로서의 특성이란 오로지 노력하고 시도하고 장애물에 덤벼들어 나 자신을 온전히 느끼게 될 때에만 체득된다는 것이었다. 다른 말로 하면, 우리는 저항이나 대치의 순간에서만 나 자신을 제대로 느낀다는 것이다. 정복욕과 반항심이야말로 이런 순간이 하나의 이상에 이른 것이다. 이것은 사생활에서건 공적인 삶에서건 마찬가지이다.

피히테보다 어린 동시대 인물로서 다소 비슷한 면도 있지만 어떤 면에서는 심원한 차이를 보이는 셸링의 신조에 관해 몇 마디 언급하고자 한다(물론 셸링을 그렇게 대충 언급하고 지나가는 것은 부당한 처사이기는 하지만). 셸링은 콜리지에게 가장 큰 영향을 준 사상가였고, 독일 사상에도 마찬가지로 깊은 영향을 끼쳤다. 하지만 오늘날 그를 읽는 사람은 거의 없다. 부분적인 이유를 들자면 오늘날 보기에 그의 저작들은 대부분 납득하기 어려운 건 둘째 치고 너무나도 불분명하기 때문이다.

살아 있는 인간 의지의 원리를 자연과 대비시킨 피히테와 달리 셸링은 신비주의적인 생기론을 주장했다. 어느 정도는 칸트도 마찬가지지만 피히테의 관점에 따르면 자연이란 딱 들어맞는 어떤 조화의 대상이라기보다는 죽어 있는 재료로서 틀 속에 집어넣어져야 하는 대상이다. 셸링에게 자연은 그 자체로 살아 있는 그 무엇으로서 정신적 자기 발전의 일종이다. 그는 세계를 맹목적 무의식의 상태에서 시작해 점차 그 자신에

〈1807년 2월 9일 아일라우 전투를 치르고 있는 나폴레옹 1세〉,
앙투안 장 그로스Antoine-Jean Gros 작.

대한 의식에 이르는 것으로 보았다. 그가 말한 것처럼, 가장 신비로운 시초에 어둠에서 출발하여 무의식적 의지를 발전시켜 나간 것이 점차 자의식으로 성장하는 것이다. 자연은 무의식적인 의지이다. 인간은 그 자신에 대한 의식에 도달한 의지이다. 자연은 다양한 의지의 단계를 드러낸다. 자연의 모든 단계는 특정 발전 단계에 있는 의지이다. 우선, 바위와 땅 같은 것은 전면적인 무의식 상태의 의지이다(이것은 오래된 르네상스의 신조로서, 더 멀리까지 갈 것도 없이, 영지주의에 그 원천이 있다). 그러다가 점차 그런 것에서 생명이 시작되고, 초기 생명인 최초의 생물학적 종이 등장한다. 그런 다음 식물이 생겨나고 뒤이어 동물이 등장한다. 여기서 점차 진보하는 자의식, 모종의 목적 실현을 향해 점차 진보하는 의지의 박동이 들려오기 시작한다. 자연은 무언가를 얻고자 분투하지만 자신이 분투 중임을 자각하지 못한다. 인간은 분투하기 시작하고 자기가 얻어 내려고 분투 중인 대상을 자각하기 시작한다. 자기가 얻어 내려 분투하고 있는 대상을 성공적으로 얻어 냄으로써 인간은 전체 우주에 그 자신에 대한 더 고차원적인 의식을 끌어낸다. 셸링에게 신이란 일종의, 의식의 자기 발전 원리이다. 그렇다, 그는 신이 알파이자 오메가라고 말했다. 알파는 무의식적이고 오메가는 제 자신에게 이른 충만한 의식이다. 신은 일종의 진보적 현상이고 창조적 진화의 한 형태이다. 실제로 이런 생각은 베르그송이 제기했던 것인데, 우리는 셸링에게서 베르그송이 주장한 대부분의 신조를 이미 찾아볼 수 있다.

이 신조는 독일의 미학과 예술 철학에 매우 심원한 영향을 끼쳤다. 왜냐하면 자연의 만물이 다 살아 있는 것이고 우리는 단지 그런 자연에서 가장 자의식적인 대표자들일 뿐이라면, 예술가의 기능은 자기 속으로 더욱 깊게 파고들어 가는 일이 될 것이기 때문이다. 무엇보다도 자기 안

186

에서 꿈틀대는 어둡고 무의식적인 힘들을 더욱 깊게 파고들어야 한다. 가장 고통스럽고 폭력적인 내면의 투쟁을 통해 그런 힘들을 의식으로 끌어올려야 한다. 그것이 바로 셸링의 신조이다. 자연도 이런 일을 한다. 자연 안에서는 투쟁이 벌어진다. 셸링은 모든 화산의 분출, 자기력과 전기력 같은 모든 현상을 맹목적인 신비의 힘들이 벌이는 자기주장의 투쟁으로 해석했다. 단, 인간의 경우는 그런 힘들이 반은 의식적이라는 점만 다르다. 그가 보기에 조금이라도 가치 있는 유일한 예술 작품들이란 (그리고 이 신조는 콜리지만이 아니라 뒤이어 다른 예술비평가들에게도 영향을 주었다) 전적으로 의식적이지는 않은 생명의 맥박을 전달한다는 점에서 자연과 유사한 그런 작품들이다. 완전히 자의식적인 예술 작품이란 그가 보기에 일종의 사진과 같은 것이다. 단지 복제이고, 단지 한 조각의 지식에 지나지 않는 예술 작품, 단지 과학처럼 조심스레 관찰하고 뒤이어 더없이 명료하고 정확하고 과학적인 방법으로 자신이 목도한 것들을 견실한 용어들로 기록한 산물로서의 예술 작품이라면 그것은 한마디로 죽음이다. 예술 작품에서 생명이란 우리가 자연에서 존중하는 것들, 이른바 모종의 권능, 힘, 에너지, 생명, 만개하는 활력 등과 유사한 것이며 또한 그런 것들과 예술 작품이 공유하고 있는 모종의 특질이기도 하다. 그것이 바로 위대한 초상화, 위대한 조각상, 위대한 음악 작품이 위대하다고 불리는 이유이다. 왜냐하면 우리는 그런 작품들에서 단지 그 겉모습이나 기법이나 아무래도 예술가가 의식적으로 부과했을 수 있는 형식 같은 것들만 보는 것이 아니라, 예술가 본인도 완전하게 자각하지 못했을 수 있는 그 무엇도 보기 때문이다. 그것은 그의 내면에서 뛰고 있는 모종의 무한한 정신의 박동이며, 그 예술가는 어쩌다 보니 이 무한한 박동의 유달리 또렷하고 자의식적인 대변자가 된 것이다. 이 정신의 박동이란 또한 낮은 차원에서는 자연의 박동이기도 하므로, 예술 작품은 그것을 특정한 자연 현상으로 바라보거나 귀 기울이는 사람에게 동일한 생기를 불어넣는 효과를 준다. 이를 결여한 채 전체가 전적으로 판에 박힌 규칙에 따라, 자기가 하고 있는 작업에 대한 완벽한 자각이라는 완전한 자의식의 불꽃 속에서 이뤄진 산물이라면 그것은 필시 우아하고, 대칭적이고, 그리고 죽은 것이다.

이것이 근본적인 낭만주의의 예술 신조, 반계몽주의적인 예술 신조이다. 이것은 단지 신적인 영감이나 자기가 무엇을 하고 있는지 온전히 자각하지 못하는 무아경의 예술가를 논한 오래된 플라톤주의 이론들이 그랬던 것처럼(《이온Ion》이라는 대화편에 등장하는 플라톤의 신조에 따르면, 신은 예술가를 뚫고 지나가나, 예술가는 무언가 훨씬 강력한 것이 바깥에서 영감을 불어넣는 바람에 자기가 지금 무엇을 하고 있는지 알지도 못한다) 무의식적인 것이 무언가 역할을 수행한다고 여기는 모든 비평가에게 매우 큰 영향을 끼쳤을 뿐만 아니라, 개별 예술가의 작품이나 집단, 민족, 국민, 문화 차원의 작품에 들어 있는 무의식적이거나 잠재의식적이거나 전前의식적인 요소에 관심이 있고 그것을 고려할 가치가 있다고 여기는 모든 신조에도 영향을 끼쳤다. 이런 생각은 헤르더에게로 곧장 거슬러 올라간다. 헤르더 역시 민요나 민속춤은 온전하게 자각되지 않는 모종의 민족정신의 표현이며 그런 게 아니라면 아무런 쓸모도 없다고 여긴다.

셸링이 이런 내용을 대단히 명료하게 서술했다고는 말할 수 없다. 그럼에도 불구하고 그는 매우 열광적으로 글을 썼고 동시대 사람들에게 대단히 큰 영향을 미쳤다. 피히테의 의지 이론과 셸링의 무의식 이론은 낭만주의 운동의 미적 신조와 그에 뒤이은 정치 및 윤리의 신조를 형성한 중대한 요소들이며 이 두 이론의 조합으로부터 출현한 최초의 위대한 신조는 이른바 상징주의symbolism이다. 상징주의는 모든 낭만주의 사상의 중심에 있으며, 이 운동의 모든 비평가들은 이 신조에 늘 주목해 왔다. 이제 능력이 닿는 한 최대한 명료하게 이 신조를 설명해 보려 하지만, 내가 이 신조를 완전히 이해한다고는 감히 주장하지 못한다. 왜냐하면 셸링이 아주 올바르게 언급한 것처럼, 낭만주의는 참으로 자연림이나 미로와 같기 때문이다. 유일하게 길잡이가 될 수 있는 실마리는 시인의 의지와 기분뿐이다. 비록 최선을 다하기는 하겠으나 나는 시인이 아니므로 과연 내가 과연 이 신조를 충분히 해명할 수 있을지 내 자신도 장담하지는 못하겠다.

최대한 단순화해서 말하자면, 두 종류의 상징이 있다. 규약적인 상징과 그와는 다소 다른 종류의 상징이다. 규약적인 상징은 어떤 어려움도 야기하지 않는다. 이런 부류의 상징은 무언가를 의미하려는 목적으로 고안된 것들이며, 어떤 상징이 어떤 것을 의미하는지는 규칙으로 정해져 있다. 빨강 교통 신호와 녹색 교통 신호는 규약에 의해 의미하기로 되어 있는 것을 의미한다. 빨강 신호는 자동차가 지나갈 수 없다는 것을 의미하며, 단지 '정지'라는 말을 표현하는 다른 형식일 뿐이다. '정지'도 그 자체로 하나의 상징 형식, 즉 언어적 상징으로서 권위 있는 사람들이 내건 일종의 금지령을 가리키며, 그 안에는 모종의 위협이 담겨 있다. 그것은 만약 이 명령에 따르지 않는다면 비참한 결과가 뒤따를 수 있다고 하는 완벽하게 동의를 얻은 위협이다. 이것은 일상적인 상징주의로서, 인공적으로 고안된 언어들, 과학 논문들, 특정 목적을 위해 고안된 규약적인 상징체계 등이 그 사례에 해당한다. 여기서 상징의 의미는 규칙이 정한다.

그러나 분명히 이런 종류에 전혀 속하지 않는 상징들이 있다. 일반적인 상징주의 이론에 관한 논의에 지금 뛰어들고 싶은 의향은 없지만, 당장의 논의를 위해 언급하자면, 이런 사람들이 말하는 상징주의란 오로지 상징적으로만 표현할 수 있을 뿐 문자적으로는 표현할 수 없는 것들에 대한 상징의 사용을 뜻한다. 이를테면 교통 상황을 생각해 보자. 만약 우리가 신호등에 빨강이나 녹색을 사용하지 않고 대신 '정지', '주행'이라고 글로 쓴 신호 표시판을 세우거나, 혹은 그러지 말고 아예 분명한 권위가 있는 사람들을 배치하여 확성기를 통해 직접 '정지', '주행'을 외치게 했더라도 똑같이 원래의 목적을 잘 수행할 것이다. 적어도 문법적인 목적에 관한 한 그렇다는 것이다. 하지만 예를 들어, 사람들의 심금을 자극하며 바람에 흩날리고 있는 저 국기는 무슨 의미의 상징인지, 혹은 프랑스 국가 마르세예즈는 무슨 의미를 담고 있는 상징인지, 혹은 조금 더 나아가서, 특유의 방식으로 건립된 고딕 성당은 종교 예식이 치러지는 건물이라는 기능과는 전혀 별개로 그 안에 거주하고 있는 그 특유의 종교에 어떤 의미가 있는 것인지, 신성한 춤은 무슨 의미인지, 혹은 온갖 종류의 종교 의례가 다 무엇을 의미하는 것인지, 카바 신전의 석신이 무슬림에게 어떤 의미에서 위대한 상징이 되는 것인지 묻는다면, 그 대답은 이럴 것이다. 그런 것들이 상징하는 것은 말이나 다른 어떤 방식으로도 표현할 수가 없다.

누군가 이렇게 묻는다고 상상해 보자. "넬슨이 '영국은 모든 사람이 자신의 의무를 다해주기를 기대한다.'고 말했을 때 이 문장에서 '영국'이라는 단어가 가리키는 것이 명확히 무엇인지 설명해 주시겠습니까?" 만약 그런 설명을 시작하면서, '영국'이란 19세기 초의 어떤 특정 순간에 특정 섬에 거주한 일군의 이성을 가진 깃털 없는 이족=足동물들을 의미한다고 말한다면, 분명히 그런 의미는 아니다. 그 단어는 단지 넬슨이 이

190

름과 거주지를 알고 있어서 원하기만 하면 많은 수고를 들여서라도 또 박또박 적어낼 수 있는 어떤 사람들의 집단을 의미하는 것이 아니다. 당연히 그런 의미일 수가 없다. 왜냐하면 '영국'이라는 단어가 지닌 전체적인 정서적 힘은 더 모호하고 더 심오한 무엇으로까지 확장되기 때문이다. 그래서 만약 "'영국'이라는 단어가 여기서 정확히 무엇을 가리킵니까? 그것을 좀 해독해 주시겠습니까, 지루한 일일 수 있겠지만 그 말이 간단히 말해 어떤 말의 속기법인지 문자 그대로 똑같은 뜻을 지닌 말을 제시해 주겠습니까?"라고 말한다면, 그 질문에 답하기란 쉽지 않을 것이다. 만약 우리가 "카바 신전의 석신이 무엇을 의미하나요? 이 특별한 기도가 무엇을 의미합니까? 이 성당이 예배를 드리러 찾아온 사람들에게 의미하는 바가 무엇인가요? 모호하게 정서적으로 연상되는 것들이나 이도저도 아닌 미묘한 분위기 같은 것 말고 분명하게 설명해 주시지요."라고 말한다면 이에 대답하는 것도 아주 쉬운 일은 아닐 것이다 (그것이 사람들의 감정을 북받치게 한다는 대답만으로는 부족하다). 감정은 새들의 노랫소리에도 자극될 수 있다. 감정은 노을이 자극할 수도 있다. 그러나 노을은 상징이 아니며 새들의 노래는 상징적이지 않다. 하지만 신도들에게 성당은 상징이며, 종교 의례도 상징이고, 성체를 들어 올리는 것도 상징이다.

이제 의문이 생긴다. 대체 그런 것들은 무엇을 상징하는 것인가? 낭만주의의 신조는 실재를 향한 열망, 우리를 둘러싼 우주를 향한 무한한 열망이 존재하며, 무한하고 결코 소진될 수 없는 그 무엇이 있어서 유한한 것들이 아무리 그것의 상징이 되고자 노력해도 결코 그럴 수 없다고 말한다. 우리는 그나마 마음대로 쓸 수 있는 수단을 이용해서 전달할 수 있는 무언가를 전달하고자 애쓰지만, 그래봐야 우리가 전달하고자 애쓰고 있는 그것 전체를 온전히 전달할 수는 없다는 사실을 안다. 이것이 바로 비유와 상징이 사용되는 이유이다. 비유는 이야기나 무언가의 그림에 들어 있는 표상으로서, 자체로도 나름의 의미를 갖지만 그런 의미 자체 말고 다른 무언가를 가리키기도 한다. 셸링이나 낭만주의자들이 일반적으로 믿었던 것처럼, 비유를 정말로 믿으면서 비유적인 양식이 유일하게 심오한 발언의 양식이라고 믿는 사람들이 볼 때 어떤 비유가 자체의 의미 말고 다른 무언가를 가리킬 때, 그 비유가 가리키는 그 무언가는 애초에 가정한 대로 말로는 그 자체 진술이 불가능한 것이다. 비유를 사용해야 하는 이유가 바로 그것이며, 비유와 상징이 내가 전달하고 싶은 것을 전달하려 할 때 내가 갖고 있는 유일한 양식일 수밖에 없는 이유도 바로 그것이다.

내가 전달하고 싶은 것이 도대체 무엇일까? 이를테면, 나는 피히테가 이야기한 그 흐름을 전달하고 싶다. 나는 비물질적인 무언가를 전달하고 싶은데, 그러기 위해 물질적인 수단을 써야 한다. 나는 표현이 불가능한 무언가를 전달해야 하는데, 그러기 위해 표현을 사용해야 한다. 나는 어쩌면 무의식적인 무언가를 전달해야 하는데 그러기 위해 의식적인 수단을 사용해야 한다. 나는 성공할 리 없고 성공할 수 없다는 것도 이미 안다. 따라서 내가 할 수 있는 일은 어떤 점근적인 접근을 통해 점점 더 가까이 다가가는 것뿐이다. 최선을 다하지만 그것은 고통스러운 투쟁이며 그 투쟁 속에서 만약 내가 예술가라면(혹은 독일 낭만주의자들에게는 실제로 모종의 자의식적인 사상가가 더 어울린다) 나는 내 삶 전체를 위해 그 일에 매달리는 것이다.

이것은 깊이라고 하는 개념과 관계가 있다. 깊이라는 개념은 철학자들이 거의 다루지 않는다. 그럼에도 불구하고 그것은 완벽하게 취급 가능한 개념이며 실제로 우리가 사용하는 가장 중요한 범주 중 하나이다. 우리가 어떤 작품이 심원하다거나 깊다고 말할 때, 혹은 어떤 이가 심오한 작가라거나 어떤 그림 혹은 음악이 심오하다고 말할 때, 추정컨대 이것이 저 깊은 심원한 우물에서 비롯된 은유임이 명백하다는 사실과는 전혀 별개로, 우리가 의미하는 바가 아주 명료하지는 않지만 확실한 것은 이런 표현들을 어떤 다른 어휘, 이를테면 '아름답다', '중요하다', '규칙에 따라 만들어졌다' 등이나 혹은 심지어 '불멸하다' 등과 같은 어휘와도 바꿔 쓰고 싶지 않다는 것이다. 내가 파스칼이 데카르트보다 더 심오하다고 말할 때, 혹은 내가 도스토예프스키를 좋아하건 좋아하지 않건 어쨌든 도스토예프스키가 내가 훨씬 더 좋아할 수 있는 톨스토이보다 더 심오한 작가라고 말할 때, 혹은 카프카가 헤밍웨이보다 더 심오한 작가라고 말할 때, 내가 이 은유를 통해 그다지 성공적이지 못한 상태로 전달하고자 애쓰고 있는 것이 정확히 무엇인가? 그것은 여전히 은유로 남는다. 왜냐하면 나에게는 사용할 수 있는 더 나은 수단이 없기 때문이다. 낭만주의자들에 따르면 (그리고 바로 이것이 지성 일반에 대해 그들이 기여한 주요한 공헌 중 하나이다) 깊이라는 말로 내가 의미하는 바는, 비록 그들이 이런 이름들을 직접 내걸고 논의한 것은 아니지만, 소진 불가능성, 포괄 불가능성이다. 아름답지만 심오하지 않은 예술 작품들이나 무미건조한 소설이나 철학의 경우에, 나는 그것들을 완벽하게 명료하고 의미상 충실한 용어들로 번역할 수 있다. 나는 이를테면 18세기의 어떤 음악 작품을 사람들에게 설명할 수 있다. 구성이 잘 짜였고, 멜로디가 좋고, 유쾌하며, 어쩌면 천재적인 작품일 수도 있으며, 이 작품이 어째서 그런 식으로 작곡되었는지, 그리고 더 나아가 어째서 이 작품이 우리에게 즐거움을 주는지 등등을 말로 풀어낼 수 있다. 나는 인간은 특정 종류의 화음을 들으면 특별한 종류의 쾌락을 느낀다고 말해 줄 수 있다. 어쩌면 나는 온갖 종류의 창의력 풍부한 내성의 도구들을 사용하여 이 쾌락을 아주 세세하게 기술할 수도 있을 것이다. 만약 내가 최고의 묘사자라면, 이를테면 프루스트이거나 톨스토이이거나 잘 훈련된 기술심리학자 [기술심리학이란 정신 현상을 객관적으로 기술하는 일을 목적으로 하는 심리학 분야를 가리킴]라면, 사람들에게 그들이 특별한 음악을 들을 때나 특별한 산문을 읽을 때 느끼는 실제 감정에 대한 모종의 소견 같은 것을 멋지게 제공할 수도 있다. 그 소견은 사람들이 지금 이 특별한 순간에 실제로 느끼거나 생각하고 있는 바와 충분히 유사할 것이어서 지금 벌어지고 있는 일을 산문으로 제대로 옮긴 것으로 간주될 것이다. 그들은 그것을 과학적이고, 참되고, 객관적이고, 검증 가능하다는 등등의 성격을 지닌 글로 받아들일 것이다. 그러나 심오한 작품들의 경우에는 내가 말을 하면 할수록 말할 것이 더 많이 남게 된다. 설령 그런 작품들의 심오함이 어디에 있는지 묘사해 보려고 시도하더라도 그렇게 말을 꺼내자마자 여기저기 새로운 빈틈이 벌어진다는 것이 너무도 명백해진다는 데에는 의심의 여지가 없다. 아무리 말을 길게 하더라도 소용이 없다. 무슨 말을 하든, 나는 늘 끝에 가서 말줄임표로 세 개의 점을 찍어야 한다. 내가 무엇을 어떻게 기술하든 언제나 그 이상의 무엇, 아마도 훨씬 더 은밀한 무엇이기는 하지만 정확하고 명료하게 검증할 수 있는 객관적 산문으로 환원할 수 있는 길은 확실히 없는 그 무엇으로 나아가는 문이 열린다. 그런 까닭에 확실히 '심오하다'의 용법 중 하나는 바로 이 개념 즉, 환원불가능성 개념을 환기하는 것이다. 다시 말해 이것은 나의 논의와 나의 기술에서 원리상 그 목적에 부합하지 않는 언어를 사용할 수밖에 없다는 사실을 환기하는 것이다. 단지 오늘만이 아니라 앞으로도 영원히 그럴

194

수밖에 없다는 것을….

　내가 어떤 하나의 특별히 심오한 명제를 설명하려고 애쓰는 중이라고 가정해 보라. 아무리 최선을 다하더라도 설명이 완결될 수 없으리라는 것을 나는 안다. 그리고 그렇게 설명이 완결될 수 없어 보이면 보일수록, 그리고 그 설명을 적용할 수 있을 것 같아 보이는 영역이 더 넓어 보이면 보일수록, 더 많은 틈새가 열릴 것이고, 그 틈새는 더 깊어질 것이고, 그 틈새가 새로 열어젖힌 영역은 더 넓어질 것이다. 이럴 때 나는 이 특별한 명제에 대해 단지 참이라거나, 흥미롭게 보인다거나, 재미있다거나, 독창적이라거나, 혹은 그밖에 내가 말하고 싶을 법한 다른 어떤 묘사뿐만이 아니라 또한 이 명제는 심오하다고 말할 공산이 크다. 예를 들면, 파스칼이 가슴에도 나름대로 머리만큼의 이유가 있다는 유명한 말을 언급할 때나 괴테가 우리가 아무리 노력을 기울여도 우리가 행하고 생각하는 모든 것 안에는 환원 불가능한 의인화의 요소가 늘 있게 될 것이라고 말할 때, 이런 언급들은 바로 다음과 같은 이유, 즉 우리가 이런 언급들을 적용할 때마다 그로 인해 바로 그 적용 지점에서 환원할 수 없고, 포괄할 수 없고, 기술할 수 없고, 수집할 수 없는 새로운 시야가 펼쳐진다는 이유 때문에 사람들에게 심오하다는 인상을 깊게 심어주는 것이다. 우리는 그렇게 새로 펼쳐진 모든 시야에 접근하게 해 줄 연역 공식 같은 것이 없다. 이것이 낭만주의자들이 말하는 깊이라는 근본 개념이다. 그리고 무한한 것들을 의미하는 데 사용되는 유한한 것들, 비물질적인 것을 의미하는 데 사용되는 물질적인 것들, 살아 있는 것들을 의미하는 데 사용되는 죽은 것들, 시간을 의미하는 데 사용되는 공간, 그 자체로 말이 없는 무언가를 의미하는 데 사용되는 말들에 관한 그들 담론 대부분이 크게 보면 바로 이 개념과 관계가 있다. 프리드리히 슐레겔은 "신성한 것들이 이해될 수 있을까?"라고 묻고 이렇게 답했다. "그럴 수 없다. 결코 이해될 수 없다. 왜냐하면 단지 형식을 부여하는 행위만으로도 그것을 못 쓰게 만들기 때문이다." 낭만주의자들의 삶의 이론과 예술 이론 전체를 관통하는 생각이 바로 이것이다.

이런 생각이 두 가지 매우 흥미롭고 강박적인 현상으로 이어지는데, 이 두 현상은 19세기만이 아니라 20세기에도 사람들의 사유와 감정에서 아주 잘 나타난다. 하나는 노스탤지어이고 다른 하나는 특정한 종류의 망상증이다. 노스탤지어는 무한은 결코 소진될 수 없는 것임에도 우리가 그것을 한눈에 담아 보려고 애쓰는 중이기 때문에, 우리가 무슨 일을 해도 만족하지 못하리라는 사실에서 기인한다. 노발리스에게 지금 본인이 어느 방향으로 나아가고 있으며 본인의 예술이 무엇을 다뤘다고 생각하는지 물었을 때 그는 이렇게 답했다. "나는 언제나 고향으로 가고 있으며, 언제나 내 아버지의 집으로 가고 있다." 이것은 한 가지 의미에서는 종교적인 언급이었다. 하지만 그가 이 말로 의미한 것에는 이런 것도 있다. 즉, 색다른 것, 낯선 것, 이국적인 것, 기이한 것을 향한 모든 시도, 일상생활의 경험적인 사고 틀에서 벗어나려는 모든 시도, 가장 특이한 종류의 변신과 변형에 관한 환상적인 글짓기와 상징적이거나 우의적인 이야기나 베일에 가려진 온갖 종류의 신비로운 언급 대상과 오랜 세월 동안 비평가들의 마음을 사로잡아 온 가장 독특한 종류의 내밀한 심상을 담아낸 이야기를 지어내려는 시도들, 이 모든 시도는 전부 다 자신을 붙잡아 끌어당기고 있는 것들을 향해 고향으로 되돌아가려는 시도인 것이다. 이것이 바로 그 유명한 낭만주의자들의 무한한 '동경Sehnsucht'이며, 노발리스의 표현을 빌리자면, 파란 꽃의 탐색이다. 파란 꽃의 탐색이란 무한을 나 자신에게로 흡수하려는 시도이거나, 내 자신을 무한과

일체가 되게 하려는 시도이거나, 내 자신을 무한 속으로 용해해 버리려는 시도이다. 분명히 이것은 신과의 합일을 향한 저 심오한 종교적 갈망, 내 안에서 그리스도를 부활하게 하려는 시도, 어떤 이교적인 의미에서 내 자신을 자연의 일부 창조력과 하나가 되게 하려는 시도의 세속화된 버전으로서, 플라톤, 에크하르트, 뵈메, 독일 신비주의, 여타 다른 수많은 원천으로부터 독일인들에게 전해진 것이며, 여기서는 그런 시도가 문예적이고 세속적인 형태를 띤다는 점에서만 다르다.

이 노스탤지어는 계몽주의의 특별한 공헌으로 간주되는 것과는 정반대에 위치한다. 내가 설명하려 했던 바와 같이 계몽주의는 닫혀 있는 완벽한 삶의 패턴이 존재한다고 가정했다. 정확하고 옳고 참이고 객관적이면서 우리가 충분히 알아내기만 하면 사람들에게 가르쳐 줄 수도 있는 어떤 각별한 형태의 삶, 예술, 감정, 사유가 존재한다. 우리의 문제에 대한 모종의 해결책이 존재하며, 우리가 그런 해결책에 부합하는 구조물을 건설하고, 이어서 조금 심하게 말하자면, 우리 자신을 그 구조물에 들어맞도록 잘 맞춰 나가기만 하면, 우리는 사유의 문제건 행동의 문제건 둘 다에 해답을 얻게 될 것이다. 그러나 만약 사정이 그렇지가 않다면 어떻게 되는 걸까? 만약 가정상 우주가 운동 중에 있고 한순간도 멈춰 있지 않다면, 만약 우주가 활동의 한 형태이며 단순한 재료 덩어리가 아니라면, 만약 우주가 무한하며 단지 유한한 것이 아니라면, 만약 우주가 끊임없이 변화하며 결코 정지해 있지 않고 결코 한결같지 않다면(낭만주의자들이 항상 사용하는 저런 다양한 은유들을 쓰자면), 만약 그것이 부단한 파도와 같은 거라면(프리드리히 슐레겔이 말한 것처럼), 어떻게 우리가 감히 그런 우주를 말로 기술해 보려고 시도조차 할 수 있단 말인가? 우리가 파도를 기술하고 싶다면 대체 어떻게 해야 하는 것인가? 우리는 대개

고여 있는 물웅덩이를 말로 내놓고 마는 것이 고작이다. 빛을 기술하려면 빛을 차단하고 나서야 비로소 정확하게 기술할 수 있다. 따라서 우리에게 그런 것을 기술해 보라고 요구하지 말라.

그러나 우리는 그런 것을 기술하려는 시도를 멈출 수가 없다. 왜냐하면 그 시도를 멈춘다는 것은 표현의 중단을 의미하고 표현의 중단은 곧 삶의 중단을 의미하기 때문이다. 이들 낭만주의자들에게 산다는 것은 무언가를 하는 것이며, 무언가를 한다는 것은 우리의 본성을 표현하는 것이다. 우리의 본성을 표현한다는 것은 곧 우리가 우주와 맺고 있는 관계를 표현하는 것이다. 우리가 우주와 맺고 있는 관계란 표현이 불가능한 것임에도 불구하고 우리는 그것을 표현해야 한다. 이것이 우리의 번민이고 문젯거리이다. 이것이 바로 그 끝없는 동경이자 갈망이다. 이것이 바로 우리가 먼 나라들로 떠나야 하는 이유이다. 이것이 바로 우리가 이국적인 사례들을 찾아 나서며, 동방을 여행하고 과거에 관한 소설을 쓰며, 온갖 종류의 환상에 탐닉하는 이유이다. 이것이 바로 전형적인 낭만주의의 노스탤지어이다. 만약 그들이 찾고 있는 그 고향과 그 조화, 그들이 이야기하는 그 완벽성이 그들에게 혹시라도 허락될 수 있는 것이었다면, 그들은 그것을 거부했을 것이다. 원리상, 그리고 정의상 그것은 접근은 할 수 있으되 이해할 수는 없는 그 무엇이다. 왜냐하면 그것이 바로 실재의 본성이기 때문이다.

단테 게이브리얼 로세티Dante Gabriel Rossetti가 성배the Holy Grail에 관한 글을 쓰고 있을 때 누군가 그에게 "그런데 로세티 선생님, 그 성배를 찾았다 치면, 도대체 그걸로 무엇을 하시려는 건가요?"라고 냉소적으로 물었다는 유명한 이야기가 떠오른다. 이것은 낭만주의자라면 어떻게 대답해야 하는지를 아주 잘 알고 있는 딱 전형적인 질문이다. 그들의 입장에서 성배는 원리상 발견될 수 없는 것이면서, 동시에 일생을 바쳐 끝없이 찾아다니는 일을 그 누구도 막을 수 없는 그런 대상이다. 그것은 원래 모습 그대로의 우주의 본성이 그러하기 때문이다. 우주가 딴판일 수 있었을지도 모르나 실제 그렇지는 않다. 우주에 관한 맹목적인 사실은 우리가 우주를 완전하게 표현할 수 없다는 것이다. 우주는 완전하게 소진될 수 없다. 우주는 쉼 없이 운동 중이다. 이것이 기본 논거로서, 자아란 오로지 노력을 통해서만 자각하게 되는 그 무엇임을 깨달을 때 우리가 깨닫게 되는 사실이 바로 그것이다. 노력은 행동이며, 행동은 운동이고, 운동이란 끝이 없는, 영구적인 운동이다. 이것이 내가 지금 할 수 있는 최선을 다해 말로 전달하고자 애쓰고 있는 근본적인 낭만주의의 이미지이다. 원래의 가정에 따르면 말로는 전달할 수 없는 것임에도 불구하고 말이다.

두 번째 개념인 망상증은 다소 다르다. 낭만주의의 낙관적인 형태가 존재하는데, 이런 형태의 낭만주의에서 낭만주의자들은 전진하고, 우리의 본성을 확장하고, 우리의 앞길을 가로막는 걸림돌이라면 무엇이든 (이를테면, 18세기 프랑스풍의 죽어 있는 규칙들, 파괴적 유형의 정치경제제도, 법, 권위, 모든 종류의 고정 불변의 진리들, 절대적이고, 완벽하고, 재심 요청이 불가능하다고 여겨지는 종류의 규칙이나 제도 등등) 모조리 파괴함으로써 우리가 스스로를 점점 더 해방시켜가고 있으며 덕분에 우리의 무한한 본성이 더욱더 높은 곳까지 솟구쳐 올라서 그것이 간절히 갈망하는 더 넓고, 더 깊고, 더 자유롭고, 더 활력 넘치는 그 신성과 더 닮아 가고 있다고 느낀다. 하지만 이와 관련해서는 일정 정도 20세기를 사로잡고 있는 또 다른 더 비관적인 형태가 있다. 개개인이 아무리 간절하게 스스로를 해방시키려 애쓴다 하더라도 우주가 그런 손쉬운 방식으로 길들여질 리 없다고 생각하는 입장이다. 배후에 무언가가 있다. 무의식 혹은 역사의 저 깊숙한 어둠 속에 무언가가 존재하는 것이다. 어쨌든 우리가 이해하지 못하는 무언가가 있고 그것이 우리의 가장 소중한 소망을 좌절시킨다. 때때로 그것은 일종의 냉담한 자연 혹은 아예 적대적인 자연으로 여겨지며, 때로는 역사의 간지奸智로 생각되기도 한다. 바로 이것 때문에 우리가 훨씬 더 영광스러운 목표를 향해 견디며 나아갈 수 있는 것이라고 낙관주의자들은 생각한다. 하지만 쇼펜하우어 같은 비관주의자들은 그것은 단지 정처 없는 의지라고 하는 한량없이 큰 불가해한 대양이며 우리는 그저 그 대양 위에 떠 있는 작은 보트처럼 정처 없이 출렁거리고 있는 것일 뿐이라고 생각한다. 그럴 때 우리의 본령이 과연 무엇인지를 정말로 이해할 수 있을 가능성은 없다. 그 대양 위에서 우리의 항로를 인도할 수 있는 가능성이란 없다는 것이다. 그리고 이것은 거대하고, 강력하고, 궁극적으로 적대적인 힘으로서 그 힘에 저항하는 것은 물론이요 심지어는 그 힘을 인정하는 일조차 눈곱만큼의 쓸모도 없다.

이 망상증은 온갖 종류의 다른 형태로 나타나며 때로는 훨씬 더 노골적인 형태를 띠기도 한다. 예를 들면, 온갖 종류의 역사 속 음모론을 찾아다니는 형태를 취하기도 한다. 사람들은 아마도 우리가 통제할 수 없는 어떤 힘이 역사를 주물렀으리라 생각하기 시작한다. 이 모든 것의 뒷배에 누군가가 있다. 어쩌면 예수회이거나, 유대인이거나, 프리메이슨이 그런 자들일 것이다. 프랑스 혁명의 전개를 설명하려는 시도들이 이런 태도를 크게 자극했다. 우리처럼 계몽되고 덕이 많고 현명하고 선하고 다정한 사람들은 이것저것 해 보려고 애를 쓰지만 결국에 가서는 모든 노력은 무위로 끝난다. 따라서 위대한 승리의 문턱에 다다랐다고 생각하는 순간 우리의 발을 걸어 넘어뜨리려고 어두운 곳에 도사리며 우리를 기다리고 있는 어떤 무시무시한 적대적 힘이 존재하는 것이 틀림없다. 앞서 말한 대로 이런 관점은 역사 음모론 같은 조야한 형태를 취하며, 우리는 이런 음모론적 시각을 통해 숨어 있는 적들을 수색하고 때로는 경제 요인, 생산력, 계급전쟁(마르크스의 경우처럼) 같은 더 큰 개념들을 찾아내려고도 한다. 혹은 우리보다 역사의 목표를 훨씬 더 잘 이해하는 동시에 우리를 속이고도 있다는 이른바 이성의 간지 혹은 역사의 간지처럼 훨씬 더 모호하고 훨씬 더 형이상학적인 개념(헤겔의 경우처럼)을 찾아 나서기도 한다. 헤겔은 이렇게 말한다. "정신은 우리를 속인다, 정신은 계략을 꾸민다, 정신은 거짓말을 한다, 정신은 승리한다." 그는 대략 그러한 정신을 일종의 거대하고, 아이러니하고, 아리스토파네스적인 힘으로 여긴다. 이 힘은 인간 역사의 광대한 화산으로 밝혀질 산비탈을 푸르고 꽃이 만발한 곳이리라 착각하고 그 위에 작은 집을 지으려 애쓰는 불쌍한 인간들을 조롱한다. 그 화산은 이제 곧 다시 한 번 분출할 참이다. 그것은 아마도 궁극적으로 인간적 선을 위한 것이고, 궁극적으로 이상을 향한 자기실현을 이루기 위함일 것이다. 하지만 그것이 단기적으로는 엄청나게 많은 무고한 사람들을 파멸시키고 상당한 고통과 피해를 야기할 것이다.

이것 역시 하나의 낭만주의적 사고방식이다. 왜냐하면 일단 우리 바깥에 더 큰 무언가, 이해할 수 없는 무언가, 손에 넣을 수 없는 무언가가 존재한다는 생각을 받아들이고 나면 그것을 향해 사랑 혹은 두려움의 감정을 갖게 될 것이기 때문이다. 만약 두려움의 감정을 갖는다면, 그 두려움은 망상증이 된다. 이 망상증은 19세기에 지속적으로 쌓여 간다. 쇼펜하우어에게서 한층 높게 쌓이고, 바그너의 작품들을 지배하더니, 20세기의 온갖 종류의 작품들에서 어마어마한 절정에 도달한 것이다. 절정에 도달한 작품들은 우리가 하는 모든 일마다 종양이 자라고, 꽃망울 어딘가에는 벌레가 좀먹고 있고, 우리에게 부단한 좌절의 운명을 드리우는 무언가가 있으며, 그런 무언가는 우리가 반드시 절멸해야만 하는 인간 혹은 맞서 싸우기 위한 어떤 노력도 무익하기만 할 뿐인 비인격적 힘일 수도 있다는 생각에 사로잡혀 있다. 카프카 같은 작가들의 작품은 방향을 상실한 불안, 공포, 저변에 깔린 근심에 대한 독특한 감각으로 가득 차 있다. 이런 감각은 정체를 확인할 수 있는 어떤 대상에 딱히 고정되어 있는 것이 아니다. 이런 특징은 낭만주의 초기 작품들에도 아주 잘 나타난다. 예를 들면 《금발의 에크베르트Der blonde Eckbert》 같은 티크의 이야기들은 공포로 가득 차 있다. 틀림없이 그런 이야기들은 우의적인 의도를 담은 것일 테지만, 어쨌든 주인공이 행복하게 살고 있는 것으로 시작해서 무언가 끔찍한 일이 벌어지는 식의 이야기 전개가 항상 나타난다. 황금새가 주인공 앞에 나타나 '숲 속에서 외톨이가 된 것 같은 기분Waldeinsamkeit'에 관한 노래를 부른다. 이것부터 벌써 낭만주의적인 개념으로서, 이를테면 반은 즐겁고 반은 무서운 숲속에서 느끼는 고독을 뜻한다. 그러자 그는 새를 죽이고 뒤이어 다양한 불행을 겪는다. 그는 살해와 파괴를 계속 일삼는다. 그는 어떤 두렵고 신비로운 힘이 그를 잡으려 깔아 놓은 무시무시한 그물에 걸려든다. 그는 그 함정에서 벗어나려 발버둥 친다. 그는 더 많이 죽이고, 분투하고, 싸우다가, 멸망한다.

이런 종류의 악몽은 초기 독일 낭만주의 글쓰기의 지극히 전형적인 특징이며, 이것은 정확히 동일한 원천인 이른바 삶을 지배하는 의지라는 개념에서 나온 것이다. 이성이 아닌 의지에서, 연구할 수 있고 따라서 통제할 수 있는 사물들의 질서가 아닌 모종의 의지에서 나온 것이다. 그 의지가 나의 의지이고, 내 자신이 생산한 목적을 지향하는 의지인 한, 추정컨대 그것은 자비로운 의지이다. 자비로운 신의 의지이거나 낙관주의적인 모든 역사철학자들의 저술에서처럼 나에게 행복한 결론을 보장하는 역사의 의지인 한, 추정컨대 그것은 아주 두려운 의지는 아닐 것이다. 그러나 그 목적이 내 생각보다 훨씬 더 깜깜하고 훨씬 더 무섭고 훨씬 더 헤아릴 수 없는 것으로 밝혀질 수도 있다. 낭만주의자들은 이런 식으로 신비로운 낙관주의와 섬뜩한 비관주의라는 양극단을 오가는 경향을 보이며, 이것이 그들의 글쓰기에 독특한 종류의 들쑥날쑥한 성질을 제공한다.

슐레겔이 인정한 세 가지 커다란 영향 중 두 번째는 프랑스 혁명이었다. 프랑스 혁명은 독일인에게 뚜렷한 효과를 불러일으켰다. 왜냐하면 특히 나폴레옹 전쟁에 따른 결과로서 그것이 상처받은 민족 감정의 방대한 분출로 이어졌고 그런 분출이 어떤 어려움이 닥쳐도 개의치 않는 민족적 의지의 천명이라는 점에서 낭만주의의 흐름에 자양분이 되었기 때문이다. 그러나 내가 강조하고 싶은 것은 이게 아니라 오히려 다음과 같은 측면이다. 앞서 말한 바와 같이 프랑스 혁명은 평화로운 보편주의에 입각하여 인간의 불행을 일소하겠노라는 완벽한 해결책을 약속했다. 이것이 바로 방해받지 않는 진보의 신조로서 그 목표는 고전적 완벽성에 있으며 목표에 일단 도달하고 나면 인간 이성이 다져 놓은 모종의 견고한 토대 위에서 그 완벽성은 영원히 지속될 것이라고 보았다. 그럼에도 불구하고 혁명은 의도대로 진행되지 않았다(이 점은 누가 보더라도 명백했다). 따라서 그 혁명은 이성, 평화, 조화, 보편적 자유, 평등, 해방, 우애 같은 것들로 사람들의 관심을 끌었던 것이 전혀 아니라, 오히려 반대로 인간사에서 빚어지는 폭력적이고 간담 서늘한 예측 불가의 변화, 군중의 비합리성, 영웅들 개개인이 보여준 엄청난 위력, 이들 군중을 지배하며 온갖 다양한 방식으로 역사의 흐름을 바꿀 수 있었던 선하거나 악한 위대한 인물들이 주목을 받았다. 이것이 프랑스 혁명이 사람들의 마음과 상상력을 자극했던 활동과 전투와 죽음의 시가이다. 단지 독일에서만 이런 자극이 일어났던 것이 아니었다. 세계 도처에서 그러했다. 따라서 혁명은 원래 의도했던 것과는 정반대의 효과를 불러일으켰다. 특히 그것은 그동안 우리가 충분히 알지 못했던, 빙산의 신비로운 십분의 구라고 하는 생각을 자극했다.

프랑스 혁명은 어째서 실패했는가? 당연히 묻지 않을 수 없었다. 실패했다는 말은 혁명 이후 프랑스인 다수가 아주 확연히 자유롭지 않았고, 평등하지 않았고, 특별히 형제애가 보이지 않았다는 의미에서이다. 어쨌든 질문을 던져야겠다는 생각이 들 정도로 충분히 많은 수의 사람들이 그러했다. 의심할 바 없이 그중 많은 이들의 상태는 개선되었지만, 나머지 많은 이들은 분명히 상태가 더 나빠졌다. 이웃한 나라들에서도 일부 사람들은 해방이 되었지만, 다른 이들은 그것이 그리 가치 있는 일이었다고 느끼지 않았다.

다양한 답변이 제출되었다. 경제를 신봉하는 사람들은 정치 혁명가들이 경제 요인을 무시했다고 말했다. 군주제나 교회를 신봉하는 사람들은 무신론적인 유물론이 인간 본성의 가장 깊숙한 본능과 가장 깊숙한 신앙을 우롱했고 그것이 자연스럽게 무시무시한 귀결로 이어졌으며 아마도 혁명의 실패는 그런 식의 모종의 반항에 대해 인간 본성이나 신이 내린(이 부분에 대한 판단은 자신이 어떤 특별한 철학을 갖고 있느냐에 달린 문제이다) 처벌일 뿐이라고 말했다. 그러나 이 혁명 덕분에 모든 이가 의구심을 갖게 되었던 대상은 아마도 충분히 알려지지 않았을 것이다. 그것은 바로 프랑스 계몽주의 사상가들의 신조였다. 어떻게든 바람직한

〈해방 전쟁 동안 조국을 위해 산화한 프랑스 영웅들을 숭배함: 나폴레옹 보나파르트에 경의를 바치다〉, 안−루이 지로데 드 루시−트리오종Anne-Louis Girodet de Roussy-Trioson 작.

방향으로의 사회 교체를 그려낸 청사진으로 여겨졌던 그 신조가 사실상 부적절한 것으로 입증된 것이다. 따라서 비록 인간 사회생활의 상층부가 경제학자, 심리학자, 도덕주의자, 작가, 학생, 사실을 다루는 온갖 종류의 학자와 관찰자 들에게 가시적으로 드러나기는 했어도, 그 부분은 단지 대양 아래 방대한 영역이 잠겨 있는 거대한 빙산의 일각일 뿐이었다. 눈에 보이지 않는 이 영역이 지나치리만큼 무덤덤하게 당연시되었던 것이며, 따라서 온갖 종류의 감히 예상치 못한 귀결들을 빚어냄으로써 직접 복수에 나섰던 것이다.

의도하지 않은 귀결들이라고 하는 생각, 우리가 제안을 해도 실제 처리는 숨은 실재가 한다는 생각, 우리가 그것을 교체해도 그것이 돌연 정색하고 우리의 면상을 가격한다고 하는 생각, 우리가 자연이든 인간이든 뭐든 간에 그런 것들을 너무 많이 교체하려 한다면 소위 '인간 본성'이나 '사회의 본성'이나 '무의식의 어두운 힘'이나 '생산력' 혹은 '이념' 등으로 불리는 그 무엇이(여기서 이 거대한 존재의 이름이 무엇이냐는 중요치 않다) 우리를 강타하러 나설 것이고 결국 우리를 때려 고꾸라뜨릴 것이라는 생각, 이런 생각들이 확실히 스스로를 낭만주의자라 평하지 않았을 유럽의 대단히 많은 사람들의 상상력을 부식시켰고 더불어서 마르크스주의 신정론, 헤겔주의 신정론, 슈펭글러의 신정론, 토인비의 신정론, 그리고 위대한 우리 시대의 다른 많은 신학적 저술에서 보는 바와 같은 온갖 종류의 신정론의 흐름에 자양분이 되었다. 나는 그런 관념의 시작점이 바로 여기라고 생각한다. 그리고 이것은 망상증의 흐름에도 역시 자양분이 되어 주었다. 우리보다 더 강한 그 무엇으로서 탐구될 수도 없고 비껴갈 수도 없는 어떤 거대한 비인격적 힘이라는 개념을 다시 한번 소환했다는 점에서 그렇다. 이것은 실제로 전 우주를 사람들이 18세기 때 생각했던 것보다 훨씬 더 무서운 대상으로 만들었다.

슐레겔이 언급한 세 번째 영향은 괴테의 소설 《빌헬름 마이스터》이다. 낭만주의자들이 이 작품을 존경한 이유는 그 소설이 보여준 이야기 전개의 힘 때문이 아닌 다른 두 가지 이유 때문이었다. 무엇보다 이 작품은 한 천재적 인간의 자아 형성에 대한 설명이었다. 어떻게 한 인간이 자신을 억제해 가며 자신의 고귀하고 무제약적인 의지 행사를 통해 스스로를 무언가로 만들어갈 수 있는가를 설명한 것이다. 이 소설은 추정컨대 예술가 괴테의 창조적 자서전일 것이다. 그러나 낭만주의자들은 그 이상으로 이 소설 안에 매우 예리한 전환이 존재한다는 사실을 또한 좋아했다. 이를테면 괴테는 물의 온도나 특수한 종류의 정원에 대한 한 편의 건전한 산문 혹은 과학적 기술로부터 갑자기 이런저런 종류의 비밀스럽고, 시적이고, 서정적인 설명으로 비약하며 느닷없이 시 속으로 뛰어들더니, 완벽하게 운율적이지만 그러면서도 통렬하기 그지없는 산문으로 이전 못지않게 예리하고 이전 못지않게 신속하게 되돌아온다. 시에서 산문으로, 무아경에서 과학적 기술로 바뀌는 이 날카로운 전환이 낭만주의자들에게는 뒤집혀 있는 현실을 박살낸다는 목적에 어울리는 경이로운 무기로 보였다. 예술 작품은 그렇게 써야 한다. 예술 작품을 규칙에 맞춰가며 써서는 안 되며, 예술 작품이 모종의 주어진 자연의 복제가 되어서도 안 된다. 예술 작품이 어떤 '사물의 본성 rerum natura'이나 모종의 사물의 구조 같은 것을 복제함으로써 그런 것들에 대한 설명을 제공하거나 더 나쁘게는 복사물 혹은 사진을 찍어 놓은 꼴이 되어서는 안 된다. 예술 작품의 소관은 우리를 해방하는 것이다. 예술 작품은 자연의 얄팍한 대칭성, 얄팍한 법칙들을 무시하고 하나의 양식에서 다른 양식으로(시에서 산문으로, 신학에서 식물학으로 등등) 예리하게 전환함으로써 우리를 해방한다. 예술 작품은 우리를 에워싸고 가두고 감금하는 아주 많은 구태의연한 구획 나누기를 때려 부순다.

　아마 괴테는 이런 생각을 자기 작품에 대한 타당한 분석으로는 전혀 받아들이지 않았을 것이다. 그는 이 낭만주의자들을 다소 신경질적으로 대했다. 실러도 그랬지만 괴테도 그들을 다소 뿌리 없는 보헤미안들이 자 삼류 예술가들로 여겼다(일부는 확실히 그렇게 볼 만했다). 이들은 꽤 거칠고 이치에 맞지 않는 삶을 사는 사람들이었으나, 그럼에도 불구하고 괴테는 이들이 자기를 아주 많이 존경했고 너무도 훌륭히 숭배했기 때문에 전적으로 경멸하거나 무시하고 싶지는 않았다. 그래서 그들 사이에 다소 양면적인 관계가 조성되었다. 이를테면 그들은 괴테를 독일의 천재들 가운데서도 최고라며 존경했지만, 그의 속물적인 취향을 경멸했다. 바이마르 대공에 대한 그의 아부를 경멸했고, 그를 여러 가지 방식으로 이미 자신을 팔아넘긴 자로 간주했다. 당돌하고 독창적인 천재로 출발했으나 결국은 비단을 휘감은 궁정 대신으로 끝났다는 것이다. 반면 괴테는 낭만주의자를 불필요하게 난폭한 표현을 사용하여 모자라는 창조적 재능을 감추려고 한 형편없는 예술가로 여겼지만, 동시에 그들이 독일인이고 추종자이며 한때는 그가 보유한 유일한 청중이었으므로 홀대하면 안 될 뿐 아니라 너무 가차없이 내쳐서도 안 된다고 생각했다. 이들 사이의 관계는 대략 이랬다. 괴테가 생을 마감할 때까지 이런 매우 불편한 관계가 지속되었으며, 확실히 괴테 본인은 결코 낭만주의에 힘을 보태지 않았다. 생이 막바지에 다다르면서 그는 "낭만주의는 질병이며, 고전주의는 건강이다."라고 말했는데, 바로 이것이 그의 근본적인 설교였다.

　《파우스트》조차도(낭만주의자들이 이 작품을 특별히 존중하지는 않았다)

주인공이 온갖 종류의 낭만주의적 변신을 거치며 거친 파도에 내던져졌지만 결국은 화해의 드라마이다. 메피스토펠레스가 제공하는 새로운 경험을 끝없이 갈망하는 파우스트가 이 바위에서 저 바위로 뛰어 오르며 거칠게 휘몰아치는 급류에 비교되고 있는 것이 분명한 대목들이 아주 많다. 파우스트에 관한 요점은 그가 그레첸을 살해하고, 필레몬과 바우시스를 살해하고, 1부와 2부 모두에서 아주 많은 범죄를 저지르고 난 후에도 여전히 세상에는 이 모든 갈등의 조화로운 탈피와 해소가 존재한다는 것이다. 물론 그러기 위해 엄청난 피와 고통의 대가를 치러야 하지만 말이다. 그러나 피와 고통은 괴테에게는 아무것도 아니었다. 헤겔처럼 그는 첨예한 충돌, 폭력적인 부조화를 통해서만 신적인 조화를 실현할 수 있을 것이라고 생각했다. 훨씬 더 높은 곳에서 바라보면 그런 충돌과 부조화도 어떤 거대한 조화에 공헌하는 요소들로 지각될 수 있을 것이다. 그러나 그것은 낭만주의의 사고방식이 아니다. 괴테의 일반적 경향은 무언가 해결책이 있다고 말하는 것이기 때문에 어쨌든 그것은 반낭만주의적인 사고방식이다. 힘들고 어려운 해결책이고 어쩌면 오로지 신비의 눈에만 지각되는 것일지도 모르지만, 그럼에도 불구하고 해결책은 해결책이다.

괴테는 또한 정확히 낭만주의자들이 혐오하는 내용을 여러 소설에서 설파했다. 《헤르만과 도로테아Hermann und Dorothea》와 《친화력Die Wahlver- wandtschaften》의 전체적인 교훈은 이것이다. 만약 감정의 혹이 생긴다면, 이를테면 유부녀와 그의 연인 사이에 어떤 두려운 걱정거리가 있다면, 무슨 일이 있어도 이혼이나 결혼 생활의 포기라는 손쉬운 해결책은 채택될 수 없다. 그런 것 대신에 단념, 고통의 감내, 관습의 굴레에 머리 숙이기, 사회의 버팀목 지키기 등의 해결책이 채택될 것이다. 본질적으로 질서, 자제, 규율, 그리고 모든 종류의 혼돈이나 반법률적 요인들의 분쇄를 설파한 것이다.

낭만주의자들에게 이것은 절대적인 독약이었다. 그들이 이보다 더 싫어하는 것은 없다. 그들은, 아니 적어도 그들 중 일부는 사생활이 다소 무질서했다. 예나Jena에서 모였던 소규모 낭만주의자 모임인 '세나클 cenacle'[문예 동아리]에는 슐레겔 형제, 셸링 등이 참여했고 피히테와 베를린의 슐라이어마허Schleiermacher도 잠시 참여했는데, 이들은 가장 폭력적인 어휘들을 동원하여 자유로운 사랑을 포함한 전면적 자유의 의무와 중요성을 신봉하고 설파했다. 아우구스트 빌헬름 슐레겔은 어떤 여인과 결혼했는데 그 여인이 이제 아이를 막 낳을 참이기 때문이었다. 그녀는 상당한 지성을 갖춘 혁명적인 독일 여성으로서 한때 프랑스 혁명가들과 협력했다는 이유로 마인츠에서 독일인들에게 구금된 적도 있던 여인이었다. 슐레겔은 그렇게 결혼한 다음 다정한 감정으로 여인을 셸링에게 보내주었다. 또한 실러와 장 파울Jean Paul의 경우에는 이런 일이 더 일찍 일어났다. 이들의 경우에는 어떤 결혼도 실제 성사되지는 않았지만 말이다. 더 많은 사례를 내놓을 수도 있다. 그러나 그들의 개인적인 인간관계와는 완전히 별개로, 그들의 인생관을 담고 있으면서 괴테와 헤겔에게 깊은 충격을 안겨 준 위대한 소설은 프리드리히 슐레겔이 18세기 말에 선보인 《루친테Lucinde》였다. 위대한 문예적 미덕을 갖춘 작품은 아닐지 몰라도, 어쨌든 이 소설은 그 시대의 《채털리 부인》 같은 유형에 속한다. 대단히 에로틱한 소설로서 실제로 다양한 유형의 성애 행위를 매우 폭력적으로 묘사하는 대목들이 등장하며, 그에 못지않게 자유와 자기표현의 필연성에 대한 낭만주의 유형의 교훈도 함께 포함되어 있다.

《루친테》의 정수는 그런 에로틱한 측면과는 전혀 별개로 인간들끼리

210

맺을 수 있는 자유로운 관계란 무엇인지를 서술하고 있다는 데에 있다. 특히 빌헬미네라고 불리는 조그만 아기와의 비유가 계속 이뤄진다. 아기는 아주 자유롭고 무제약적인 방식으로 두 다리를 허공에 뻗어낸다. 주인공인 감탄하며 이렇게 말한다. "이것이 우리가 살아야 하는 방식이로군! 여기 이 어린아이처럼 벌거벗고 관습에 얽매이지 않은 채로 말이야. 아기는 아무 옷도 안 입고, 어떤 권위자에게도 고개를 숙이지 않으며, 상투적으로 자기 삶을 감독하는 자들을 믿지 않아. 그리고 무엇보다 이 아기는 한가하고 딱히 해야 할 과제라는 게 없단 말이야. 게으름이란 인류가 예전에 쫓겨났던 신의 천국에서 누렸던 것들 중에 마지막 남은 불꽃이지. 자유, 우리의 다리를 허공에 내뻗을 수 있는 그 능력, 우리가 소망하는 대로 무엇이든 할 수 있는 그 자유란 우리가 이 무서운 세상, 저 두려운 인과의 쳇바퀴 같은 세상에서 지니고 있는 마지막 특권인 거야. 그 세상에서 자연은 그렇게도 무시무시한 야만성으로 우리를 찍어누르고 있단 말이야," 등등.

소설은 매우 깊은 충격을 주었고, 위대한 베를린의 설교자 슐라이어마허는 이 소설을 옹호했다. 여기서 1960년대에 다양한 영국 성직자들이 《채털리 부인의 사랑》을 변호할 때 했던 말이 전혀 연상되지 않는다고는 할 수 없을 것 같다. 즉, 로렌스의 책이 성격상 영적인 측면에서 전혀 위배적인 것이 아니며 기독교의 정통성과 한 방향으로 움직일뿐더러 사실상 기독교적 정통성의 버팀목이라고 주장한 것과 마찬가지로, 고결한 슐라이어마허는 하류 포르노 소설이었던 《루친데》가 성격상 완전히 영적인 작품이라고 주장한 것이다. 소설에 나오는 모든 육체적 묘사들은 우의적으로 서술된 것이며, 소설 속의 모든 것은 단지 더는 잘못된 관습에 얽매이지 않는 인간의 영적 자유를 노래한 위대한 설교이자 찬가라는 것이다. 말년에 슐라이어마허는 이런 입장을 철회하려는 경향을 보였는데, 그것은 아마도 그의 예리한 비판적 능력보다는 그의 선량함과 신의와 마음의 도량 덕분이라 할 것이다. 그것이야 어쨌건 간에, 하여튼 《루친데》의 목적은 관례를 깨뜨리는 것이었다. 깰 수 있는 곳에서라면 어디서든 반드시 관례를 깨야 한다.

아마도 관례를 무너뜨리는 문제와 관련하여 가장 흥미롭고 날카로운 사례는 티크의 희곡들과 유명한 이야기꾼 에른스트 테오도르 아마데우스 호프만의 이야기들에서 찾을 수 있을 것이다. 18세기의, 아니 실제로는 이전 모든 세기의 일반 명제는 내가 지치지도 않고 거듭 반복하는 바와 같이 사물의 본성이 존재하고, 사물의 구조가 존재한다는 것이다. 낭만주의자들에게 이런 말은 뿌리 끝까지 거짓이었다. 사물의 구조 같은 것은 없다. 왜냐하면 그런 구조는 우리를 가두어 버릴 것이고, 우리를 질식시킬 것이기 때문이다. 활동을 위한 장이 열려 있어야 한다. 잠재적인 것이 현실적인 것보다 더 실재적이다. 만들어진 것은 죽은 것이다. 일단 예술 작품을 하나 만들었다면, 그것을 내버려라. 왜냐하면 일단 만들어지고 나면 이미 저기 있는 것이고, 볼일 다 본 것이며, 이제는 작년 달력이 된 것이기 때문이다. 만들어지는 것, 세워진 것, 이미 이해되어버린 것은 버려져야 한다. 희미한 감지, 파편, 암시, 신비한 조명, 이것이야말로 실재를 파악하는 유일한 방법이다. 실재의 경계를 정하려는 모든 시도, 정합적인 설명을 제공하려는 모든 시도, 조화를 이루려는 모든 시도, 시작과 중간과 끝이 있는 모든 시도는 본래 무질서하고 정해진 모양도 없는 걷잡을 수 없는 흐름, 자기실현의 의지라고 하는 굉장히 거대한 흐름을 근본적으로 곡해하는 것이자 서투르게 모방하는 것일 따름이기 때문이다. 그 흐름을 감금하겠다는 발상은 부조리하고 신성모독적인 것이다. 이것이 낭만주의 신념의 정말로 뜨거운 본원이다.

　더할 나위 없이 품위 있는 시의원이자 장서 수집가가 등장하는 호프만의 이야기가 있다. 그는 실내복 차림으로 방에 앉아 있고, 늘 그렇듯 오래된 원고들로 둘러싸여 있으며, 출입문 바깥쪽으로는 놋쇠로 만든 고리쇠가 달려 있다. 하지만 그 놋쇠 고리쇠는 이따금 소름끼치는 사과 행상으로 바뀐다. 그것은 때로는 사과 행상이고 때로는 놋쇠 고리쇠인 것이다. 놋쇠 고리쇠는 가끔 사과 행상처럼 눈인사를 보내고, 사과 행상은 이따금 놋쇠 고리쇠처럼 처신한다. 주인인 그 훌륭한 시의원에 관해서 말하자면, 때로는 의자에 앉아 있고, 때로는 과일주 대접 속으로 들어가 수증기처럼 사라지더니 그 독주와 함께 갑자기 공중으로 솟구쳐 나온다. 혹은 가끔은 스스로 과일주 속에 용해되어 다른 사람들이 들이키기도 하고 그 바람에 독특한 모험을 즐기기도 한다. 호프만에게 이것은 흔한 환상 이야기이고, 덕분에 그는 대단한 유명세를 탔다. 그가 쓴 이야기를 읽기 시작했으면 무슨 일이 벌어질 것 같은지 절대 입을 놀려 볼 생각도 해서는 안 된다. 방안에 고양이가 한 마리 있다. 그 고양이는 고양이일 수도 있지만, 물론 고양이로 변신한 인간일 수도 있다. 고양이가 말을 아주 잘하지는 못한다. 고양이는 자기가 말을 아주 잘하지는 못한다고 말한다. 그리고 이것은 지금까지 벌어진 일련의 사건들에 어떤 불확실성의 분위기를 드리운다. 이것은 완벽하게 의도적인 것이다. 호프만은 베를린에서 걸어서 다리를 건너가고 있을 때 종종 마치 자신이 유리병 속에 집어넣어졌다고 느끼곤 했다. 그는 주위에 보이는 사람들이 인간인지 인형인지 확신하지 못했다. 나는 이것이 진정한 심리적 망상의 한 단편이었다고 생각한다. 어떤 면에서 그는 심리적으로 온전히 정상이 아니었다. 하지만 이와 동시에 그의 소설에서 드러나는 우선적인 모티브는 언제나 만물의 만물로의 변형가능성이다.

티크는 《장화 신은 고양이》라는 희곡을 쓰는데 거기서 왕이 자기를 배알하러 온 제후에게 이렇게 말한다. "그렇게나 먼 곳에서 온 그대가 어떻게 우리말을 그리도 잘하는 것인가?" 이에 제후는 "쉿!"이라고 말한다. 왕이 말한다. "어째서 '쉿'이라고 말한 게지?" 그러자 제후가 말한다. "그러지 않으시면, 만약 전하께서 그 주제에 관한 말씀을 멈추지 않으시면, 이 희곡이 계속될 수 없어서입니다." 그때 듣고 있던 몇 사람이 자리에서 일어서더니 이렇게 말한다. "그러나 이건 리얼리즘의 모든 가능한 규칙들을 조롱하는 짓거리입니다. 등장인물들끼리 희곡에 관해 토론을 벌여야 한다니 도저히 견딜 수 없는 일입니다." 이것은 매우 의도적인 것이다.

티크가 쓴 또 다른 희곡에서 스카라무슈라는 남자는 당나귀를 타고 있다. 갑자기 폭풍우가 몰아치자 그가 말한다. "그런데 희곡에 이런 내용은 전혀 없는데. 내 역할에는 비에 관한 것이 전혀 없다고. 나는 지금 홀딱 젖고 있는 중이란 말이야." 그가 종을 울리자 기계공이 입장한다. 그는 기계공에게 이렇게 말한다. "왜 비가 오는 겁니까?" 기계공은 말한다. "관객은 폭풍우를 좋아합니다." 이에 스카라무슈가 말한다. "품격 높은 역사 희곡에서 비는 내릴 수가 없어요." 기계공은 말한다. "아니오, 내릴 수 있습니다." 그러면서 그는 사례들을 제시한다. 그리고 어쨌든 자기는 비를 내리라고 돈을 받은 것이라고 말한다. 그때 관객석에서 누군가가 일어서서 말한다. "당신들은 용납할 수 없는 그 말다툼을 당장 멈춰야 합니다. 희곡에서 망상도 정도껏 해야 합니다. 희곡이 진행되는 중에 그 안의 등장인물들이 그 희곡의 기법을 토론한다는 것은 전혀 불가능한 일입니다." 이런 식이다. 바로 그 희곡에는 하나의 희곡 안에 또 하나의 희곡이 존재하고 그 희곡 안에 또 다른 희곡이 존재한다. 세 희곡의 관객들은 서로에게 말을 걸며, 특히 그 희곡에서 벗어나 얼마간 바깥에 위치한 한 사람이 다양한 관객들이 서로서로 맺고 있는 관계들을 논의한다.

물론 이와 유사한 작품들이 있다. 티크의 이 작품은 루이지 피란델로 Luigi Pirandello[19~20세기의 이탈리아의 극작가 겸 소설가로서 염세적인 작품들을 남긴 근대 희곡의 혁신자], 다다이즘, 초현실주의, 부조리극의 선배 격이다. 이 모든 사조가 바로 이 작품에서 시작한 것이다. 이 작품의 요지는 실재와 외양을 최대한 혼란시키고자 노력하는 것이다. 환각과 현실 사이, 꿈과 생시 사이, 밤과 낮 사이, 의식과 무의식 사이를 차단하고 있는 장벽을 깨부숨으로써 단호히 빗장을 열어젖힌 우주, 벽 없는 우주에 대한 감각과 영속적 변화, 영속적 변형에 대한 감각을 생성하려 한 것이다. 강력한 의지를 가진 누군가는 이런 감각 덕분에 오로지 잠깐 동안만이라도 자기가 원하는 대로 무엇에든 형상을 불어넣을 수가 있는 것이다. 이것은 낭만주의 운동의 핵심 신조로서, 자연스레 이와 유사성을 띤 정치적 신조들이 함께 등장한다. 낭만주의적인 정치 저술가들은 이렇게 말하기 시작한다. "국가는 기계가 아니다. 국가는 부속품이 아니다. 만약 국가가 기계였다면, 아마 사람들은 무언가 다른 것을 고려했을 텐데 그러지를 않는다. 국가는 자연 발생이거나, 혹은 우리가 이해할 수 없는 모종의 신학적 권위를 지닌 어떤 신비로운 원시적 힘의 발산이다." 아담 밀러 Adam Müller는 그리스도가 사람들 개개인을 위해서만이 아니라 국가들을 위해서도 죽은 것이라고 말한다. 이것은 신학적 정치학의 매우 극단적인 진술이었다. 이어서 그는 국가란 인간 실존의 더 갈 데 없이 깊고 가장 헤아리기 어렵고 가장 덜 지성적인 측면에 깊숙이 뿌리를 내린 신비한 제도로서 본질적으로는 영구적 상호교차 운동 중인 존재라고 설명한다. 이것을 헌법이나 법률로 환원하려는 시도는 실패로 끝날 수밖에 없다. 글로 써진 것은 어떤 것도 생존하지 못하기 때문이다. 글로 써진 헌법이라면 그 어떤 것도 조금의 생존 가능성조차 없다. 글로 쓴 것은 죽은 것이며 헌법은 열정이 넘치는 신비로운 한 가족으로 함께 살아가는 사람들의 가슴 속에 살아있는 불꽃이어야 하기 때문이다. 이런 종류의 이야기가 시작될 때 이 신조는 아마도 원래는 의도하지 않았을 영역 속으로 파고들어가기 시작한다. 그리고 거기서 자연스럽게 그 신조는 매우 심각한 결과들을 낳기 시작한다.

마지막으로 낭만주의적 아이러니라고 하는 개념을 아주 간략히 다루고자 한다. 이 개념도 사정이 정확히 똑같다. 아이러니는 프리드리히 슐레겔이 고안한 개념이었다. 이것은 우리가 사업을 준비하고 있는 정직한 시민을 볼 때마다, 잘 쓴 시를 읽을 때마다(규칙을 준수하여 작성된 시), 시민의 생명과 재산을 보호하는 평화로운 헌법을 볼 때마다, 그것들을 비웃고, 조롱하고, 냉소하고, 걷어차 버리고, 정반대로 해도 똑같이 옳다고 지적하라는 발상이다. 그가 보기에 죽음과 경직 그리고 모든 형태의 안정화와 동결된 인생 흐름에 맞서 싸우는 유일한 무기는 이른바 아이러니이다. 이것은 불투명한 개념이지만 전반적인 발상은 이렇다. 즉, 누구나 내뱉을 수 있는 모든 명제에 상응하여 적어도 원래 명제와 제각기 반대되는 다른 명제 세 개가 반드시 존재한다는 것이다. 이 세 명제는 제각각 똑같이 다 참이고, 우리는 그 명제들 전부를 믿어야 한다. 특히 그 명제들이 모순적이기 때문에 더 그렇다. 그리고 그것이 물리적인 인과율의 형식이건, 국가가 창조한 법률의 형식이건, 시를 짓는 방법에 관한 미학적 규칙의 형식이건, 18세기 프랑스의 다양한 실력자들이 규정해 놓은 원근의 법칙, 역사화의 법칙, 다른 어떤 회화의 규칙이건 상관없이,

그가 몹시도 두려워한 소름끼치는 논리의 굴레를 벗어던지는 유일한 방법이라서 그렇다. 우리는 거기서 반드시 탈출해야 한다. 단지 규칙을 부인하는 것만으로는 탈출할 수 없다. 왜냐하면 부인은 단지 또 다른 정통성, 원래의 규칙들과 모순되는 또 다른 규칙들의 집합을 끌어들일 것이기 때문이다. 규칙들은 그 자체로 그냥 날려 버려야 한다.

족쇄 풀린 자유로운 의지, 그리고 사물들의 본성이 존재한다는 사실을 부인하고 만물의 안정적인 구조라는 바로 그 생각을 폭파해 날려 버리려는 시도, 이 두 가지는 지극히 값지고 중요한 이 운동의 가장 심오한, 어떤 의미에서는 가장 광기 어린 요인이다.

6

영속적인 영향

경솔해 보일지도 모르지만 이제는 내가 생각하는 낭만주의의 핵심이 무엇인지 말하고자 한다. 나는 앞에서 소개했던 테마, 이른바 18세기 중반 이전까지 적어도 2,000년이 넘는 세월 동안 모든 서구 사상의 심장부에 자리잡았던 오랜 전통을 다시 환기하고 싶다. 내가 보기에 낭만주의는 바로 그 전통 특유의 태도, 그 전통 특유의 믿음들을 공격하여 심대한 피해를 입혔다. 내가 의중에 둔 것은, 덕은 곧 지식이라고 하는 오래된 명제다. 생각건대, 플라톤의 기록에 의하면, 이 명제는 소크라테스가 처음 명시적으로 선언했던 것으로서 플라톤과 기독교 전통에 공히 포함되어 있다. 어떤 종류의 지식인지에 관해서는 의견이 일치하지 않을 수 있다. 이 철학자와 저 철학자 사이에, 이 종교와 저 종교 사이에, 이 과학자와 저 과학자 사이에, 종교와 과학 사이에, 종교와 예술 사이에, 온갖 종류의 태도와 온갖 종류의 학파와 다른 모든 것들 사이에 전투가 벌어진다. 하지만 그 전투는 예외 없이 실재에 대한 참된 지식이 무엇이냐를 놓고 벌어진 것이다. 그리고 그런 지식을 소유한 사람들은 무엇을 해야 하며 어떻게 현실에 적응해야 하는지 알 수 있게 될 것이다. 이들은 사물의 본성이 존재한다는 데에 동의한다. 그래서 이를테면, 만약 우리가 그 본성을 알고 그런 본성과 관계 맺고 있는 우리 자신을 안다면, 그리고 만약 신이 존재하고 우리가 그 신을 알며 우주를 구성하는 만물 사이의 관계를 이해한다면, 우리 자신에 관한 사실들뿐만 아니라 우리의 목표까지도 명백히 드러날 수밖에 없고, 자신의 본성이 간절히 바라는 방식으로 나 자신을 실현하고 싶다면 어떤 일을 해야 할지 깨달을 수밖에 없다. 이를 위해서라면 이 지식이 물리학의 지식인지 심리학의 지식인지 신학의 지식인지 어떤 직관적인 종류의 지식인지, 개인적 지식인지 공적 지식인지, 전문가에게 한정된 지식인지 아니면 모든 사람에게 알려질 수도 있는 지식인지 알아야 할 필요가 있다. 이 모든 것들에 관해 의견 불일치가 생길 수도 있지만, 그런 지식이 존재한다는 것, 바로 그것이 전체 서구 전통의 토대이며 낭만주의는 앞서 말한 바대로 바로 그 토대를 공격한 것이다. 그 관점은 우리 모두가 퍼즐 조각들로서 직소 퍼즐 안에 짜 맞춰져 들어가야 한다는 관점이고, 우리가 찾아내야 하는 비밀스런 보물이 존재한다는 관점이다.

이런 관점의 본질은 우리가 복종해야 하는 일군의 사실들이 있다는 것이다. 과학은 복종이다. 과학을 인도하는 것은 사물의 본성, 존재하는 것들에 대한 면밀한 관심, 사실로부터의 일탈 금지, 이해력, 지식, 적응이다. 낭만주의 운동은 이와는 정반대의 것들을 선포하는데 그것들을 다음 두 표제하에 정리할 수 있을 것이다. 우선 하나의 표제는 지금쯤은 익숙해져 있을 것이다. 이른바 불굴의 의지라는 개념이다. 인간이 성취해야 할 것은 가치에 대한 지식을 얻는 것이 아니라 가치를 창조하는 것이다. 우리는 가치를 창조하고, 목표를 창조하고, 목적을 창조하며, 결국 예술가가 예술 작품을 창조하듯이 정확히 그런 식으로 우주를 바라보는 우리 자신의 시야를 창조한다. 예술가가 창조하기 전까지 예술 작품은 존재하지 않고 그 어디에도 없다. 복제도 없으며, 적응도 없고, 규칙의 학습 같은 것도 없다. 외적인 점검도 없고, 우리가 전진하기 전에 반드시 이해하고 적응해야 하는 구조 같은 것도 없다. 전체 과정의 핵심은 말 그대로 무無로부터 혹은 손쉽게 구할 수 있는 재료들로부터 발명하고 창안하고 제작하는 것이다. 이런 관점의 가장 중심적인 측면은 우리의 우주란 우리가 그렇게 만들기로 선택한 바 그대로라는 것이다. 어쨌든 일정 정도는 그러하다는 것이다. 이것이 바로 피히테의 철학이고, 어느 정도는 셸링의 철학이기도 하며, 실제로 우리 세기에 프로이트 같은 심리학자들의 통찰이기도 하다. 이들은 어떤 환상이나 망상 덩어리에 사로잡혀 있는 사람들의 우주가 다른 환상과 망상에 사로잡혀 있는 사람들의 우주와는 다르다고 주장한다.

첫 번째 명제와 연결되는 두 번째 명제는 이른바 사물의 구조 같은 것은 없다는 것이다. 우리가 몸소 적응해야 할 패턴 같은 것은 없다. 단지 흐름일 뿐인 것은 아니라 해도 어쨌든 우주의 끝없는 자기 창조만이 있을 뿐이다. 우주는 사실의 뭉치나 사건의 패턴이나 공간 속 덩어리의 모음 같은 것으로 여겨져서는 안 된다. 우주는 물리학, 화학, 여타 자연과학이 우리에게 가르쳐 준 바와 같은 깨질 수 없는 특정 관계로 서로 한데 묶인 3차원적 존재자들의 집합소가 아니다. 우주는 전방을 향한 영속적인 자기 추진의 과정이자 영원한 자기 창조의 과정이다. 쇼펜하우어나 심지어 어느 정도는 니체도 비슷하게 이야기한 바와 같이 우주는 인간에게 적대적인 존재로 여겨질 수도 있다. 그럴 때 우주는 자기를 방해하고, 자기를 체계화하고, 자기 안에서 편안함을 느끼고, 자기 안에 본인들이 편히 쉴 수 있는 모종의 아늑한 양식을 구현하려 하는 인간의 모든 노력을 뒤엎어버릴 것이다. 그렇기도 하지만 달리 보면 우주는 우리에게 친근한 존재일 수도 있다. 우리는 자신을 우주와 동일시하고, 우주와 함께 창조하고, 스스로 이 거대한 과정 속으로 뛰어들고, 더불어 우리 밖에서도 발견하는 매우 창조적인 힘들을 우리 자신에게서 발견하고, 한편으로는 정신 그리고 다른 한편으로는 물질과 동일시하며 세상 전체를 거대한 자기 조직적이고 자기 창조적인 과정으로 바라봄으로써, 마침내 자유로워질 것이다.

'이해'는 사용하기에 적합한 용어가 아니다. 왜냐하면 그 말은 언제나 이해하는 자와 이해되는 것, 아는 자와 알려지는 것, 주체와 객체 간 모종의 간극을 미리 가정하는 것이기 때문이다. 그러나 이제 여기에 대상이란 존재하지 않으며, 오로지 전방을 향해 돌진하는 주체밖에 없다. 주체는 우주일 수도 있고 개인이나 계급, 국민, 교회일 수도 있다. 무엇이 되었건 간에 주체는 우주를 구성하는 가장 참된 실재와 동일시된다. 그러나 어쨌든 주체는 전방을 향한 영속적인 창조의 과정이며, 그런 주체에 부과된 모든 도식, 모든 일반화, 모든 패턴은 왜곡의 형식이자 단절의 형식인 것이다. 분석은 곧 살해라고 워즈워스가 말했을 때, 그가 의미한 것이 거의 이런 것이었다. 그리고 그는 이런 관점을 표현한 사람들 중에서도 아주 온건한 축에 드는 사람이었다.

이를 무시하고 회피한다든가, 사물들을 모종의 관념화나 계획에 순응하는 것들로 바라보려 시도한다든가, 일군의 규칙이나 법률들 혹은 어떤 공식을 입안하고자 시도한다든가 하는 것은 자기 탐닉의 형태로서 결국 자멸적인 어리석음에 지나지 않는다. 어쨌든 이것이 낭만주의자들이 늘어놓는 장광설이다. 뭐가 되었든 자신이 보유한 힘을 이용해 뭔가를 이해하려고 노력할 때마다, 내가 앞서 설명하려 한 바대로 우리가 붙잡으려는 것이 결코 한도 끝도 없이 무진장한 것이라는 사실을 발견할 것이다. 붙잡을 수 없는 것을 붙잡으려 애쓰고 공식에 들어맞지 않는 무언가에 공식을 적용하려 애쓰고 있음을 깨닫게 되리라는 것이다. 왜냐하면 우리가 확실히 못 박아 두려고 노력하는 상황마다 늘 새로운 심연이 펼쳐지고 그 심연은 이어서 또 다른 심연을 펼쳐 놓기 때문이다. 사물들의 경계를 정하려는 노력이나 그것들을 확실히 못 박아 고정하려는 노력이나 그것들을 기술해 보려는 노력이란 아무리 주도면밀하게 실행한다 한들 아무 소용없는 헛수고라는 사실은 실재에 대한 깨달음을 가져본 사람만이 이해할 수 있다. 이런 말은 (낭만주의자들이 보기에) 가장 외적이고 공허한 유형의, 가장 엄격한 일반화를 통해 이런 작업을 하는 과학에만 적용되는 것이 아니다. 이 말은 주도면밀한 저술가들, 주도면밀한 경험 기술자들(실재론자, 자연주의자, 프루스트나 톨스토이처럼 최고의 재능을 발휘하여 인간 정신의 모든 충동을 점치는 이른바 의식의 흐름 유파에 속한 사람들이 이에 해당한다), 그리고 심지어는 외적 조사를 통해서건 가장 섬세한 내성이나 정신의 내부 운동에 대한 가장 섬세한 통찰을 통해서건 모종의 객관적 기술에 전념하는 그런 부류의 사람들에게도 적용될 것이다. 그런 사람들이 지금 자기들이 붙잡아서 확실히 못 박아 두려 하는 그 과정을 글로 적고, 기술하고, 그것에 어떤 최종적인 결말을 부여하여 영구화하는 일이 가능하리라는 망상 속에서 부지런히 노력했을 때 얻게 되는 귀결은 비현실과 환상일 것이다. 새장에 가둘 수 없는 것을 가두려는 시도, 진리가 존재하지 않는 곳에서 진리를 추구하려는 시도, 쉼 없는 흐름을 멈춰 세우려는 시도, 정지를 통해 운동을 포박하려는 시도, 공간을 통해 시간을 붙잡으려는 시도, 어둠을 통해 빛을 붙잡으려는 시도는 다 그런 결과를 얻게 될 것이다. 이것이 낭만주의의 장광설이다.

이런 상황이라면 우리가 실재를 이해하는 일은('이해'라는 단어의 또 다른 어떤 의미에서) 어떻게 일어날 수 있을까? 주체로서의 자기 자신과 대상으로서의 실재를 적극적으로 구분하지 않고, 그런 이해의 과정에서 실재를 죽이지도 않으면서도 우리가 실재에 대한 모종의 통찰을 성취할 수 있는 방법이 무엇인지 자문한 그들, 아니 적어도 그들 중 일부가 제공하고 싶었던 답변은, 그렇게 할 수 있는 유일한 길이 이른바 신화라고 하는 내가 간단히 언급한 바 있는 상징들을 이용해서라는 것이었다. 왜냐하면 신화는 우리가 말로 또박또박 표현할 수 없는 무언가를 체현하고 있기 때문이다. 또한 신화는 이 모든 과정의 심오한 어둠을 전해주는 어둡고, 비이성적이고, 표현불능의 것들을 어떤 심상들 안에 용케 담아내고 있기 때문이기도 하다. 그런 심상들이란 그 자체로 우리를 또 다른 심상들로 이끌어 주며 그 자체로 어떤 무한한 방향을 가리킨다. 어쨌든 이것이 이런 전반적인 관점의 궁극적인 원인 제공자인 독일인들이 설교한 내용이다. 그들이 보기에 그리스인들은 아폴론과 디오니소스라는 상징 덕에 삶을 이해했던 것이다. 그들은 특정한 속성들을 담지한 신화적 존재였다. 그렇지만 설령 아폴론이 무엇을 뜻하고 디오니소스가 원한 게 무엇인지 자문한다 하더라도, 그 답을 유한한 단어로 상세히 설명하려 한다거나 심지어 유한한 그림으로 그려내려는 시도조차 철저히 불합리하다. 따라서 신화는 비교적 고요한 분위기 속에서 마음이 사색할 수 있는 심상들인 동시에, 영구적이고, 각 세대로 이어지며, 사람들의 변모함과 더불어 변모하며, 유관한 심상들을 무궁무진하게 공급해 주는 그 무엇이기도 하다. 신화는 정적이면서 동시에 영원하다.

하지만 그리스의 이러한 심상들은 우리에게는 죽은 것들이다. 우리는 그리스인이 아니기 때문이다. 헤르더는 이 점을 충분히 가르쳐 주었다. 디오니소스나 오딘으로 되돌아간다는 생각은 불합리하다. 따라서 우리는 현대의 신화를 가져야 한다. 과학이 이미 다 죽여 버렸기 때문에, 아니 어쨌든 과학이 신화에 불길한 분위기를 조성해 놓았기 때문에, 현대의 신화는 존재하지 않는다. 그러니 우리가 그런 신화를 만들어야 한다. 결과적으로 신화 창작이라는 의식적 과정이 등장한다. 19세기 초에, 우리는 신화를 꾸며내기 위한 성실하고 고통스런 노력을 발견한다. 아니, 어쩌면 그리 고통스럽지 않았을 수도 있고 아마 일부는 무의식적으로 그렇게 했다고 기술할 수도 있을 것이다. 그 신화들은 그 옛날의 신화가 그리스인에게 기여한 방식으로 우리에게 기여할 것이다. 아우구스트 빌헬름 슐레겔은 "어둠 속에서 삶의 뿌리들을 잃어버린다."라고 말했다. "삶의 마법은 설명할 수 없는 신비에 의존한다." 그리고 신화에 집어넣어야 하는 내용이 바로 그것이다. 그의 형제 프리드리히는 이렇게 말했다. "낭만주의의 예술이란 〔…〕 완벽성의 성취 없는 영속적인 생성을 의미한다. 어떤 것도 그 깊이를 측량하지 못한다. 그것만이 홀로 무한하며 홀로 자유롭다. 그것의 제일 법칙은 창조자의 의지, 법칙을 모르는 창조자의 의지인 것이다." 모든 예술은 삶이라는 쉼 없는 활동을 바라보는, 말로는 표현할 수 없는 시선을 상징을 통해 환기하고자 하는 시도이다.

이것이 예를 들어 《햄릿》이나 《돈키호테》나 《파우스트》가 신화가 된 방식이다. 셰익스피어가 《햄릿》에 관해 그간 축적된 어마어마한 문헌들을 보고 무슨 말을 했을지, 《돈키호테》가 19세기 초부터 지금까지 겪어온 그 어마어마한 모험담들을 보고 세르반테스가 무슨 말을 했을지 모를 일이지만, 어쨌든 이런 작품들은 신화학의 풍부한 원천으로 전용되었고, 만약 이들 창작자들이 이에 관해 아무것도 모른다면, 오히려 그게 훨씬 더 잘 된 일이다. 여기에는 저자 본인도 자신이 측량한 심연이 얼마나 어두운 것인지 알 수 없다는 가정이 깔려 있다. 모차르트는 자신에게 영감을 준 천재성이 어떤 것인지 말할 수 없다. 실제로 그가 그런 것을 말할 수 있다면, 그의 천재성은 아마도 바로 그만큼 메마르게 될 것이다. 실재를 산산조각 내고, 사물의 구조에서 벗어나고, 말할 수 없는 것을 말해 보려고 시도한 낭만주의 운동의 정수에 해당하는 19세기 초 신화 창작 능력에 대한 매우 생생한 예증을 얻고 싶다면, 모차르트의 오페라 〈돈 조반니〉의 이력이 안성맞춤이다.

들어본 적 있는 사람이라면 누구나 알고 있듯이 이 오페라는 돈 조반니가 지옥의 힘에 의해 파멸하는 것으로 막을 내린다. 아니, 거의 그런 식으로 끝난다. 그가 끝내 개심하고 회개하지 않자 천둥소리가 들려오고 지옥의 힘이 그를 꿀꺽 집어삼킨다. 무대 위 연기가 사라지고 나면 남은 출연자들이, 자기들은 살아서 행복한데 돈 조반니는 파멸한 것이 얼마나 근사한 일인지를 노래하는 아주 멋지고 짧은 6중창을 부른다. 그러면서 이들은 각자 나름의 방식으로 완벽하게 평화롭고 만족스럽고 일상적인 삶을 추구하기로 한다. 마제토는 젤리나와 결혼할 것이고, 엘비라는 원래 있던 수녀원으로 돌아갈 것이며, 레포렐로는 새 주인을 찾아갈 것이고, 오타비오는 돈나 안나와 결혼할 것이고, 등등. 19세기의 대중은 모차르트의 가장 매혹적인 작품 중 하나로서 조금도 해롭지 않은 이 6중창을 불경한 것으로 받아들였고, 따라서 그 장면은 무대에서 상연되지 않았다. 이 곡을 유럽의 상연목록에 다시 포함시킨 사람은 내가 아는 한 19세기 말 혹은 20세기 초의 말러가 처음이었고, 지금은 일상적으로 연주된다.

이유는 이렇다. 저 거대하고, 지배적이고, 사악한 상징적 인물 돈 조반니가 여기에 있다. 우리는 이 인물이 무엇을 상징하는지 알지 못하지만 확실히 말로 표현할 수 없는 뭔가를 상징한다. 어쩌면 삶에 적대적인 것으로서의 예술을 상징할 수도 있고, 모종의 속물적 선善에 적대적인 것으로서 무궁무진한 악의 원리 같은 것을 상징할 수도 있다. 또는 권력, 마법, 모종의 초인간적인 형태의 악마적 힘을 상징할 수도 있다. 오페라는 하나의 악마 같은 힘이 또 다른 악마 같은 힘을 집어삼키고 거대한 멜로드라마가 화산의 폭발과도 같은 절정으로 치닫는 엄청난 클라이맥스와 함께 막을 내린다. 이것은 관객을 윽박지르고 그들이 지금 얼마나 불안정하고 끔찍한 세상의 한 가운데에 있는지 보여 주려는 의도였다. 그런데 갑자기 이 속물적인 짧은 6중창이 뒤이어 등장하는 것이다. 이 곡에서 등장인물들은, 그저 난봉꾼이 처벌받았으며 선한 사람들은 더할 나위 없이 평화로운 일상의 삶을 그 후로도 계속 살게 되리라는 사실을 평화로이 노래한다. 바로 이것이 비예술적이고, 얄팍하고, 진부하고, 구역질나고, 따라서 제거되어야 하는 부분으로 간주되었던 것이다.

〈돈 조반니〉가 이렇게 우리를 위압하는 거대한 신화로 승화되어 실재의 끔찍한 본성 중에서도 가장 심오하고 가장 표현 불가한 측면들을 전달하는 이야기로 해석되어야 했던 것은 확실히 오페라 대본작가의 생각과는 아주 먼 것이었고, 아마 모차르트의 생각과도 아주 멀 것이다. 개종한 유대인으로 비엔나에서 태어나 뉴욕에서 이탈리아어 교사로 생을 마감한 대본작가 로렌초 다 폰테Lorenzo da Ponte는 지상에서의 영적인 삶에 관한 거창한 상징을 무대에 올린다는 생각과는 거리가 먼 인물이었다. 그러나 19세기에 사람들이 돈 조반니를 대하는 태도는 그런 것이었고, 그런 태도는 그 후로도 계속 사람들의 마음을 떠나지 않았으며(돈 조반니는 키르케고르의 마음속에 아주 깊게 자리잡고 늘 따라다녔다) 실제로 오늘날까지도 그러하다. 이것은 전면적인 가치 역전의 매우 전형적인 사례이다. 또한 건조하고, 고전적이고, 대칭적이고 어느 모로 보나 시대적 관습에 부합하는 것으로 출발했던 작품이 완벽하게 변신하여 자신의 기존 틀을 부수고 갑자기 가장 익숙지 않고 두려운 방식으로 자신의 날개를 펴기 시작한 매우 전형적 사례이기도 하다.

인류를 지배하는 거대한 심상들과 어두운 힘들과 무의식을 바라보는 이런 관점, 표현 불가능한 것들의 중요성과 그것을 차감하여 용납해야 할 필요성에 대한 이런 관점은 인간 활동의 전 영역으로 확산되며, 결코 예술에만 한정되지 않는다. 예를 들면 그것은 정치의 세계로 파고 들어간다. 처음에는 버크Burke에게서 보듯 온건한 방식이다. 버크는 죽은 자와 산 자와 앞으로 태어날 자가 풀어헤칠 수 없는 무수히 많은 가닥들로 한데 묶여 있는 위대한 사회의 위대한 이미지를 그렸다. 우리는 그런 사회에 충성하고 있으며, 그런 사회를 이성적으로 분해하려는 모든 시도는(이를테면 행복한 삶을 산다거나 인간들 사이의 충돌을 방지하겠다는 목적으로 이뤄진 사회계약 혹은 모종의 공리주의적 협정 같은 것을 통한) 얄팍한 짓거리이다. 그것은 모든 인간적 결속을 지배하고 전진시키는 표현 불가한 내면의 정신에 대한 배반이다. 바로 이 정신에 충성을 다할 때 이뤄지는 정신적 몰입이야말로 참되고, 진정하고, 심오하고, 헌신적인 인간적 삶의 정수인 것이다. 버크의 독일인 사도인 아담 뮐러가 이런 생각을 가장 웅변적으로 표현한다. 그는 과학이란 오로지 생명 없는 정치적 국가만을 번식시킬 수 있다고 말한다. 죽음은 생명을 대신할 수 없으며, 정체가 운동을 대신할 수 없다(즉, 사회계약, 자유주의적 국가, 특히 영국식 국가 등이 정체에 해당한다). 과학, 공리주의, 기계류의 사용이 국가를 대신해주지 않는다. 국가는 "단지 공장, 농장, 보험회사, 혹은 상인들의 사회가 아니다. **국민의 물질적이고 정신적인 욕구 전체와 물질적이고 정신적인 풍요 전체와 내적이고 외적인 삶 전체가 내밀하게 함께 묶여서 대단히 정력적이고 무한히 활동적이며 살아 있는 총체를 이룬 것이 국가인 것이다.**"

이제 이런 신비한 말들은 정치적 삶에 대한 전반적인 유기체 이론, 국가에 대한 충성, 준정신적 유기체이자 신적인 신비가 갖는 영적 권능의 상징체로서 국가라는 생각의 정수를 이루는 핵심이 된다. 의심할 바 없이 바로 이것이 낭만주의자, 적어도 더 극단적인 낭만주의자들이 원하는 국가의 지향점이다.

같은 관점이 법의 영역에도 진입한다. 독일의 역사법학파에 따르면 참된 법이란 왕이나 의회 같은 기성의 권위가 어쩌다 가결하게 되는 그런 것이 아니다. 그런 식의 입법은 단지 공리주의나 혹은 다른 어떤 경멸할 만한 숙고의 과정이 인도하는 경험적 사건에 불과하다. 로마교회나 스토아주의자들이나 18세기 **프랑스의 계몽주의 철학자들이** 이성적인 영혼이라면 스스로 발견할 수 있다고 가르쳤던 자연법이나 신의 율법도 참된 법이 아니다. 그런 법들은 영원한 것도 아니다. 저런 권위자들 사이에서도 그런 자연법이나 신성한 법이 대체 무엇이고 그것들을 어떻게 발견할 수 있는지에 관해 의견이 갈릴 수도 있지만, 인간의 삶이 토대로 삼아야 하는 영원히 바뀌지 않는 특정한 원리들이 존재하며 바로 그런 원리들에 매달림으로써 인간이 도덕적이고 정의롭고 선한 존재가 될 수 있다는 점에는 그들 모두가 동의했다. 바로 이런 생각이 부정된다. 법은 민족 내부에서 박동하는 어둡고 전통적인 힘의 산물이자 나무를 뚫고 흐르듯 민족의 몸통을 뚫고 흐르는 유기적인 수액의 산물이다. 확인할 길도 분석할 길도 없지만 조국에 신의를 갖고 있는 자라면 누구나 자신의 동맥을 타고 몸 전체로 흐르고 있음을 느낄 수 있는 그 무엇의 산물인 것이다. 법은 전통에서 기인한 것이며 부분적으로는 환경의 문제지만 부분적으로는 민족의 내적 영혼의 문제로서 이제 민족은 거의 하나의 개체로 여겨지기 시작한다. 그런 것들 사이에서 민족의 구성원들이 법을 생성하는 것이다. 참된 법은 전통적인 법이다. 모든 민족은 제 나름의 법이 있으며, 모든 민족은 제 나름의 형태를 띤다. 이 형태는 안개 낀 과거로 멀리까지 거슬러 올라가며, 그 뿌리는 어둠 속 어딘가에 박혀 있다. 뿌리가 어둠 속에 박혀 있지 않다면, 너무 쉽게 전복될 것이다. 반동적인 프랑스의 가톨릭 철학자 조제프 드 메스트르Joseph de Maistre는 적어도 신학적으로는 토마스주의의 신봉자였다는 점에서 삶을 바라보는 이런 유기체적 관점을 오로지 절반만 믿었다고 봐야겠지만, 어쨌든 그는 인간이 만들 수 있는 것은 무엇이든 인간이 망쳐 놓을 수 있다고 말한다. 인간이 창조할 수 있는 것은 무엇이든 인간이 파괴할 수 있다. 따라서 유일하게 영원한 것은 의식의 차원 아래로 멀리까지 들어가는 이 신비롭고 무시무시한 과정뿐이다. 바로 이 과정이 전통을 창조하고, 국가, 민족, 헌법을 창조한다. 글로 썼건 또박또박 명시했건 냉철한 시간에 분별 있는 인간들이 얻어낸 것이라면 뭐든지 얄팍한 피상적인 것에 불과하며, 똑같이 건전하고 똑같이 이성적인 다른 사람들이 논박하고 나서면 붕괴될 가능성이 높다. 따라서 그런 것은 실재에 참된 기반을 두고 있지 않은 것이다.

이것은 역사 이론들에도 적용된다. 위대한 독일 역사학파는 온갖 불가해한 방식들로 얽히고설킨 어두운 무의식적 요인들에 의거해 역사의 진보를 추적하려 한다. 특히 독일에는 심지어 낭만주의 경제학 같은 것도 존재한다. 예를 들면, 피히테나 프리드리히 리스트 같은 사람들의 경제학이다. 이들은 '폐쇄적 상업국가der geschlossene Handelsstaat'를 반드시 창조해야 한다고 믿었다. 이런 국가라면 다른 민족과의 다툼 없이 민족의 참된 정신적 힘을 행사할 수 있다. 한마디로, 경제학의 목적, 돈과 상거래의 목적은 인간의 영적 자기완성이다. 버크 같은 사람들도 믿었던 것처럼 그런 목적은 소위 깨지지 않는 경제학의 법칙에 복종하지 않는다. 버크는 상거래의 법칙은 자연의 법칙이며 따라서 신의 법칙이라고 믿었고 실제로도 그렇게 말했다. 이로부터 그는 급진 개혁을 관철하는 문제와 관련하여 이룰 수 있는 일은 아무것도 없을 것이고 빈자는 굶주릴 수밖에 없을 것이라는 결론을 연역했다. 그런 관점의 귀결이 대략 그렇다. 이것은 당연하게도 자유방임주의 경제학파의 평판을 일정 정도 떨어뜨린 귀결 중 하나였다. 낭만주의 경제학은 이들과는 정반대이다. 모든 경제 제도는 영적으로 진보하는 방식의 공생이라고 하는 모종의 이상을 향해 마음을 쏟아야 한다. 무엇보다 우리는 외적인 법칙들이 존재한다고 가정하는 실수를 저질러서는 안 된다. 즉 인간의 통제를 넘어서서 객관적으로 주어진 경제학의 법칙 같은 것이 존재한다고 여겨서는 안 된다는 것이다. 이런 생각은 전형적으로 '자연의 본성rerum natura'으로 회귀하는 것이다. 다시 한번 말하지만, 이것은 우리가 사물들의 구조를 연구할 수 있으며 우리가 쳐다보고 기술하는 동안 그 구조는 조용히 앉아 기다린다고 믿는 태도이다. 이런 생각은 오류다. 객관적 법칙이 존재한다는 그 어떤 가정도 인간적인 환상이자 인간적인 발명에 지나지 않으며, 다만 인간의 입장에서 자신의 품행, 특히 추레한 품행을 정당화하려는 시도일 뿐이다. 수요와 공급의 법칙 혹은 변경 불가로 추정되는 다른 종류의 외부 법칙, 이를테면 정치학이나 경제학의 이런저런 법칙 같은 가상의 외부 법칙들을 불러내서 그 어깨 위에 책임을 지우는 방법을 쓰는 것이다. 그리고 그렇게 해서 그런 외부의 법칙들이 빈곤과 비참 그리고 여타 매력 없는 사회 현상들을 설명할 뿐 아니라 정당화한다고 여기는 것이다.

이런 측면에서 낭만주의자들은 진보적일 수도 있고 혹은 반동적일 수도 있을 것이다. 프랑스 혁명 이후에 창건된 소위 혁명국가라 불릴 수 있는 급진적인 국가에서 낭만주의자들은 모종의 중세적 암흑의 귀환을 요청하는 반동들이었다. 1812년의 프로이센 같은 반동국가에서 낭만주의자들이 프로이센 국왕식의 창조를 숨막히는 인위적인 기제로 간주한 측면에서는 진보적이었다. 이 기제로 인해 일종의 수형 생활을 하게 된 인간들의 삶에서 자연스러운 유기체적 진의가 짓밟혔다는 이유에서였다. 낭만주의는 양쪽 형태 모두 취할 수가 있었다. 그것이 바로 우리가 혁명적 낭만주의자들과 반동적 낭만주의자들을 만나는 이유이다. 낭만주의를 특정한 정치적 관점으로 고정해 보려고 그렇게도 빈번하게 시도했음에도 그것이 불가능했던 이유도 바로 그것이다.

낭만주의의 근본 토대는 이런 것들이다. 의지, 사물에는 구조 같은 것이 없다는 사실, 우리의 의지대로 사물에 틀을 부여할 수 있다는 사실(사물들은 오로지 우리가 틀을 입히는 그 활동을 수행한 결과로서만 존재하게 된다), 그리고 이와 더불어 실재에 군이 모종의 형식이 들어 있다고 생각하고 그 덕분에 실재를 연구하고 저술하고 학습하고 소통할 수 있을 뿐 아니라 다른 여러 측면에서 과학적인 방식으로 다뤄질 수 있다고 보는 모든 관점에 대한 반대도 포함된다.

이런 태도는 사실 아직까지 내가 한 번도 언급한 적이 없는 음악 분야에서 가장 명확하게 나타났다. 18세기 초에서 시작하여 19세기 중반에 이르기까지 음악을 바라보는 태도의 발전을 관전하는 것은 흥미롭고 실제로 즐거운 일이다. 특히 18세기 프랑스에서, 음악은 꽤 열등한 예술로 간주된다. 성악은 말의 중요성을 부각하기 때문에 나름의 위치를 차지한다. 종교음악은 종교가 자아내려는 분위기에 공헌하기 때문에 나름의 위치를 차지한다. 더 이른 시기에 뒤르페d'Urfé는 시각 예술이 귀보다 훨씬 더 인간의 영적인 삶에 민감한 것이 분명하다고 말한다. 당대 최고의 교양인이자 실제로 대략 전 시대를 통틀어 말한다 해도 그렇게 불릴 수 있을 만한 인물인 퐁트넬은, 익숙한 유형의 줄거리와 설명이 들어 있으며 모종의 음악 외적 중요성을 담고 있는 종교 음악이나 오페라 음악과 대비되는 기악이 처음으로 프랑스를 침공하기 시작하고 소나타가 모습을 드러냈을 때 이렇게 말했다. "소나타여, 내게 대체 무엇을 원하는가? Sonate, que me veux-tu?" 그는 기악곡이란 무의미한 소리의 패턴에 지나지 않으며 실제로 예민하고 교양 있는 귀에는 정말로 적절치 않은 음악이라고 비난을 퍼부었다.

이는 18세기 프랑스에서는 꽤나 흔히 볼 수 있는 태도이다. 수필가이자 극작가인 마르몽텔Marmontel이 1770년대 당시 파리 무대를 호령하던 글루크Gluck에게 보낸 운문에서 이런 태도가 특별히 생생하게 나타난다. 모두가 알다시피 글루크는 대사보다 음악을 위에 놓고, 음악을 통해 전달하고 싶은 참된 감정과 드라마에 부합하는 대사를 만듦으로써 음악을 개혁한 작곡가였다. 이것은 더 이상 음악을 단지 실제 드라마에 사용되는 대사의 의미를 살리기 위한 부수 장치로 사용하지 않은 위대한 음악적 개혁이었다. 이것이 마르몽텔을 격분시켰다. 그는 드라마를 비롯해 모든 예술은 모종의 모방적 성질을 갖는다고 생각했다. 예술의 기능은 삶과 삶의 이상을 모방하고, 가상적인 존재를 모방하는 것이며, 이상적인 존재처럼 반드시 실물로 존재하지 않는 것에 대해서도 여전히 모종의 모방이 이뤄진다. 실제 사건, 실제 인물, 실제 감정 등 실재 안에 존재

하는 무언가와 맺는 모종의 관계로서의 모방은 필요하다면 대상을 이상
화하기도 하겠지만 어쨌든 대상의 참된 모습을 있는 그대로 표상하는
것이 예술가의 소임이었다. 그 자체로 의미를 갖지 않는 음악은(그것은
단지 연속적으로 이어지는 소리일 뿐이었다) 분명히 모방적이지 않았다. 누
구나 그것을 알았다. 대사는 일상생활에서 주고받는 말과 관계가 있었
고, 그림은 자연에서 지각하는 색들과 관계가 있었다. 하지만 음악소리
는 숲의 바스락거리는 소리나 새가 지저귀는 소리와는 아주 달랐다. 음
악가들이 사용하는 유형의 소리는 다른 예술가가 사용하는 소재들에 비
해 그 어떤 유형의 일상적 인간 경험과도 확연히 한참 동떨어져 있었다.
그리하여 마르몽텔은 다음과 같은 대사로 글루크를 공격했다.

> 보헤미아 출신의 돌팔이, 그가 당도했다.
> 평판을 앞세우고 그가 당도했다.
> 화려한 시의 잔해 위에서
> 그가 아킬레우스와 아가멤논을 울부짖게 한다.
> 그가 클리타임네스트라 여왕을 비명 지르게 한다.
> 그가 저 지칠 줄도 모르는 오케스트라를 으르렁거리게 한다.

이것은 그 시대의 매우 전형적인 공격이다. 이것은 자연과의 결합이
나 모방이라는 생각 대신에 내적 영혼의 표현일 뿐이라고 하는 저 특이
한 생각을 받아들이고 싶지 않았던 사람들의 태도이다. 이런 태도는
1785년에 글을 쓴 퐁탄Fontanes에게도 해당된다. 그에게 음악의 유일한
목적은 특정한 감정들을 유발하는 것이다. 이미 존재하는 모종의 감정
을 유발하지 않는 한, 무언가를 회상하게 하지 않는 한, 모종의 경험과

결합되지 않는 한, 그런 음악은 아무런 가치가 없다. 소리는 그 자체로 아무것도 표현하지 않으며 그런 식으로 쓰일 일이 없다. 마담 스탈은 매우 전형적이다. 그녀는 이미 19세기 초에 본인이 매우 좋아한다고 주장하는 음악을 거론하면서 음악의 가치가 어디 있는가에 관해 이와 비슷한 요지를 말한 바 있다. 그녀는 이렇게 말한다. "수난의 삶 때문에 녹초가 된 인간이라면 자신의 평온했던 젊은 시절 춤과 놀이에 활기를 불어 넣어 준 그 곡조를 그저 무심히 듣고만 있겠는가? 아름다운 시절을 다 보내고 마침내 세파에 찌든 얼굴이 된 여인이라면 지난날 연인이 불러 주던 그 노래를 아무런 감정 없이 들을 수 있겠는가?" 틀림없이 맞는 말이지만, 이는 벌써 이 시기의 낭만주의적인 독일인들이 음악에 관해 천명하고 있던 주장과는 매우 다른 유형의 접근이다. 거의 육체적인 욕정을 품을 만큼 로시니를 좋아했던 스탕달은 베토벤의 음악에 대해서는 그런 젠체하는, 거의 수학적이라 할 만한 화성의 조합이 몹시 싫다고 말한다. 이것은 어쩌면 오늘날 사람들이 쇤베르크에게 하고 싶어 하는 말일 수도 있다.

이상의 견해는 바켄로더Wackenroder의 견해와는 아주 다르다. 그는 1790년대에 음악은 "육체를 벗어난 우리 정신의 모든 운동을 우리에게 보여준다."라고 적었다. 혹은 쇼펜하우어의 견해와도 아주 다르다. 그는 이렇게 말한다. "작곡가는 우리에게 세계의 내밀한 본질을 폭로한다. 작곡가는 가장 심오한 지혜를 소유한 해석자로서 이성으로는 도저히 이해할 수 없는 언어로 이야기한다." 이성만이 아니라 실제로 다른 그 무엇으로도 이해할 수 없다. 이것이 바로 쇼펜하우어의 요점이다. 왜냐하면 그는 음악을 적나라한 의지의 표현으로 보았기 때문이다. 세계를 움직이는 저 내면의 에너지, 그가 실재의 본질이라고 생각한 표현 불가능한 저 내면의 충동을 표현하는 것이 바로 음악이라는 것이다. 반면에 다른 모든 예술은 그런 내면의 충동을 길들이고, 질서잡고, 배열하고, 조직화하려는 측면이 있으며, 어느 정도는 절단하고, 왜곡하고, 죽이려 드는 측면도 있다. 이것은 티크나 아우구스트 빌헬름 슐레겔의 관점이기도 하며 실제로는 모든 낭만주의자들의 관점이라고도 말할 수 있다. 일부 낭만주의자들은 음악을 매우 사랑했다. 호프만은 베토벤과 모차르트에 대해서만이 아니라 예를 들면 으뜸음과 딸림음이 지닌 우주적이고 형이상학적인 실질적 중요성을 언급한 탁월한 논고들을 썼다. 그는 그 두 음을 화려하게 무장한 웅대한 거인들이라고 묘사했다. 그는 또한 특정 조성, 이를테면 A단조 조성의 참된 의의에 관해서도 짧은 논고를 썼다. 이것은 그 시기에 유럽의 다른 나라 사람 그 누구도 쓰지 않았을 법한 글이다.

당시 음악은 흉내나 모방이 아니라 삶과 유리된 추상적인 직접적 표현의 형식이자, 모든 종류의 객관적 기술에서 가능한 한 가장 멀리 벗어나 있는 것으로 여겨졌다. 그럼에도 불구하고 낭만주의자들은 예술이 무제약적인 것이 되어서는 안 된다고 생각했다. 머리에 떠오르는 대로 아무 노래나 불러서는 안 되며, 기분에 따라 아무 그림이나 그려서도 안 되며, 규율이라고는 눈곱만큼도 없는 표현을 감정에 부여해서도 안 된다. 어빙 배빗Irving Babbitt을 비롯해 여러 사람이 이런 점을 들어 낭만주의자들을 비난하지만 그것은 잘못이다. 노발리스는 매우 분명하게 이렇게 말한다. "가슴에 사납게 몰아치는 폭풍 때문에 시인이 당황하고 혼란에 빠질 때 횡설수설이 쏟아진다." 시인은 감정과 심상을 찾느라 하루 종일 빈둥대며 방황해서는 안 된다. 시인은 확실히 그런 감정과 심상을 가져야 하고 휘몰아치는 폭풍을 당연히 허용해야 하지만(그것을 어찌 피할 수 있단 말인가?) 그 폭풍을 다스려야 하며 그러한 마음의 상태를 표현하기에 적절한 매체를 찾아내야 한다. 슈베르트는 위대한 작곡가의 특징은 거대한 영감의 전투에 휘말려서 비록 병사들이 전연 통제 불능의 방식으로 맹렬히 날뛴다 하더라도 그렇게 폭풍우가 몰아치는 가운데서 냉정함을 잃지 않고 부대를 지휘한다는 데에 있다고 말했다. 본인들이 예술가가 아니기 때문에 예술의 본성을 잘 알지 못했던 더 고삐 풀린 낭만주의자들의 언급에 비하면 이런 말들은 예술가의 본분이 무엇인지를 아주 분명하고 훨씬 더 진실하게 표현하고 있다.

의지를 그렇게도 찬양했고, 실재의 고정된 본성을 그렇게도 증오했으며, 이런 폭풍과 길들일 수 없는 것들과 간극을 메울 길 없는 심연과 구조화할 수 없는 흐름을 신봉한 이 사람들은 대체 누구였던가? 낭만주의 운동의 발흥에 대해 어떤 사회학적인 설명을 해야겠지만 어쨌든 그것은 매우 어려운 일이다. 내가 지금껏 찾아낼 수 있었던 유일한 설명은 이들이 특히 독일에서 어떤 사람들이었는지 살펴보는 데서 얻은 것이다. 진실을 말하자면 그들은 남달리 세속에 물들지 않은 일군의 사람들이었다. 그들은 가난했고, 소심했으며, 책을 좋아했고, 사회생활을 거북해했다. 그들은 걸핏하면 타박을 받았고 지체 높은 집안의 가정교사로 일해야 했으며, 지속적인 모욕과 억압을 한껏 견뎌내야 했다. 그들이 자신의 우주에 갇힌 채 몸을 웅크리고 있었던 것은 분명하다. 그들은 실러가 말한 휘어진 잔가지와 비슷했다. 언제든 다시 튀어 올라 그 잔가지를 구부렸던 사람을 가격할 수 있다는 말이다. 그들 대부분의 조국이었던, 과도하게 간섭주의적인 프리드리히 대제의 나라 프로이센에는 뭔가가 있었다. 프리드리히 대제는 중상주의자였고 따라서 프로이센의 국력을 신장시키고, 군대를 증강하고, 프로이센을 독일의 모든 군주국 가운데서 가장 강성하고 부유한 나라로 만들었지만, 그와 동시에 그는 소작농을 빈곤

하게 만들었고 시민들 대부분에게 충분한 기회를 허용하지 않았다는 이 사실에 뭔가가 있다는 말이다.

또한 대부분 성직자나 공무원 같은 부류의 자녀들이었던 이들이 자라면서 받은 교육이 특정한 지적·정서적 야심을 품게 했다는 말도 맞다. 하지만 사회적 차별을 매우 엄격하게 유지하던 프로이센에서는 명문가 출신 사람들이 너무 많은 일자리를 차지했기 때문에, 그들은 자신의 야심을 충분히 표출할 길이 없었다. 따라서 그들은 다소 좌절할 수밖에 없었고, 가능한 온갖 종류의 환상들을 만들어 내기 시작하는 결과를 빚게된 것이다.

여기에 뭔가가 있다. 굴욕 당한 부류의 사람들이 프랑스 혁명과 사건들의 총체적 전복에 자극을 받아 이 운동을 일으켰으리라 보는 편이 내게는, 이를테면 루이 오트쾨르Louis Hautecoeur의 이론보다 더 합리적인 설명을 제시하는 것처럼 보인다. 오트쾨르는 그 운동이 프랑스 여인들 사이에서 시작되었으며, 너무 많은 차와 커피의 섭취, 너무 꽉 끼는 코르셋, 독성 있는 화장품과 신체에 유해 효과를 일으키는 여타의 미용 수단들 때문에 생긴 신경과민이 그 원인이라고 생각했다. 전반적으로 이 이론이 아주 깊게 파고 들어볼 만한 가치가 있어 보이지는 않는다.

어쨌든 그 운동은 독일에서 생겨났고 그곳에서 자신의 가장 참된 고향을 찾았다. 그러나 그 운동은 독일이라는 제한된 범위를 넘어서 사회적 욕구 불만과 불평이 존재하는 모든 나라로 옮겨갔고, 특히 폭력적이거나 억압적이거나 비능률적인 소수의 엘리트 무리가 압제를 행사하는 나라들로, 그중에서도 특히 동유럽 나라들로 넘어갔다. 아마도 모든 나라 가운데서도 낭만주의가 가장 열정적으로 표출된 곳을 찾자면 바로 영국일 것이다. 영국에서 전체 낭만주의 운동을 주도한 인물이 바이런

이었는데, 어떤 의미에서 19세기 초에 바이런주의는 낭만주의와 거의 동의어로 여겨질 정도였다.

바이런이 어쩌다 낭만주의자가 되었는지는 설명하자면 이야기가 아주 길다. 설령 그 사연을 안다 하더라도 지금이 그 이야기를 꺼낼 때는 아니라고 생각한다. 그러나 아마도 샤토브리앙이 가장 잘 기술한 그런 유형의 인간이 그였음에는 의심의 여지가 없을 것이다. 샤토브리앙은 이렇게 말했다. "고대인은 저 비밀스런 불안, 억눌린 열정의 쓰라림, 함께 들끓어 오르는 온갖 동요를 거의 알지 못했다. 거대한 정치적 삶, 연무장이나 마르스 경기장에서 벌어지는 시합들, 포럼의 일거리(공공의 업무)가 그들의 시간을 가득 채웠고 마음의 권태를 위한 자리는 남아 있지 않았다." 이것이 확실히 바이런이 처한 조건이었고, 아마도 절반만 낭만주의자였던 샤토브리앙이 그 점을 정확하게 묘사한 것이다. 실제로 샤토브리앙은 주관적이고 내성적인 사람으로서 더 이상 활용할 수 없는 고대 세계와 중세의 신화들을 대체하기 위해 기독교적 가치관에서 모종의 모호한 신화를 끄집어내려 했다는 의미에서만 낭만주의적이었다.

이 운동을 바라보는 샤토브리앙의 태도는 반은 존중이고 반은 냉소였다. 아마도 이 운동을 가장 잘 표현하고 있는 것은 19세기에 한 익명의 시인이 압운을 잘 맞춰 프랑스어로 쓴 짧은 시일 것이다.

> 복종은 고전학자들의 천한 마음에 달콤하다.
> 그들에게는 늘 모범으로서나 규칙으로서나 누군가가 있다.
> 예술가는 오로지 그 자신의 자아에만 귀를 기울여야 하며,
> 오로지 자부심만이 낭만주의의 영혼을 채운다.

확실히 이것이 감정적이고 실로 정치적인 19세기 세계에서 바이런이 취한 입장이다. 바이런이 주로 강조한 것은 불굴의 의지다. 주의주의라고 하는 철학 전반, 우월한 인간들이 지배하고 정복해야 하는 세계가 존재한다는 관점의 철학 전반이 그에게서 발흥한 것이다. 위고 이래로 프랑스 낭만주의자들은 바이런의 사도이다. 바이런과 괴테는 위대한 인물이지만 괴테는 매우 애매한 낭만주의자였다. 그는 "앞으로, 앞으로, 멈추지 말라, 중단하지 말라, 기다려야 할 순간을 묻지 말라. 살인을 넘어서, 범죄를 넘어서, 궁리할 수 있는 모든 장애물을 넘어서, 낭만주의의 정신은 자기 갈 길을 가야 하노라."라고 계속 외쳐대는 자의 모습을 파우스트에게 구현했지만, 그의 나중 작품들과 그의 인생은 그런 외침이 거짓임을 드러냈다. 바이런은 자신의 신념을 가장 설득력 있는 방식으로 실천에 옮겼다. 유럽인의 의식에 스며들어 낭만주의 운동 전체에 감화를 준 그의 전형적인 변설 몇 대목을 여기 소개한다.

> 혼자서 그는 결코 즐거울 일 없는 망상 속에 몰래 거닐었다. 〔…〕
> 쾌락에 싫증이 난 그는 비애를 갈구할 지경이었다.
> 그리고 분위기의 전환을 위해서라면 아마 저 아래 어둠에라도 찾아가고 싶을 것이다.*

> 그의 속에는 모든 것에 대한 치명적인 경멸이 들어 있었다. 〔…〕
> 그는 지금 숨 쉬고 있는 이 세계에서 이방인으로 서 있었다. 〔…〕
> 그는 아주 높이 저 너머로 솟구쳐 오르거나, 혹은 밑바닥으로 가라

---

* 여기서 '저 아래 어둠'은 죽음을 의미한다.

않았다. 〔…〕

그가 함께 숨 쉬며 살라는 저주를 받았다고 느끼게 했던 저 사람들
〔…〕.

이것은 부랑자이자 망명자이자 초인이자 기존의 세계를 도저히 견딜
수 없었던 한 인간이 남긴 전형적인 기록이다. 그의 영혼은 기존 세계를
담아내기에는 너무 컸다. 그가 가진 이상은 뜨겁게 전진하는 영속적인
운동의 필연성을 미리 전제로 한 것이었다. 문제는 기존 세계의 우둔함
과 상상력 없음과 지루함이 항시 이 운동에 제약을 가한다는 것이었다.
따라서 바이런 같은 사람들의 삶은 경멸에서 시작해 악덕으로 넘어가고
거기서 범죄와 공포와 절망으로 나아간다. 이것이 바로 그의 시가詩歌를
채우고 있는 모든 이단자들, 라라들, 카인들의 일상적인 생애이다. 〈만
프레드Manfred〉의 한 대목을 보라.

내 정신은 사람들의 영혼과 함께 걷지 않았다.
인간의 눈으로 지상을 쳐다보지도 않았다.
그들이 가진 야망의 갈증은 내 것이 아니었다.
그들 삶의 목표는 내 것이 아니었다.
나의 기쁨, 나의 슬픔, 나의 열정, 그리고 나의 힘
이것들이 나를 이방인으로 만들었다 〔…〕.

바이런 증후군의 총체는 내가 해명하고자 애쓴 두 가지 가치에 대한
집착에 있다. 하나는 의지이고, 다른 하나는 적응해야 하는 세계의 구조
같은 것은 없다는 생각이다. 이 증후군은 바이런에게서 다른 사람들에

게로, 라마르틴Lamartine, 빅토르 위고, 노디에Nodier, 프랑스의 낭만주의자들 전반에게로 전이된다. 그리고 더 나아가 쇼펜하우어에게까지 간다. 쇼펜하우어는 인간을 광대한 의지의 대양에 내던져진 한갓 연약한 나무껍질 같은 존재로 본다. 그 의지에는 목적도, 목표도, 방향도 없으며 인간은 오로지 위험을 감수하고서만 그것에 저항할 수 있을 뿐이다. 이 거칠고 예측할 수 없는 고유의 환경 속에서 뭔가 질서를 잡고, 제 자신을 깨끗이 정돈하고, 자신을 위해 안락한 거처를 창조하려는 불필요한 욕망을 어떻게든 제거할 때에만 인간은 그 의지와 타협을 이룰 수 있다. 이 생각은 쇼펜하우어에서 바그너에게로 넘어간다. 예를 들어, 바그너가 〈반지The Ring〉에서 전하는 전체적인 장광설은 만족할 수 없는 욕망의 섬뜩한 본성이 가장 무시무시한 고통으로 이어지고, 결국 피할 수도 만족할 수도 없는 욕망에 사로잡힌 모든 이들은 가장 폭력적인 방식으로 희생되어야만 한다는 것이다. 그 결과는 최후의 절멸이어야 한다. 라인의 강물이 불어올라 모든 인간을 감염시킨 이 폭력적이고, 혼란하고, 막을 수 없고, 치유 불가능한 질병을 수몰시키는 것이다. 그것이 바로 유럽에서 벌어진 낭만주의 운동의 핵심이다.

이제 앞으로 되돌아가 내가 처음에 제시했던 그 긴 목록과 관련된 견해가 무엇인지 다시 숙고해 보자. 나는 표면적으로 낭만주의가 모든 문제마다 어떤 견해를 주장하면서 그것의 반대 견해를 동시에 주장하는 것처럼 보인다는 점을 입증하려 했다. 내가 옳다면, 아마도 이 두 가지 원리 즉 의지의 필연성과 사물 구조의 결여가 내가 언급했던 규준 대부분을 만족할 수 있으며, 매우 엄중해 보이는 모순들도 어쩌면 겉보기만큼 그렇게 지나치게 극단적이지는 않다는 주장이 가능할 것이다.

러브조이가 몹시도 불만을 터뜨렸던 양상에서부터 시작해 보자. 어떻게 '낭만주의'라는 단어가 그렇게 모순적인 두 가지 측면을 동시에 가리킬 수 있단 말인가? 낭만주의는 한편으로 고귀한 야만인들, 원시주의, 단순한 삶, 뺨이 불그스레한 소작농들, 도시의 무시무시한 세련성을 등지고 바라보는 그 당시 미국의 웃음 짓는 대초원, 지구상의 실존 지역이나 가상의 지역에서 찾을 수 있는 다른 어떤 단순한 삶의 형식 등을 지향하면서, 다른 한 편으로 파란 머리장식, 녹색 머리카락, 독주 압생트, 그리고 어지간히 사람들의 주목을 끌기 위해 바닷가재를 끌고 파리의 거리를 돌아다녔고 실제로 그렇게 주목을 끄는 데 성공했던 제라르 드 네르발을 찬양한다. 이 두 측면 사이에 어떤 공통점이 있느냐고 묻는다면 (너무도 당연한 일이지만 러브조이는 동일한 한 단어를 사용해 이 두 가지를 마음 놓고 가리킬 수 있어야 한다는 사실에 놀라움을 표현한다), 그에 대한 답변은 그 두 측면 모두 기존에 주어진 것의 본성을 깨고 싶어 한다는 것이다. 18세기에 우리는 극단적인 수준의 정교화를 얻는다. 우리는 형식과 규칙과 법률과 예의범절과 지극히 꼼꼼하게 잘 조직된 삶의 형식을 얻는다. 예술에서건 정치에서건 다른 어떤 영역에서건 마찬가지이다. 바로 이것을 파괴하는 것이라면, 이것을 날려버리는 것이라면 무엇이든 환영이다. 따라서 한편으로 축복의 섬[the Isles of the Blest, 석양 너머 어딘가에 있다는 가상의 섬]으로 가건, 고귀한 인디언들을 찾아 가건, 루소가 부르는 그의 노래처럼 소박한 인간의 썩지 않은 소박한 마음을 찾아가건, 아니면 다른 한편으로 녹색 머리장식과 파란 조끼와 난폭한 심신 불안에 빠진 인간들과 극단적일 만큼 최고의 세련성을 지닌 사람들과 보헤미안다운 황량한 인생관을 찾아가건 아무 상관이 없다. 어차피 양쪽 모두 기존에 주어진 것들을 산산조각 박살내는 방법이기는 마찬가지기 때문이다. 호프만의 이야기에서처럼 놋쇠 고리쇠가 노파가 되고, 혹은 노파가 시의원이 되고, 혹은 시의원이 과일주를 담는 대접이 될 때, 이것은 단지 우리의 감정에 흥을 돋우려 하거나 금방 잊어버릴 쾌락을 주는 환상적인 이야기를 가벼이 꺼내려는 의도가 아니다. 고골Gogol의 유명한 단편 〈코The Nose〉에서는 하급 공무원의 얼굴에서 떨어져 나온 코가 정장 모자와 두꺼운 외투를 입고 매우 난폭한 낭만주의적 모험을 즐긴다. 이것은 단지 아주 괴이한 이야기를 하려는 게 아니다. 바꿀 수 없도록 그냥 주어진 것의 섬뜩한 본성을 침공한 것이다. 바로 그것을 공격한 것이다. 저 반듯한 표면 아래에는 말로 표현할 수 없는 무서운 힘들이 들끓고 있다. 어떤 것도 그냥 당연시 될 수 없다. 삶을 바라보는 심오한 관점은 거울처럼 매끈한 저 표면을 깨뜨리는 일을 본질적으로 수반해야 한다. 바로 이런 것들을 보여 주고픈 소망이 있는 것이며, 극단적인 세련성을 향하든 어떤 미지의 소박성을 향하든 어떤 길로 가더라도 결과는 같다.

물론 만약 우리가 실제로 고귀한 야만인이 될 수 있고 실제로 어떤 세련되지 않은 나라에서 매우 원시적인 삶을 살아가는 소박한 토박이로 변신할 수 있다고 생각한다면, 마법은 사라진다. 그러나 아무도 그렇게는 안 된다. 고귀한 야만인이라는 낭만주의적 시각의 전반적인 요점은 그처럼 되기가 쉽지 않는다는 것이었다. 그처럼 되기가 쉬웠더라면 그는 아무짝에도 쓸모가 없었을 것이다. 왜냐하면 그럴 때 그는 흉측하게 주어진 소름끼치는 삶의 규칙이 되었을 것이기 때문이다. 그것이 대체한 것 못지않게 사람들을 제약하고 규율하는 것이 되고 그만큼 경멸할 만한 대상이 되는 것이다. 따라서 그것은 찾아낼 수 없는 것이고 성취할 수 없는 것이고 무제한적인 것이다. 바로 여기에 문제의 본질이 있다.

유사한 문제가 있다. 한편으로 마법사, 유령, 그리핀, 해자, 귀신, 깩깩

거리는 박쥐가 중세의 성을 에워싸고 있으며 손에 피범벅을 한 귀신과 온갖 종류의 신비롭고 무시무시한 협곡에서 흘러나오는 무시무시한 어둠의 목소리가 있다. 다른 한편으로 마상 시합, 사자使者와 사제, 왕가와 귀족, 고요하고 존엄하고 변경 불가하며 본질적으로 그 자신과 불화를 일으키지 않는 평화롭고 유기적인 저 중세기의 위대한 풍경이 있다. 이들 사이에 대체 어떤 공통점이 있는가? (두 종류의 현상 모두 낭만주의 작가들이 상투적으로 다루는 소재이다.) 그 답변은 이렇다. 리옹이나 버밍엄 같은 곳의 초기 산업 문명에서 접하는 일상의 현실과 이 두 현상을 나란히 놓고 생각해 보라. 둘 다 이런 현실에 손상을 입힌다.

이례적인 스콧Scott의 사례를 생각해 보자. 여기에 흔히 낭만주의자로 간주되는 작가가 한 명 있다. 이제 이렇게 물어볼 수 있을 것이다. 수많은 마르크스주의 비평가들도 실제로 당황하며 이렇게 물은 바 있다. 어째서 스콧이 낭만주의 저술가인가? 스콧은 단지 상상력이 아주 풍부한 주도면밀한 작가로서, 17세기의 스코틀랜드나 13세기의 영국이나 15세기의 프랑스 같은 지나간 시대의 삶을 대단히 성실하게 묘사해 냄으로써 온갖 유형의 역사가들에게 영향을 미쳤을 뿐이다. 어째서 이 사람이 낭만주의자란 말인가? 그 자체로는 아닌 걸로 보인다. 단지 조상들의 엄정한 풍습을 기술하는 매우 충실하고 꼼꼼한 중세 역사가라면 그저 최고의 고전적 전통을 따르는 역사가라 할 것이다. 그런 사람은 단지 능력껏 진리를 말하는 것일 뿐이며, 그것은 어떤 의미로도 낭만주의적이지 않다. 다만 매우 존경할 만한 학술 활동일 뿐이다. 하지만 스콧은 낭만주의 작가였다. 어째서 그렇다는 말인가? 요컨대 그가 낭만주의적인 삶의 형식들을 좋아했기 때문인가? 그런 설명만으로는 부족하다. 요점은 그가 그런 시대들을 대단히 매력적이고 최면에 걸린 듯 환희에 찬 모습으로 묘사해냄으로써 또 다른 가치 집합을 우리의 가치들과 나란히 서 있을 수 있게 해 놓았다는 것이다. 여기서 내가 의미한 우리의 가치들이란 1810년의 가치들, 1820년의 가치들, 스콧 본인이 살던 스코틀랜드 당대의 가치들, 혹은 당대 영국이나 프랑스의 가치들을 말한다. 19세기 초반의 가치들이라 할 수 있는 바로 그 가치들이다. 그는 프로테스탄트의 가치이건, 반낭만주의적인 가치이건, 산업적인 가치이건, 뭐든지 간에 어쨌든 중세적이지 않은 가치들 옆에 경쟁하는 또 다른 가치들을 나란히 놓았던 것이다. 이 또 다른 가치들은 비록 더 나은 것은 아니라 해도 그렇다고 더 나쁠 것도 없었다. 이로써 독점권을 박살냈고, 모든 시대가 그 나름 최선의 시대로서 더 나은 시대를 향해 실제로 전진 중일 것이라고 하는 가능성을 박살냈다.

매콜리Macaulay와 스콧의 차이를 살펴보면, 매콜리는 정확히 이런 측면에서 실제로 진보를 믿고 있다는 사실을 발견하게 된다. 그는 모든 것이 제자리를 찾아 들어가고 있으며, 17세기는 18세기보다 박복했고 18세기는 19세기에 비해 운이 나빴다고 믿는다. 모든 것은 지금 그대로 다 괜찮다. 모든 것은 그 나름의 인과적 힘을 통해 설명될 수 있다. 우리는 진보하고 있는 중이다. 모든 것이 제자리를 잡아가고, 모든 것이 전진한다. 비용을 치러야 할 수도 있다. 하지만 그런 동시에 간과하지 말아야 할 것은 만약 인간의 우둔과 나태와 심술과 여타의 어두운 힘과 기득권 등이 없었더라면, 우리는 훨씬 더 빠르게 진보하고 있었으리라는 점이다. 그가 제임스 밀James Mill 같은 공리주의자들과 어느 정도 공유하고 있던 생각이 바로 그것이다. 베이컨처럼 그 역시 신비적인 종교를 믿지 않았으며 그것은 당연하다. 이런 그림하에서 우리는 실재가 존재하고, 실재에 특정한 본성이 있으며, 우리가 그것을 연구하고, 우리는 과학적이며, 우리는 이전에 비해 지금 더 많은 것을 알고 있다고 말할 수 있다. 우리 조상들은 행복해지는 법을 잘 알지 못했고 우리는 더 잘 안다. 우리는 그것을 완벽하게 알지는 못하지만, 우리는 더 잘 안다. 그리고 우리 후손들은 더 잘 알게 될 것이다. 실질적으로 가능한 모든 인간적 소망이 조화롭게 몽땅 실현될 수 있는 안정적이고 완벽한 불변의 사회라는 목표를 과연 우리가 성취할 수 있을지는 그 누구도 말할 수 없지만, 그것이 불합리한 이상인 것은 아니다. 이것이 바로 다 짜 맞춰진 직소 퍼즐의 이상이다.

만약 스콧이 옳다면, 이런 말은 참일 수 없다. 이것은 다시 한번 헤르더와 비슷한 견해이다. 만약 현재의 가치들보다 더 가치 있는 과거의 가치들이 존재한다면, 아니 적어도 현재의 가치들과 경쟁할 수 있는 그런 과거의 가치들이 존재한다면, 만약 13세기 영국 어디엔가 혹은 공간적으로나 시간적으로 세계의 어떤 외진 구석 어디엔가 격조 높은 문명이 존재하는데 그것이 우리가 지금 살고 있는 단조로운 문명에 비해, 더는 아니더라도 적어도 그에 못지않게 매력적임에도 다른 곳에서는 재현이 불가능한 것이라면(바로 이 점이 중요하다), 다시 말해 우리가 거기로 되돌아갈 수가 없고 다시 건설할 수도 없어서 단지 꿈이나 환상으로 남을 수밖에 없는 까닭에 그것을 추구하는 일이 오로지 실망의 대상이 될 뿐이라면, 만약 실제로 사정이 그러하다면, 그 무엇도 우리를 만족시켜 주지 않을 것이다. 왜냐하면 두 개의 이상은 충돌을 빚게 되며 그런 충돌을 해소한다는 건 불가능하기 때문이다. 모든 문화에 속한 최고의 것들을 한자리에 담아내는 형국을 성취하는 일이란 불가능하다. 왜냐하면 그 최고의 것들은 서로 양립할 수가 없기 때문이다. 따라서 양립 불가능성이라는 개념과 각각의 이상이 제 나름의 타당성을 갖는다는 이른바 이상의 다원성이라는 개념은 낭만주의가 질서 개념, 진보 개념, 완벽성, 고전적 이상, 사물의 구조라는 개념에 맞서기 위해 사용하는 거대한 공성퇴의 일부가 된다. 아주 놀랍게 들리겠지만 스콧을 마땅히 낭만주의 작가라고 불러야 하는 이유가 바로 여기에 있다.

그 어떤 보편적 패턴도 없고, 위대한 양식도 없다. 디드로가 말한 '진정한 시행詩行, la ligne vraie', T. S. 엘리엇이 꿰뚫어보고 싶었던 저변의 전통, 이런 것들은 전체 낭만주의 운동이 시종일관 지독한 망상이라며 거부하고 비난한 것들로서 오로지 그것을 추구하는 자들을 우둔함과 얄팍함으로 인도할 가능성이 높다. 그게 바로 포프의 "정돈된 자연Nature Methodiz'd"이고, 그게 바로 아리스토텔레스이다. 그리고 낭만주의자들이 가장 가차없이 경멸한 것이 바로 그것이다. 따라서 우리는 이 질서를 깨야 한다. 과거로 돌아가거나 혹은 바깥 세계를 등지고 자신 안으로 들어감으로써 그것을 깨야 한다. 우리가 비록 모종의 위대한 정신적 추세에 비록 완벽하게 동화될 수는 없다 하더라도 어떻게든 하나가 되는 길을 찾아 나서야 한다. 혹은 결코 완벽하게 실현되지는 않겠지만 우리는 무슨 신화라도 어떻게든 이상화해야 한다. 북구의 신화건 남부의 신화건 켈트 신화건 어떤 다른 신화건 중요치 않다. 계급 신화도 좋고 민족 신화도 좋고 기독교 신화도 좋다. 무엇이든 상관없다. 신화는 끊임없이 우리를 앞으로 몰아갈 것이며 결코 완전히 실현되지는 않을 것이다. 신화의 본질과 가치는 엄밀히 말해서 실현 불가능성에 있고 그러므로 완전히 실현된 신화라면 더는 쓸모가 없을 것이다. 의지, 그리고 하나의 활동으로서 인간 혹은 끊임없이 창조하고 있어서 딱히 무어라 기술될 수 없는 존재로서의 인간, 내가 아는 한 낭만주의 운동의 본질은 그것이다. 우리는 그 자신을 창조하고 있다고도 말해서는 안 된다. 왜냐하면 자아란 없으며 오로지 운동만 있기 때문이다. 이것이 바로 낭만주의의 정수이다.

마지막으로, 낭만주의가 오늘날에 미친 영향에 관해 뭔가 이야기를 해야겠다. 낭만주의는 비록 역풍을 맞아 그 위력이 어지간히 누그러지긴 했으나 확실히 매우 방대한 영향을 미쳤다.

낭만주의에 관해 다른 무슨 말을 할 수 있건 간에 그것이 고전주의가 남긴 무언가에 손을 댔고 무의식의 어두운 힘에도 손을 댔다는 점에는 의심의 여지가 없다. 인간에 대한 고전적 기술이나 과학적으로 영향을 받은 사람들, 즉 과학자들이나 엘베시우스나 제임스 밀이나 H. G. 웰스나 버나드 쇼나 러셀 같은 사람들이 인간에 대해 내놓은 기술이 인간의 총체적 면모를 포착하지 못한다는 사실에도 분명히 손을 댔다. 낭만주의는 인간 실존의 특정한 측면들, 특히 인간적 삶의 내향적인 측면이 존재하며 그런 측면이 총체적으로 버려지는 바람에 전반적인 그림이 매우 난폭한 수준으로 왜곡되었다는 사실을 인정했다. 낭만주의가 오늘날로 이어져 생겨난 운동 중 하나가 프랑스의 소위 실존주의 운동이다. 이제 이에 관해 몇 마디 언급하고 싶다. 내가 보기에 실존주의는 낭만주의의 가장 진실한 상속자이기 때문이다.

내가 논의의 출발점으로 삼았던 낭만주의의 위대한 성취는 인간사 대부분의 다른 위대한 운동과 달리 우리의 특정 가치들을 매우 심원한 수준에서 변모시키는 데 성공했다는 것이다. 바로 그것이 실존주의를 가능케 했다. 먼저 나는 그러한 가치들이 뭔지 대략 이야기할 생각이다. 그런 다음 어떻게 낭만주의가 그 현대 철학에 스며들어 갔고, 뿐만 아니라 어떻게 정서주의 윤리 이론이나 파시즘 같은 현대적 삶의 다른 특정 현상들에도 개입하게 되었는지 보이려 한다. 실제로 낭만주의는 정서주의나 파시즘에 각기 깊은 영향을 미쳤다.

나는 이미 낭만주의 운동과 더불어 새로운 묶음의 덕목들이 등장했다는 사실을 지적한 바 있다. 하지만 지금은 그 사실을 훨씬 더 세게 강조해야 한다. 우리는 의지이고 칸트적인 혹은 피히테적인 의미에서 자유로운 존재일 수밖에 없기 때문에 동기가 결과보다 더 중시된다. 결과는 통제할 수 없지만 동기는 통제할 수 있기 때문이다. 우리는 자유로워야 하고 최대한 나 자신이 되어야 하기 때문에, 모든 덕 중에서도 가장 위대한 덕은 실존주의자가 진정성이라고 부르고 낭만주의자가 진실성이라고 부른 바로 그것이다. 내가 앞서 말하고자 했던 바와 같이, 이것은 새로운 발상이다. 왜냐하면 만약 17세기에 프로테스탄트와 가톨릭이 빚은 종교적 갈등에 관해 아는 사람이라면 가톨릭교도가 설마 이렇게 말했으리라고는 믿지 않았을 것이기 때문이다. "프로테스탄트는 저주받을 이단이며 영혼을 파멸로 인도하지만, 성실한 자들로서 자기가 믿는 그 헛소리를 위해서라면 목숨마저도 기꺼이 내놓을 준비가 되어 있다는 사실만큼은 도덕적으로 고귀한 것이다. 충분히 고결한 인간이라면, 그리고 제단 앞에 자신을 희생시킬 준비가 되어 있는 인간이라면 그 누구든지 뭐가 어찌되었든 존중할 만한 가치가 있는 도덕적 인격의 소유자이다. 그 자가 무릎 꿇고 고개 숙인 그 이상이 아무리 경멸할 만하고 아무리 거짓된 것이라 해도 문제가 안 된다." 이상주의라는 개념은 새로운 것이다. 이상주의는 건강, 재산, 인기, 권력, 감정이 요구하는 온갖 종류의 욕망을 포기할 용의가 있는 사람들을 존경한다는 의미이다. 그들은 본인이 통제할 수 없는 것, 칸트가 외적 요인이라고 부른 것, 그 자체로 심리 세계나 물리 세계의 일부라 할 수 있는 감정 등을 단념하고 무엇이건 진정으로 자신을 동일시할 수 있는 그 무언가를 위해 그런 것을 내버릴 준비가 되어 있는 사람들이다. 이상주의가 훌륭한 것이고 현실주의가 나쁜 것이라는 생각이 바로 낭만주의 운동이 낳은 결과물이다. 자신에게 현실주의자적인 면이 있다고 말하는 것은 나는 이제 곧 거짓말을 할 작정이라거나 특별히 추레한 짓을 저지르려 한다는 것을 의미한다. 진실성은 그 자체로 덕이다.

이것이 전체적인 구도의 핵심이다. 1820년대 이래로 지금까지 소수자들 그 자체와, 도전 그 자체와, 어떤 면에서 성공보다 더 고귀한 것으로 여겨지는 실패와, 현실에 대한 모든 종류의 반대와, 원리가 그 자체로 불합리한 것일 수 있다는 생각으로 원리를 바라보는 견해 등이 존중받아 왔다는 사실, 그런 태도들이 2의 제곱이 7이라고 말하는 사람을 대할 때의 경멸 같은 것을 받지 않는다는 사실(그것도 하나의 원리 아니냐고 하겠지만 우리는 그것이 무언가 거짓된 주장임을 안다), 바로 이것이 의미심장한 것이다. 낭만주의가 한 일은 가치, 정치, 도덕, 미학의 문제에서 사람들 사이에 작동하는 객관적 규준이 존재하며 그런 규준을 사용하지 않는 사람은 누구나 거짓말쟁이거나 미친 사람일 뿐이라고 하는 생각 전반을 뒤흔든 것이었다. 이런 객관적 규준은 수학이나 물리학 같은 영역에나 적용되는 것이다. 이렇듯 수학, 물리학, 혹은 상식의 특정 영역처럼 객관적 진리가 성취되는 분야와 윤리학이나 미학처럼 객관적 진리가 위태로워지는 분야를 분리한 새로운 발상은 삶에 대한 새로운 태도를 창조했다. 이것이 잘 된 일인지 잘못된 일인지는 나로서는 감히 입에 올릴 생각이 없다.

역사 속의 특정 유명인사에 대해 우리가 어떤 종류의 도덕적 평가를 내려야 하는지 자문한다면 이제 이런 식이 된다. 우선 프리드리히 대제나 케말 파샤처럼 인류에게 이로움을 안겨준 소위 공리주의적 인물들을 고찰해 볼 수 있다. 이들에 관해서 우리는 그들의 사사로운 성격들이 전혀 흠잡을 데 없는 것은 아니라고 생각할 수 있다. 우리는 이들이 아마도 어떤 측면에서 무자비하거나 야수적이거나 잔인했다고 말할 수 있다. 혹은 사람들이 전반적으로 승인하지 않는 특정 충동들로부터 이들이 완전히 자유롭지 않았다고도 말할 수 있다. 동시에 그들이 자국민의 삶을 개선했고, 수완이 있었고, 능률적이었고, 생활 수준을 높였으며, 지금껏 지속되어 온 거대한 국가조직을 만들었고, 엄청나게 많은 사람들에게 엄청나게 큰 만족과 힘과 행복의 원천을 제공했다는 점에는 의심의 여지가 없다. 이제 이들을 라이덴의 얀John of Leiden처럼 명백히 사람들의 고통을 야기한 어떤 이와 비교한다고 해 보자. 그는 뮌스터에 식인 풍습이 생겨나게 만들고 자신의 묵시록적인 종교를 위해서 엄청나게 많은 사람을 학살당하게 만든 장본인이다. 혹은 토르케마다Torquemada는 어떤가. 그는 오늘날의 기준으로 무고하다고 생각할 수밖에 없는 매우 많은 사람들의 영혼을 위한답시고 가능한 가장 순수한 동기에서 그들을 파멸시킨 인물이었다. 자, 이 두 부류 인간들 중에서 어느 쪽을 더 높게 평가해야 하는가? 18세기에는 의심의 여지가 없었을 것이다. 프리드리히 대제가 분명히 종교 광신자보다 더 위에 자리한다. 하지만 오늘날 사람들은 의구심에 시달리고 있을 것이다. 왜냐하면 그들은 이상주의, 진실성, 헌신, 가슴의 순수성, 마음의 순수성이 부패, 불의, 계산, 자기중심주의, 허위, 자신의 이득을 위해 타인을 착취하고픈 욕망보다 더 선호할 만한 성질들이라고 생각하기 때문이다. 저 위대한 국가 건설자들은 의심의 여지없이 후자의 죄를 저지른 사람들이었다.

따라서 우리는 두 세계의 아이들이다. 우리는 일정 정도 낭만주의의 상속자이다. 왜냐하면 낭만주의는 인류가 이런저런 방식으로 지금껏 행진해 왔던 그 거대한 단일 대오의 틀, 이른바 '영원의 철학philosophia perennis'을 깨뜨렸기 때문이다. 우리는 어떤 의구심의 산물이다. 그게 뭔지 딱 잘라 말할 수는 없지만 말이다. 우리는 결과에 아주 많은 점수를 주고, 동기에도 그에 못지않은 많은 점수를 준다. 우리는 그 둘 사이를 오락가락한다. 그러다 도를 넘으면 어떻게 될까. 히틀러 같은 사람이라면 어떤가. 비록 1930년대에는 그런 사람을 옹호하는 목소리가 무척 컸는지 몰라도 우리는 그런 그의 진실성이 반드시 구원의 성질이라고 생각하지 않는다. 그런 사람이라면 실제로 선을 아주 멀리 넘어야 하지만 그렇게 하면 그 사람은 지극히 보편적인 유형의 가치들을 비웃는 꼴이 된다. 그렇게 보면 우리는 여전히 모종의 통일된 전통의 일원들이다. 그러나 우리가 지금 이편에 섰다 저편에 섰다 자유로이 오가고 있는 그 활동의 범위, 우리가 인정하는 허용의 폭은 이전 그 어느 때보다도 훨씬 더 넓다. 이에 대해서는 낭만주의 운동의 책임이 상당히 크다. 이상들의 양립 불가능성, 결과나 능률이나 효과나 행복이나 성공이나 세계 안에서의 지위 같은 것들보다 동기의 중요성, 성격의 중요성, 아니, 어쨌든 간에 목적의 중요성을 설교했다는 측면에서 그렇다. 행복은 이상이 아니라고 횔덜린은 말했다. 행복은 "혀에 닿은 미지근한 물"이다. 니체는 "인간은 행복을 열망하지 않는다. 오로지 영국인만 그럴 뿐이다."라고 말했다. 이런 식의 정서는 17세기나 18세기라면 비웃음을 샀을 것이다. 만약 그들이 지금 비웃음을 사지 않는다면, 아마도 그것은 낭만주의 운동의 직접적 소산일 것이다.

실존주의의 중심적인 설교는 본질적으로 낭만주의적인 것으로서 이른바 세상에는 기댈 것이 하나도 없다는 것이다. 우리가 자신의 행위를 해명하려 한다고 가정해 보라. 그럴 때 우리는 이렇게 말할 것이다. "도저히 어쩔 수가 없어요 C'est plus fort que moi", 감정이 나를 집어 삼켰습니다.

아니면, 비록 내가 싫어하기는 해도 어쨌든 어떤 객관적인 원리가 존재하며 나는 거기에 보조를 맞춰야 한다고 말하기도 한다. 혹은 영원한 제도 혹은 신성한 제도 혹은 객관적으로 타당한 성격을 지닌 제도로부터 명령이 떨어졌다고 말하기도 한다. 비록 내가 그런 제도를 좋아하지 않을 수도 있으나 어쨌든 그것이 명령을 내렸다는 것이다. 여기서 '그것'은 경제학의 법칙일 수도 있고, 내무부일 수도 있고, 그 무엇이라 하든 상관없으며, 그것은 내게 복종을 요구할 권리가 있다. 자, 우리가 이런 식으로 일을 처리하기 시작한다는 것은 단지 알리바이를 대려는 것뿐이다. 실제로는 본인이 결정한 것이지만 내가 결정했다는 그 사실이 불러올 결과들을 애써 마주할 의사가 없을 때, 우리는 그저 내가 결정한 게 아닌 척하는 것이다.

심지어 이렇게 말할 때도 있다. 나는 부분적으로 무의식적인 측면이 있어, 나는 무의식적인 충동의 산물이야, 나는 어쩔 수가 없어, 나는 콤플렉스가 있어, 그것은 내 잘못이 아니야, 나는 이끌려 간 거야, 오늘날 내가 지금의 이 괴물이 되어 있는 것은 아버지가 어머니에게 불친절했기 때문이야. 실존주의에 따르면 이런 말들은(이에 관해서는 실존주의가 아마도 옳을 것이다) 비굴하게 비위를 맞추거나, 혹은 자기가 전적으로 자유롭게 실행할 수 있었던 행위들에 대한 책임의 무게를 객관적인 무엇에게로 전가함으로써 동정을 얻으려는 시도일 뿐이다. 이럴 때 그런 책임 전가의 대상이 정치 조직이건 심리학 이론이 되었던 개의치 않는다. 우리는 자기 어깨에 실린 책임을(결정을 내린 사람이 바로 본인이므로) 다른 데로 옮기려고 애쓰는 중이다. 일단 본인이 괴물이라고 말하면(괴물이 된다는 것에는 분명 개의치 않는다), 그게 나쁘다는 것은 알지만 어쨌든 악담은 모면하게 되는 상황을 득의의 심정으로 수용하는 모양새가 된다.

이렇게 말하면 되기 때문이다. 나를 괴물로 만든 건 내가 아니라 사회야, 사회에게 책임이 있어. 우리 모두는 결정된 존재들이야, 어쩔 도리가 없어, 세상을 가득 채우고 있는 인과율이라는 게 있어, 나는 단지 어떤 강력한 힘의 도구일 뿐이야, 그 힘이 당신을 선하게 만드는 걸 내가 막을 수 없듯이 마찬가지로 그 힘이 나를 악하게 만드는 것도 내가 막을 수는 없는 일이야, 우리는 주어진 운명을 어찌할 도리가 없어, 누구라도 마찬가지야, 우리는 단지 거대한 인과적 과정을 구성하는 조각들일 뿐이야.

사르트르가 피히테의 관점을 되풀이하고 칸트의 견해를 되풀이한 데에는 합당한 이유가 있다. 저런 태도를 자기기만 혹은 의도적인 타인 기만이라고 말할 때, 그 모든 것이 궁극적으로 이들에게서 나온 말들이기 때문이다. 실존주의자들은 이보다 더 멀리까지 나아간다. 그들은 우주의 형이상학적 구조라고 하는 바로 그 개념과 신학이나 형이상학이라고 하는 바로 그 개념을 거부한다. 그들은 특정 사물들에 본질이란 것이 있다고 말하려는 시도(이는 사물들이 지금 그대로의 모습을 하고 있는 것이 마땅히 필연임을 의미한다), 우리가 도달한 세계는 변경할 수 없는 특정 구조를 갖고 있다고 말하려는 시도를 거부한다. 그들은 이 세계에는 이를테면 물리적 구조, 화학적 구조, 사회 구조, 심리적 구조, 형이상학적이고 신학적인 구조가 있으며 이 위대한 창조물의 꼭대기에는 신이 있고 맨 밑에는 아메바가 있다는 식으로(아니 뭐가 있다고 믿든 상관이 없다) 말하려는 시도를 거부한다. 이런 것들은 터무니없이 아늑한 환상을 지어내서 세계 속에 마음 편히 거주하고 싶은 인간의 병리적인 시도에 지나지 않는다. 이것은 자신이 더 편안하게 적응할 수 있는 대상으로 세계를 바라보는 것이고, 자기가 한 모든 행위에 대한 총체적 책임을 자기가 다 짊어져야 한다는 섬뜩한 전망을 직시할 필요가 없는 방식으로 세계를

256

바라보는 것이다. 사람들은 자기가 저지른 일에 대한 이유를 대면서 이렇게 말한다. "난 이걸 추구하느라, 저것 때문에 이 일을 한 거야." 누군가가 "하지만 왜 그런 특별한 목적을 추구하는 건데?"라고 물으면 이렇게 대답한다. "왜냐하면 그게 객관적으로 옳은 것이니까." 실존주의자에 따르면 이런 대답 또한 진공 상태에서 이뤄져야 하는 자유로운 선택의 책임을 자연의 법칙, 현인의 말씀, 경전의 교리, 실험실 과학자들의 선언, 심리학자와 사회학자의 언급, 정치인이나 경제학자가 선포한 말 등과 같이 나 자신이 아닌 다른 객관적인 무언가로 전가하려는 시도이다. 책임은 내게 없다. 그것들이 책임이다. 이것은 책임을 떠넘기면서 실제로 우주란 나, 오로지 나 홀로만 존재하는 일종의 진공이며 그 우주 안에 만들어져야 할 것은 뭐든 다 내가 만든다는 사실(이것이 바로 우리가 우주를 부조리하다고 부를 때의 의미다)에는 헛되이 눈을 감으려는 시도로 여겨진다. 우리가 만든 것을 만든 책임은 우리에게 있으므로 우리는 책임의 경감을 탄원할 수 없다. 모든 변명은 거짓이며 모든 설명은 발뺌에 불과하다. 현실을 회피하지 않고 있는 그대로 직시할 만큼 용감하고 비극적인 사람이라면 이런 사실을 직시하는 편이 좋을 것이다. 이것은 실존주의가 내놓은 스토아풍의 설교로서, 직접적으로는 낭만주의에서 끄집어낸 발상이다.

일부 낭만주의자들은 확실히 선을 한참 넘었다. 막스 슈티르너Max Stirner의 특별한 사례가 이를 설명해 줄 수 있다. 아마도 이 사례가 낭만주의 사상 가운데 결국 오늘날의 우리에게까지 가치 있다고 할 만한 요소가 무엇인지를 잘 보여줄 것이다. 슈티르너는 독일의 헤겔주의 교사로서 아주 올바르게도 다음과 같은 주장을 펼친 인물이었다. 낭만주의자들은 사람들이 제도가 영원하다고 생각하는 것은 잘못이라고 본다는 점에서 아주 옳다. 인간이 다른 사람들을 이롭게 하고자 자유롭게 창조한 것이 바로 제도이며, 제도는 시간의 흐름 속에 서서히 낡아간다. 따라서 현재의 관점에서 제도를 바라보고 그것이 낡았음을 알았다면, 그것을 철폐하고 우리 자신의 불굴의 의지를 통해 자유롭게 도달한 새로운 제도를 수립해야 한다. 이것은 단지 정치, 경제 등등의 공적 제도에만 해당되는 말이 아니다. 신조들에도 똑같이 해당된다. 신조는 우리에게 가장 끔찍한 짐이 될 수도 있다. 현 시대 혹은 우리 자신의 의지가 더는 요망하지 않는 온갖 종류의 관점을 우리에게 억지로 옭아매는 사슬과 폭군이 될 수도 있는 것이다. 따라서 이론들 또한 날려버려야 한다. 헤겔주의이건 마르크스주의이건 어떤 종류의 일반 이론이건 간에 모두 다 그 자체로 소름끼치는 폭정의 형식일 뿐이다. 그런 이론은 개개 인간들의 선택을 넘어서 있는 모종의 객관적 타당성을 보유하고 있다고 주장한다. 이 말이 옳은 말일 수 없는 이유는 그것이 우리를 가두어 제약을 가하고 우리의 자유로운 활동에 한도를 얹기 때문이다. 하지만 이런 말들이 신조에 적용된다면, 모든 일반 명제에도 똑같이 적용될 것이고, 모든 일반 명제에 적용된다면, 이제 일부 낭만주의자들이 확실히 받아들이는 마지막 단계로서, 모든 단어 하나하나에도 적용될 것이다. 왜냐하면 모든 단어는 일반적이기 때문이다. 모든 단어는 사물을 분류한다. 만약 내가 '노랑'이라는 단어를 사용한다면, 나는 그 단어로 내가 어제 그 단어로 의미했고 내일 그 단어로 의미할 것을 의미하고 싶을 것이다. 그러나 이것은 끔찍한 속박이다. 무시무시한 폭정이다. 어째서 '노랑'이라는 단어는 오늘도 내일도 똑같은 의미를 가져야 한단 말인가? 어째서 내가 그 의미를 바꿀 수 없나? 어째서 2의 제곱은 항상 4이어야 하나? 어째서 단어들은 일률적이어야 하나? 어째서 나는 매번 새로 시작하면서 나만의 우주를 만들어 낼 수 없는가? 그러나 만약 내가 정말 그렇게 한다면, 만약 조직화된 상징체계가 존재하지 않는다면, 나는 생각할 수 없다. 만약 생각할 수 없다면, 나는 미칠 것이다.

공정히 평가하자면, 슈티르너는 확실히 정신이 나간 사람이었다. 그는 1856년에 정신 병동에서 완벽히 평화롭고 무해한 정신병자로서 자신의 삶을 매우 명예롭게, 그리고 매우 일관되게 마감했다.

뭔가 이와 비슷한 생각이 니체의 마음속에서도 끓어오르고 있었다. 니체는 훨씬 더 뛰어난 사상가였지만 어떤 측면에서는 슈티르너와 비슷하다. 이로부터 우리는 하나의 도덕적 교훈을 이끌어 낼 수 있을 것이다. 즉, 우리는 사회에서 살아가는 한 소통한다는 것이다. 소통하지 않았다면, 우리는 거의 인간이 되지 못했을 것이다. '인간'이라는 말의 부분적인 의미란 인간이라 불리는 존재라면 어쨌건 사람들이 자기에게 하는 말을 어느 정도는 이해해야 한다는 것이다. 그렇다면 이런 측면에서 공통 언어, 공통의 의사소통이 있어야 하며, 어느 정도는 공통의 가치관도 있어야 할 것이다. 그렇지 않다면 인간들 사이의 이해 가능성은 없게 될 것이다. 다른 인간이 하는 말을 이해할 수 없는 인간은 거의 인간이라 할 수 없다. 그는 단호히 비정상이다. 정상성이라는 게 있고 의사소통이라는 게 존재하는 만큼 공통의 가치관도 존재한다. 공통의 가치관이 존재하는 만큼, 내가 모든 것을 창조해야 한다고 말한다는 것은 있을 수 없는 일이다. 무언가 주어진 것이 눈에 띄면 박살내야 한다고 말하거나, 무언가 구조가 있는 것이 눈에 띄면 고삐 풀린 상상력에 활동의 자유를 부여하기 위해 파괴해야 한다고 말하는 것도 어불성설이다. 이런 측면에서 낭만주의가 자체의 논리적 귀결로 내몰리게 되면 실제로 모종의 광기에 이르게 되는 것이다.

파시즘 또한 낭만주의의 상속자이다. 하지만 그 이유는 파시즘이 비이성적이기 때문도 아니고(수많은 운동이 비이성적이었다) 엘리트층을 신봉하기 때문도 아니다(수많은 운동이 그런 태도를 가졌다). 파시즘이 낭만주의에 신세를 졌다고 말하는 이유는 이번에도 역시 인간 혹은 집단의 예측 불가능한 의지라는 개념 때문이다. 이 의지는 조직화가 불가능하고, 예측이 불가능하고, 합리화가 불가능한 어떤 방식으로 서서히 앞으로 나아간다. 이것이 그야말로 파시즘의 핵심이다. 내일 지도자가 할 말, 정신이 우리를 움직이게 할 방법, 우리가 갈 곳, 우리가 할 일, 이런 것들은 예고될 수 없다. 히스테리적인 자기주장, 기존 제도의 허무주의적 파괴가 필요하다. 왜냐하면 기존 제도들은 우리의 무제한적인 의지에 제약을 가하는데 무제한적인 의지야말로 인간에게는 유일하게 중요한 것이기 때문이다. 열등한 자들을 분쇄하는 우월한 자들을 인정해야 한다. 왜냐하면 그들의 의지가 더 강하기 때문이다. 바로 이런 것들이 낭만주의 운동에서 직접 상속받은 것들이다. 극단적으로 왜곡하고 멋대로 취사선택한 형태라는 데에는 의심의 여지가 없지만 어쨌든 상속은 상속이다. 그리고 이 상속이 우리 삶에서 지극히 강력한 역할을 수행했다.

사실 이 운동은 전반적으로 미학적 모형을 현실에 입히려는 시도이다. 모든 것은 예술의 규칙에 순종해야 한다고 말하려는 시도인 것이다. 실제로 예술가들은 아마도 낭만주의자의 일부 주장에 상당한 타당성이 있다고 볼 것이다. 그러나 삶을 예술로 변환하려는 그들의 시도는 인간이 소재라는 생각, 다시 말해 물감이나 소리가 재료인 것처럼 인간도 단지 일종의 재료일 뿐이라는 생각을 미리 깔고 있는 것이다. 여기에는 일정 정도 참으로 인정할 수 없는 측면이 있다. 일정 정도 인간은 서로 소통하기 위해 특정한 공통의 가치관, 특정한 공통의 사실들을 인정하면서 공통의 세계에서 살 수밖에 없다. 과학이 말하는 것을 전부 다 헛소리로 치부할 수 없는 측면이 일정 정도 있으며, 상식의 선언이 전부 다 거짓인 것도 아니다. 왜냐하면 그렇게 말하는 것은 그 자체로 자기 모순적이고 불합리한 명제가 되기 때문이다. 이런 면에서 낭만주의는 온전한 하나의 형태로 보건 실존주의와 파시즘으로 갈라선 두 형태로 보건 내게는 오류처럼 보인다.

우리는 낭만주의에 무엇을 신세졌다고 말할 수 있을까? 아주 많다. 우리는 낭만주의에 예술가의 자유라는 개념을 빚졌고, 예술가도 일반적인 인간도 결코 과도하게 단순화한 관점으로는 설명될 수 없는 존재들이라는 사실을 빚졌다. 18세기에 유력했고 오늘날에도 인간이나 인간 집단을 과도하게 합리적이고 과도하게 과학적인 방식으로 분석하는 사람들이 여전히 떠들어 대고 있는 그런 관점으로는 안 된다는 사실을 말이다. 인간사에서 획일적인 답변은 파멸을 초래할 가능성이 높다는 생각도 낭만주의에 빚진 것이다. 만약 모든 인간적 재난을 이겨 내는 단 하나의 해결책이 존재하며 어떤 비용을 치르더라도 그 해결책을 강제로 집행해야 한다고 정말로 믿는다면, 문제 해결이라는 미명하에 폭력적이고 독재적인 폭군이 등장할 가능성이 있다. 왜냐하면 해결책을 가로막는 모든 걸림돌을 제거하려는 욕망은 그 해결책을 제공해 도움을 주려 했던 그 대상을 파멸시키는 결과로 끝날 것이기 때문이다. '많은 가치들이 존재하고 그 가치들이 서로 양립할 수 없다는 생각, 다원성과 소진 불가능성과 인간적인 모든 답과 합의의 불완전함에 대한 전반적인 생각, 예술에서건 인생에서건 완벽하게 참이라 주장되는 그 어떤 답변도 원리상 완벽하거나 참일 수 없다는 생각', 우리는 이 모든 생각들을 낭만주의자들에게 빚진 것이다.

결과적으로 다소 특이한 상황이 발생한 셈이다. 여기에 자신들의 주된 책무가 일상의 관용적인 삶을 파괴하고, 속물적인 실리주의를 파괴하고, 상식을 파괴하고, 인간들의 평화로운 도락을 파괴하는 데에 있다고 생각하는 낭만주의자들이 있다. 이들은 자기표현의 경험을 열정적인 수준으로 끌어올리려 한다. 아마도 구닥다리 문학 작품들에서는 오로지 신만이 도달할 수 있다고 되어 있던 수준의 경험을 실은 누구나 누릴 수 있다는 것이다. 이것이 바로 독일인들 사이에서건, 바이런에게서건, 프랑스인들 사이에서건, 아니 그 누구건 상관없이, 우리 눈에 곧장 들어오는 낭만주의의 설교이자 목적이다. 한편 가치의 다원성이 존재한다는 것을 분명히 주장하면서 고전적 이상이라는 생각이나 모든 의문마다 단일한 답변이 있다는 생각이나 모든 것을 합리화할 수 있는 가능성이 있다는 생각이나 모든 의문에 답변이 가능하다는 생각이나 삶을 바라보는 전반적인 직소 퍼즐식 사고방식 등에는 단단히 쐐기를 박은 결과, 그들은 인간적 이상의 양립 불가능성을 부각하고 강조하게 되었다. 그러나 설령 그런 이상들이 양립 불가능하더라도, 인간은 그런 상황을 견디며 타협해야 한다는 사실을 조만간 깨닫는다. 왜냐하면 내가 타인의 파멸을 추구한다면, 타인도 나의 파멸을 추구할 것이기 때문이다. 그리고 그러다 보면 이런 열정적이고, 광신적이고, 반미치광이 같은 신조 덕분에 오히려 우리는 타인에 대한 관용의 필요성, 인간사에서 불완전한 평형을 보존할 필요성, 우리가 사람들을 위한답시고 만들어 놓은 축사 안으로, 우리를 사로잡은 단일한 해결책 안으로 그들을 너무 깊게 몰고 들어갈 수는 없다는 사실에 대한 자각에 이르게 될 것이다. 결국에 가서 사람들은 우리에게 반란을 일으키거나, 아니면 어쨌든 그 해결책에 짓밟히고 말 테니까.

〈트랑스노냉 거리, 1834년 4월 15일(Rue Transnonain, le 15 avril 1834)〉, 오노레 도미에(Honoré Daumier 작.

그렇다면 낭만주의의 결과는 자유주의, 관용, 품위, 그리고 삶의 불완전성에 대한 자각이자 일정 수준 고양된 이성적 자기이해이다. 이것은 낭만주의자들의 의도와는 매우 거리가 먼 것이었다. 하지만 동시에 그들은 모든 인간 활동의 예측 불가능성을 가장 세게 강조한 사람들이 아니던가. 이런 측면이라면 낭만주의 신조는 참인 셈이다. 그들은 자승자박이 되었다. 어떤 한 목표를 겨냥했던 그들은, 우리 모두에게는 다행스럽게도, 거의 정반대의 결과를 산출했던 것이다.

제2판

부록

맥신 체셔Maxine Cheshire가 쓴 칼럼에 실린
한 성명 미상 화가의, 사진을 바탕으로 한 드로잉.
1965년 2월 28일자 《워싱턴포스트》 F7면.

이 서간 모음의 첫 번째 편지는 헌팅턴 케언스Huntington Cairns*와 존 워커John Walker**가 벌린에게 1964년이나 1965년에 멜론 강연을 맡아달라며 확실한 다짐을 얻기 위해 보내온 편지에 벌린이 쓴 답신이다.

존 워커에게
1960년 12월 19일
옥스퍼드, 헤딩턴 하우스

조니에게

당연히 진작 대답을 했어야 했군요. 이번엔 즉시 대답하겠습니다. 원고를 넘기는 문제 등과 관련하여 모든 조건을 다 지킬 수 있을지는 감히 확실히 답하지 못하겠습니다만, 책 한 권은 약속할 수 있습니다. 데이비드David〔세실Cecil〕***와 관련해서, 내가 그 사람과 순서를 바꿔서 1964년에 강연할 수 있는지 물어보셨는데, 그렇게는 할 수 없습니다. 더 빨리할수록 더 두렵습니다. 그 사람도 자기가 1964년에 할 수 있을지 자신 없어 하더군요. 그러니 아마도 그와는 1966년 강연을 맡는 것으로 계약해야 할걸요! 하지만 그 문제

---

* 1904-85, 워싱턴 D. C. 소재 국립미술관(National Gallery of Art, NGA)의 사무-회계 담당자이자 자문위원, 1943-65 재직.
** 1906-95, 벌린의 개인적인 친구로서 당시 국립미술관 관장. 1956-69 재임.
*** 데이비드 세실 경(1902-86)은 옥스퍼드 뉴 칼리지 평의원(1939-69)이자 1948년부터 골드스미스 영문학 교수를 역임했다. 1966년에 〈몽상가 혹은 공상가: 영국 낭만주의 회화 연구(Dreamer or Visionary: A Study of English Romantic Painting)〉라는 주제로 멜론 강연을 맡았다. 이 강연의 원고는 나중에 *Visionary and Dreamer: Two Poetic Painters: Samuel Palmer and Edward Burne-Jones*(Princeton/London, 1969)로 정식 출간되었다.

야 당신이 그 사람과 알아서 하겠지요. 당신들이야 둘 다 편지 잘 쓰기로 소문난 사람들이니 주고받는 편지가 역사에 길이 남을 수도 있을 겁니다. 〔…〕

그럼 이만. 안녕히.

이사야

1964년 12월 21일
옥스퍼드, 올소울스 칼리지

조니에게

〔…〕 강연 생각을 하면 두려운 마음이 듭니다. 그럴 만도 하지요. 어떤 기술적인 문제가 생겨서 1965년도 강연이 취소되기만 한다면 얼마나 천우신조일까요! 한 글자도 안 써지고, 조리에 맞는 원고가 도통 만들어지지를 않는군요. 일이 대체 어찌될지는 그저 신만이 알겠지요. 내 생각으로는 중간에 모든 게 다 지독하게 망쳐질 것 같군요. 당신에게 경고합니다. 이건 당신의 끔찍한 선택이었다는 걸 말이죠. 우리에게 똑같이 과실이 있는 겁니다. 당신이 나를 초청했고, 나는 그걸 받아들였으니 말입니다. 하지만 내 죄가 더 큽니다. 왜냐하면 당신의 선택은 근거 없는 신념이 부추긴 결과였지만, 내 수락은 경솔과 허영이 만든 것이니까요. 〔…〕 너무 난처한 말로 들렸다면 용서 바랍니다. 자기 앞에 꼬박 1년도 더 되는 시간이 남아 있는 데이비드 세실, 그 사람도 아마 똑같이 그러고 있을 겁니다. 나, 이거 참 큰일이군요.

그럼 이만.

이사야

〔…〕

다음은 러시아어를 할 줄 아는 BBC 프로듀서 헬렌 랩Helen Rapp에게 보낸 편지이다. 벌린과 친분이 있던 그녀는 벌린의 멜론 강연을 BBC 제3방송에서 방송할 수 있겠는지 알아보기 위해 편지를 썼다.

헬렌 랩에게
1965년 1월 8일
헤딩턴 하우스

친애하는 랩 여사에게

제게는 너무도 기쁜 일이지만, 당신에겐 얼마나 끔찍한 일일까요! 당신은 모를 수도 있겠지만 저는 세상에서 가장 골치 아픈 의뢰자입니다. 가엾은 칼린Kallin* 양이 그걸 깨우치느라 톡톡히 비용을 치렀지요. 제 강연은 전적으로 구두 강연입니다. 당연한 말이지만요. 메모들도 없습니다. 여섯 차례 강연을 어떻게 꾸려야 할지 얼개라도 잡아 보려고 지금 미친 듯이 작업하고 있습니다(그중 한 차례 강연은 틀림없이 부활절 주일에 하게 되겠군요. 모든 강연이 다 일요일에 진행되니까요). 만약 그 정도도 불가능하다면, 어떤 일이 벌어질지 저도 잘 모르겠습니다. 저 사람들이 아마 내가 강연을 다섯 번이나 더 하도록 내버려 두지 않을 겁니다. 물론 그렇게 해준다면야 저는 바라는 바이지만요. 청중 앞에서 말을 덜 하면 덜 할수록 저는 더 기쁠 테니까요. 어쨌든 현재로서는 아무것도 존재하지 않습니다. 두려운 일이지만요. 희망해 볼 수 있는 것은 기껏해야 참고 듣기 어려운 녹음테이프 뭉치가 전부

---

* 안나 칼린(1896-1984)은 러시아 출신 BBC 라디오 프로듀서로서 BBC의 제3방송을 배후에서 주도적으로 이끌어나간 인물이다. 벌린의 프로듀서를 맡았던 기간은 1946-64.

일 겁니다. 그것들도 별로 쓸모가 없으리라는 점은 분명하니, 어쩌면 전체 녹음을 다시 해야 할지도 모릅니다. 아니면 BBC와 관련해서는 모든 일을 그냥 없던 일로 해야 하겠지요. 당신은 편집증과 '처치 곤란'의 증상들을 보고 있나요? 네, 제가 지금 그런 상태입니다. 지금 현재 여기 앉아서 책들을 들춰 보고 있는 중이죠. 이 마지막 순간까지 아직도 말입니다. 워싱턴 아니라 다른 어디에 가서 강연을 하건 간에 제가 이 주제에 관해 아는 것이 너무 적군요.

〔…〕 런던에 가면 제가 확실히 전화를 드리겠습니다. 아니 가기 전에라도 그럴 수 있겠지요. 그럴 때 그건 그저 당신에게 천벌이 다가온다는 걸 경고하는 게 될 뿐일 겁니다. 모든 일이 엄청나게 즐거워지겠군요. 확신합니다. 아, 물론 강연을 말하는 게 아닙니다. 그건 지옥입니다. 저는 당신과 함께 작업하게 된 걸 말한 것입니다. 당신의 반응에 관해 말하자면, 우리의 돈독한 관계가 이에 못 견디고 무너지지 않는 걸 보니 당신은 정말로 성인聖人이 될 겁니다.

당신의 벗,
이사야 B.

존 워커에게
1965년 1월 31일
헤딩턴 하우스

친애하는 조니에게,
〔…〕 이번 첫째 일요일 점심에 초대해 주셔서 감사합니다. 하지만 나는

지독한 말상대가 될 겁니다(저 유명한 좌담회를 갖기 전 케네디 여사와 백악
관에서 담소할 때 드러낸 내 총체적 무능력이 잊히지를 않는군요).* 강연
후에야 뭐든 상관없지만, 그전에는 이 모든 예봉을 감내해 줄 불쌍한 앨라인
Aline하고서만 지내려고 최선을 다했었죠. 나는 요즘 하루하루가 지날수록
점점 더 겁에 질려가고 있어요. 〔…〕

그럼 이만.

이사야

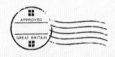

1965년 2월 28일
〔서신에 가필된 내용은 〈 〉로 표시〕
올소울스

조니에게

한 가지 더 있습니다. 강연은 (그리고 책도) '낭만주의적 사유의 원천
들'이라고 부르는 편이 더 나았겠다는 것입니다. 〈나는 확실히 이쪽입니다,
IB〉. '뿌리'는 너무 야심적입니다. 다른 반대 의견들도 있기는 한데, 그 점에
관해서는 이렇게 말할 수 있겠군요.** 만약 '뿌리'를 이야기할 거였다면, 플
라톤, 플로티누스, 음유시인들로 거슬러 올라갔어야 한다고 생각합니다. 그

---

* 벌린은 1962년에 백악관에서 (이례적으로) 로버트 케네디(Robert Kennedy)가 주도
한 히커리 힐 토의 그룹(Hickory Hill discussion group) 앞에서 강연했다. 당시 강연은
The Sense of Reality: Studies in Ideas and Their History, ed. Henry Hardy(London,
1996)에 수록된 "Artistic Commitment: A Russian Legacy"의 초벌 단계 내용을 다루었
다.

** 앞의 20-21쪽을 보라.

270

리고 세상에 누가 압니까? 어쩌면 '원천'이라는 말도 그런 의미를 담고 있는 게 아닌지를 말이에요. 사정이 그렇다면 '낭만주의의 발흥'이라고 부르는 편이 더 낫지 않을까요? 나는 그 표현이 '낭만주의 혁명'(이 말은 어쨌든 다른 사람이 사용한 적이 있습니다)이나 '낭만주의의 반란' 혹은 '반항' 혹은 '충격'보다 더 좋습니다. 강연에 관한 한 당신이 제목을 뭐라 붙이든지 다 괜찮을 겁니다. 내가 정말로 고심하고 있는 것은 아마 책인 것 같습니다. 혹시 '프로메테우스: 18세기 낭만주의 발흥에 관한 연구' 같은 무시무시한 제목 같은 것이라면 최고겠지요. 〈아니오! 난 이런 제목에는 반대합니다!〉 이 문제는 당신에게 넘기겠습니다.

그럼 이만,

이사야

〈추신. 〔…〕 이 편지는 신경쇠약 증상들로 가득 차 있군요. 매리언 F*보다 더 심하네요.〉

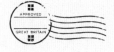

1965년 3월 9일
헤딩턴 하우스

조니에게

〔…〕 나는 《워싱턴포스트》에 실린 '못된' 기사에 신경을 쓰게 만든 편지 두 통을 받았습니다. 그 기사는 내가 '말더듬'으로 고생하고 있으며 그래

---

* 매리언 프랭크퍼터(Marion Frankfurter, 1890-1975)는 펠릭스 프랭크퍼터의 아내로 최근에 사망했다. 그녀는 간헐적인 우울증 발작을 앓았다. 그녀가 생애 마지막 20년을 그냥 침대에서 누워만 지냈던 것은 아마도 심리적인 요인들과 관절염이 복합적인 문제를 일으켰기 때문인 것 같다.

서 당신과 헌팅턴 케언스가 청중이 내 말을 쉽게 알아들을 리 없다거나, 뭐 어쨌든 그런 식으로 생각한다는 것을 온 세상에 알려 주었습니다. 〈그 기사를 **본** 적은 없습니다〉.* 나는 케이**에게 불만을 제기할 겁니다. 단지 나를 성가신 사람이라고 생각하고 말 테지만 말입니다. 〈혹시 피해보상 소송을 제기할 수 있을까요? 이를테면, 호놀룰루 대학교가 나를 채용하는 데 **주저할** 수도 있다는 근거를 대면 어떨까요? 배심원이 내게 얼마나 많은 보상금을 주라고 할까요? 보상금을 나와 나눠 갖지 않을래요?〉 그리고 제발 기자들이 문 앞에 얼쩡거리지 않게 단속을 좀 열심히 하시지요. 필요하면 개를 풀어 놓든가요. 나 같으면 기꺼이 그들의 진노를 살 용의가 있습니다. 난 당신이 무슨 말을 했든지 간에 다 왜곡된 것이라고 확신합니다, 기타 등등. 어쨌든 나는 지금 나를 더 아래로 끌어내릴 수는 있는 건 아무것도 없을 정도로 힘든 상태라서 이런 일들을 그냥 흉물스런 나사로와 같은 무관심으로 받아들일 작정입니다.

그럼 이만,

이사야

---

* 《워싱턴포스트》 1965년 2월 28일자에 실린 맥신 체셔(Maxine Cheshire)의 칼럼(F7 면)은 벌린에 대해 이렇게 보도했다. "벌린은 약간의 말더듬으로 힘들어 한다 〔…〕. 국립미술관의 존 워커와 헌팅턴 케언스를 포함해 그를 잘 아는 사람들은 그의 강연이 나중에 책으로 제본되어 나올 때까지 일부 참석자들이 그가 한 말을 이해하지 못할 가능성에 대비 중이다."

** 케이 그레이엄(Kay Graham, 1917-2001), 당시 워싱턴포스트 사 대표이자 《워싱턴포스트》 발행인이었다.

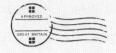

친애하는 헬렌에게

편지 주셔서 대단히 감사합니다. 편지 내용은 완전히 이해합니다. 저는 문자 그대로 이곳에서 오늘부터 내일까지 머물 것입니다. 제가 그 녹음테이프들을 꾹 참고 들으면서 말도 안 되는 이야기를 한 곳에다 주석을 달고 있을 상황은 아닌 것 같습니다. 그 원고들을 정말로 훑어보긴 해야 한다고 생각은 합니다. 그래서 만약 당신이 직접 그 일을 할 수 없다면, 그건 저로서는 충분히 이해할 만한 일입니다만, 혹시 다른 누군가가 맡을 수도 있을 겁니다. 아무리 느리고, 아무리 오랜 시간이 걸려도 괜찮습니다. 〔…〕 만약 이 일이 언젠가 완료될 수 있다면, 그러면 아마도 제가 제 앞에 그 '악보'를 놓고 그 녹음테이프에 귀를 기울이면서 녹취록을 작성한 사람이 혹시라도 남긴 공백들을 채울 수 있을 것이고, 잘못 받아 적은 것들을 바로잡을 수도 있을 겁니다. 이 일이 완료되어야 비로소 우리가 그 다음에 무엇을 할지 생각해 볼 수 있을 겁니다. 저는 저 워싱턴 청중 앞에서 했던 말들을 영국 시민의 머리에 직접 퍼붓는 것이 특별히 좋은 효과를 낼 리 없을 거라고 확실히 느낍니다. 미국의 방송국에 관련해서는 (이런 문제에 관해서는 어떤 것도 확실한 기억이 없습니다만) 아마 제가 WAMU*에 방송허가권을 주었을 것입니다.

---

* WAMU-FM은 방송국 면허 소유권자인 'Washington AMerican University'의 머리글자를 딴 미국의 라디오 교육 방송국이다. 벌린은 실제로 이 방송국에 강연 녹음의 방송권을 주었고, 방송은 1965년 6월과 7월에 이루어졌다.

하지만 아무도 듣지 않았을 거라고 확신합니다. 그리고 어쨌든 저는 여기서 무슨 일이 벌어질지 신경 쓰는 것에 비하면 미국에서 벌어지는 일에 관해서는 그리 신경 쓰지 않습니다. 국수적인 생각일 수도 있고 아주 잘못된 생각일 수도 있지만, 저는 그게 대단히 옳다고 본 겁니다. 그래서 뉴비* 씨에게도, 만약 그 사람이 담당자라면, 편한 시간에 제게 원고를 넘겨 달라고 부탁한 것입니다. 칼린 양은 저를 위해서 이런 일을 해준 적이 있으며, 저는 그것이 BBC의 능력으로 감당하지 못할 만한 일은 아니라고 확신합니다. 모쪼록 당신 일이 잘 풀리기를 희망합니다.

　　당신의 벗,
　　이사야 B.

이사야 벌린에게
1965년 12월 8일 (전보)
BBC

친애하는 이사야 멜론 강연에 대해 결정을 내려 주면 감사하겠음
기대 중지 확실한 상황임 = 헬렌 랩 +

---

* P. H. 뉴비(1918-97)는 BBC 제3방송의 관리자였다(1958-69).

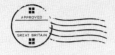

교정된 두 번째 강연 말고 참고 읽을 수 없음 하지만 만약 당신이 정말로 그게 예전의 비판적 평론들을 끄집어내지 않을 거라고 생각한다 해도 청취자가 그것들을 퍼뜨릴 것임 설마가 아님 부디 제발 외국에 있게 될 때 월요일 귀국 중지

이사야

친애하는 뉴비 씨에게

편지 주셔서 대단히 감사합니다. 제가 동의하기 전까지 어떤 번민을 했을지 당신은 뻔히 알 겁니다. 제가 제 강연의 내용이나 방식을 얼마나 하찮게 생각하는지도요. 그 강연들이 아주 나쁘게 받아들여지지는 않았다는 사실이 대략 저의 자학으로 인한 상처를 가라앉혀 주었습니다. 당신의 말은 제게는 자부심과 위안의 큰 원천이며 그 점에 대해 당신에게 더없이 감사합니다. 저는 사람들이 방송을 들었다는 사실에 깜짝 놀랍니다. 그리고 제가 받은 그런 응원 편지들 때문에 아주 깊은 감동을 받았습니다. 딱 한 통 부드럽게 공격하는 편지가 있었습니다. 그 편지는 이 강연을 준비하면서 그리 많은

사유를 하지는 않은 것 같다는 어느 정도 일리 있는 말을 하더군요. 그저 많은 독서와 오페라 감상뿐이라는 겁니다. 아마도 불공정한 이야기일 테지만, 그래도 그 점에 관해서는 속으로는 편치 않은 그럴 법함이 있어서 제 마음을 조금은 어지럽히는군요.

가장 심금을 울린 편지는 에든버러에서 어떤 남자가 보내 온 것입니다. 그 사람은 자기가 새벽 3시에 일어날 준비가 되어 있었다고 말했습니다. 혹한의 겨울 아침에 말입니다. 펜튼 씨/양/부인의 이름은 내가 죽을 때 아마도 내 가슴에 새겨질 것입니다. (데이비드 실베스터와 (내심으로) 스토크스 같은 매우 안목 있고 독자성 강한 인물들이 내 담론을 아주 나쁘게는 생각하지 않은 것 같다는 사실에도 굉장히 기뻤습니다. 실제로 그 비평가들은 아주 사근사근했고, 모든 이가 언제나 그렇듯 칭찬을 받아 너무도 기쁜 나머지 그들이 해준 말들에 고마움을 전할 수 있기라도 한다면 얼마나 좋을지 소원을 빌 정도입니다. 그래서 이제는 부당한 위압의 기미를 조금도 느낄 수 없을 것 같습니다. 이 일을 어떻게 하면 좋을까요? 저는 아무것도 안 할 생각이고 어쩌면 당신에게 문제를 떠넘길 것 같습니다. 그들 본인들도 내가 얼마나 감사해하는지 알게 되겠지요.) 하지만 가장 큰 감사는 당신에게 드리는 게 마땅합니다. 이 기획에 대한 당신의 격려와 불합리한 신념이 없었더라면. 여섯 시간 넘게 열에 들뜬 것처럼, 여기저기서 앞뒤도 안 맞고, 허둥지둥하고, 숨도 제대로 못 쉬고, 내 귀에는 이따금 신경질적으로 들리기까지 한, 이 거대한 말의 물줄기를 풀어 놓는 그런 강연을 실제로 맡을 가능성을 결코 생각하지 않았을 것이기 때문입니다.

정말로 대단히 감사합니다.

당신의 벗,

이사야, B.

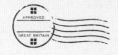

친애하는 엘레나에게

당신에게 아주 많이 빚을 졌습니다. 당신도 알다시피 말입니다. 더없이 고맙습니다. 사실 일들이 내가 감히 희망할 수 있었던 것보다 정말 더 잘 풀렸고, 비평가들이 한 말들 때문에 굉장히 우쭐해지는군요. 특히 데이비드 실베스터가 그렇습니다. 저는 그의 의견을 아주 중요하게 생각합니다. 다른 사람들은 실제로 많이 알지 못하지만 모두가 아주 점잖고 아주 친절했습니다. 그러니, 제 생각들에 대해 보여 준 그런 상냥함과 다정함 덕분에, 누구라도 그랬겠지만, 저 역시 녹아 버릴 지경이 되었습니다. 〔…〕

다시 한번 고맙습니다. 정말로 모든 것이 다 아주 많이 고맙습니다.

당신의 벗,

이사야

참고문헌

[…] 비록 가망은 없으나 명백히, 당대의 모든 역사가 중에서도 가장 열렬한 인물을 방부 처리해 보려고 고안한 부담스러운 편집 장치이다.

_니컬라스 리처드슨Nicholas Richardson*

[인류에 대한 올바른 연구The Proper Study of Mankind]가 다소 품질이 떨어지는 [벌린] 논고들의 상태를 공개하는 방식은, 바로 헨리 하디가 최선을 다해 그 논고들에다 완전한 각주라는 옷을 입힌 것이다. 벌린의 참고문헌 중 어떤 하나를 원하는 사람이라면 누구에게든 이것이 유익하리라는 것에 의심의 여지란 없다. 하지만 그렇게 하는 것이 원래는 개성 있게 멋을 부려 놓은 내용들을 순화해서 단지 인습적이고 성실하게 보이게 만드는 것은 아닌지 우려된다.

_ 스테판 콜리니Stefan Collini**

강의 부담이 막중한 학자라도 자신의 전체 연구 생활에서 시간을 쪼개 그리스 희

---

* *New Society*, 19 January 1978, 142.에 발표한 Berlin's *Russian Thinkers*, ed. Henry Hardy and Aileen Kelly(London, 1978)에 대한 서평.

** *The Times Literary Supplement*, 22 August 1997, 3.에 발표한 Berlin's *The Proper Study of Mankind*, ed. Henry Hardy and Roger Hausheer(London, 1997)에 대한 서평.

곡 한 편의 간행과 해제 작성에 할애한다는 것이 그리 어려운 일은 아닐 것이다. 나는 〔…〕 작업이 내일 완료될 것이라는 약속보다는 오늘 반이라도 해 놓은 작업이 그리스 문학을 공부하는 학생들에게는 더 유용하리라 생각하고 싶어서, 《구름Clouds》에 관한 작업을 특정 날짜에 완료하겠노라 결심했다. 한 해 더 공을 들이면 뭔가 더 개선되리라는 것을 알지만 말이다. 〔…〕

_ 케네스 도버Kenneth Dover[*]

몇몇 제언을 나열한 이 번거로운 장치는 뒤에 나올 원전 각주에 관해 내가 하고 싶은 짧은 소개말을 전달하는 데 유용한 배경이 된다.

스테판 콜리니가 일반 문헌에 참고문헌을 각주로 다는 것을 두고 글의 색깔을 변경하는 일이라고 한 것은 물론 옳은 말이다. 하지만 그것은 전적으로 이사야 벌린이 승인한 변경이다. 그런 사정이 없었다면, 나는 감히 그런 작업을 하지 않았을 것이다. 마지막에 병상에 누워 콜리니의 비판을 접한 벌린은 즉시 거부 의사를 표명했다. 그는 이렇게 말했다. "참고문헌 제공은 그저 순수문학이었던 것을 학술문헌으로 변모시켜 줍니다."[**] 이 발언은 벌린의 몸에 밴, 그리고 과한, 겸양과 아량을 드러내지만, 콜리니와 리처드슨 두 사람에게는 충분한 답변이 될 것이다. 더불어 벌린 본인도 필수 정보가 주어져야 할 때에는 막대한 분량의 주석을 제공했다는 사실을 고려한다면 특히 더 그럴 것이다(그중에서도 특히 〈마키아벨리의 독창성 The Originality of Machiavelli〉과 《비코와 헤르더 Vico and Herder》가 그러하다).[***] 그럼에도 불구하고, 대본 없이 수행한 강연 녹취 원고의

---

[*] Preface to his edition of Aristophanes' *Clouds* (Oxford, 1968), v.

[**] 팻 유테친(Pat Utechin)이 헨리 하디에게 보낸 편지, 1997년 12월 12일.

[***] "The Originality of Machiavelli"(1972)는 *Against the Current: Essays in the History of*

경우에 참고문헌을 해당 쪽의 각주로 달아 놓는 것이 어쩌면 특히 더 불편한 분위기 충돌을 일으킬 수도 있다는 점을 감안하여, 이번에는 참고문헌을 여기 본문 끝에 따로 모아두었다. 각각의 주석이 어느 구절을 가리키는지 해당 쪽수와 첫 단어로 확인할 수 있게 함으로써 본문을 위첨자나 여타 기호들로 어지럽히지 않으려 했다.

대부분의 주석은 인용구 혹은 준準인용구(앞의 편집자 서문을 보라)에 대한 참고문헌 소개지만, 때에 따라서는 내가 용케 확보한 것들에 한하여 풀어 쓴 말에 대해서도 참고문헌을 제시했다. 아마도 이상적이려면 모든 구체적 의견들의 귀속과 관련해서도 참고문헌을 제공했어야 했을 것이다. 이것은 벌린 본인이 〈마키아벨리의 독창성〉 서두에서 시도했던 작업이었다. 거기서 벌린은 지금 경우와 유사하게 자신의 제안을 내놓기에 앞서 전주곡으로 상충하는 관점들을 당황할 정도로 과다하게 늘어놓고 점검해 나간 바 있다. 하지만 그런 작업까지 완료하려면 설령 벌린이 남긴 메모들의 도움을 받는다 하더라도 최소한 여러 달의 시간이 더 소요될 것이며, 나로서는 그런 소모적이고 어쩌면 불균형적인 학술적 장치가 빠져 있더라도 차라리 지금 당장 사람들이 벌린의 강연을 접할 수 있게 하는 편이 그 원고들을 계속 붙잡고 있는 것보다 더 낫다고 판단했다. 벌린이 이 강연을 한 지도 벌써 30년이 넘지 않았는가. 바로 이 지점에서 도버의 제언이 환기된다. 같은 이유에서 나는 모든 인용(준準인용)을 마지막 하나도 남김없이 철저하게 그 소굴까지 추적해 들어가야 한다고 느끼지는 않았다. 벌린 살아생전에 내

Ideas(London, 1979; New York, 1980; 2nd ed., Princeton, 2013)와 *The Proper Study of Mankind*에 실려 있다. *Vico and Herder*(1976)는 현재 *Three Critics of the Enlightenment: Vico, Hamann, Herder*, ed. Henry Hardy (London/Princeton, 2000)에 합본되어 있다.

가 출간했던 그의 논문집들의 경우도 사정이 이와 다르지 않았다. 당시 나는 관련 분야 전문가들의 도움에도 불구하고 명백한 인용 출처를 발견하는 데 실패한 몇 군데 사례에서 인용 부호를 제거하고 그 대목을 벌린이 풀어서 다시 쓴 것으로 간주했다. 그렇게 할 때 발생할 수 있는 표절의 비난은 감수하기로 했다(벌린도 이런 조치를 승인했다). 이에, 많은 경우 아무 실익이 없는 것으로 밝혀질 공산이 큰 출처들을 찾아다니느라 과도하게 시간을 낭비하는 일을 피하기 위해, 나는 몇 가지 눈에 보이는 인용구들은 따로 출처를 조사하지 않았음을 기록해 두었다.* 이 공백을 메워줄 수 있는 사람에게는 한없는 감사를 표할 것이며, 보내주는 모든 정보를 향후 재쇄본에 수록할 것이다. 부디 전문가들이 나를 창피하게 만들어주기를 진심으로 기대한다.

아래 수록한 참고문헌들은 대개 다른 전문가들의 아량에 힘입은 것으로 그들에게 진 빚이 아주 크다. 앤드루 페어베언Andrew Fairbairn이 이번에도 역시 지치지도 않고 내게 도움을 주었다. 그는 내 방식으로만 매달렸다면 분명 떠오르지 않았을 해결책을 찾아 주었다. 또한 다음 분들이 구체적인 개별 사례에서 도움을 주었다. G. N. 앤더슨Anderson, 군나르 베크Gunnar Beck, 프루던스 블리스Prudence Bliss, 엘프리다 두보이스Elfrieda Dubois, 패트릭 가디너Patrick Gardiner, 그웬 그리피스 딕슨Gwen Griffith Dickson, 닉 홀Nick Hall, 이안 해리스Ian Harris, 로저 하우쉬어Roger Hausheer, 마이클 인우드Michael Inwood, 프랜시스 램포트Francis Lamport, 제임스 오플래허티James C. O'Flaherty, 리처드 리틀존스Richard Littlejohns, 브라이언 매기Bryan Magee, 그레그 무어Greg Moore, 앨런 멘헤닛Alan Menhennet, T. J. 리드

---

* 이중 일부 인용구들은 초판 출간 이후에 그 출처가 밝혀졌고 이 참고문헌 목록에 정식으로 추가되었다. 잔당들은 아직 남아 있다.

Reed, 데이비드 월포드David Walford, 로버트 워클러Robert Wokler(이 분들 중 일부는 더는 우리와 함께 있지 않다). 그리고 도움받은 내용을 더 잘 기록해 두지 못한 다른 분들에게 사과를 전한다.

규칙

여러 권짜리 저서들에 대한 참조는, 예를 들면 '제4권 56쪽'은 'iv 56'의 형식으로 표기한다. 몇째 줄인지 적어두는 경우는, 예를 들면 제4권 56쪽 7행은 'iv 56. 7'의 형식으로 쪽수 다음에 표기한다.

1. 정의를 찾아서

22 노스럽 프라이가 현명하게 경고한 대로

Northrop Frye, "The Drunken Boat: The Revolutionary Element in Romanticism", in Northrop Frye (ed.), *Romanticism Reconsidered: Selected Papers from the English Institute* (New York and London, 1963), 1 – 25 at 1.

37 "이스라엘 민족이 이집트에서 벗어났을 때"

Psalm 114:1, 3 – 4, 7.

38 "만물은 주피터로 가득 차 있다"

Virgil, *Eclogue* 3. 60; cf. Aratus, *Phainomena* 2 – 4.

41 세예르 남작

Ernest Seillière, *Les Origines romanesques de la morale et de la politique romantiques* (Paris, 1920), esp. section 2 of the introduction (49 ff.), and chapter 1.

42 인생의 즐거움plaisir de vivre

[F. P. G.] Guizot, *Mémoires pour servir à l'istoire de mon temps*, vol. 1 (Paris, 1858), 6: "M. 탈레랑이 어느 날 내게 말했다. 1789년을 전후해서 살아보지 않은 사람은 인생의 즐거움이 무언지 알지 못한다."

49 "불같은 생명"

Carlyle, "The Hero as Prophet": Thomas Carlyle, *On Heroes, Hero-Worship, & the Heroic in History*, ed. Michael K. Goldberg and others (Berkeley etc., 1993), 40.

"시들어 버린, [⋯] 고물 세기"

Carlyle, "The Hero as Man of Letters": ibid. 161.

"단테의 숭고한 가톨릭주의"

Carlyle, "The Hero as Priest": ibid. 102.

51 "선과 선"

헤겔의 *Vorlesungen über die Aesthetik*, in Georg Wilhelm Friedrich Hegel, *Sämtliche Werke*, ed. Hermann Glockner (Stuttgart, 1927 – 51), vols xii – xiv *passim*, e.g. xii 298, xiv 529, 554; G. W. F. Hegel, *Aesthetics: Lectures on Fine Art*, trans. T. M. Knox (Oxford, 1975), 220, 1196, 1216에서 인용. 단, 정확한 인용은 아님.

"아니야, 이런 천치들 같으니!"

Preface to Théophile Gautier, *Mademoiselle de Maupin* (1835): p. 19. 1880년 파리에서 출간된 판본에서 인용.

53 "고요 속에 회상된 정서"

William Wordsworth, *Lyrical Ballads*, 2nd. ed. (London, 1800), preface, xxxiii.

55 스탕달은 … 말한다.

Stendhal, *Racine et Shakespeare* (Paris, 1823), chapter 3의 도입부.

56 "낭만주의는 혁명이다Le romantisme c'est la Révolution"

Cited by e.g. Louis Dumur, "Les Détracteurs de Jean-Jacques", *Mercure de France* 67 (May – June 1907), 577 – 600 at 583.

58 "나는 영원무궁토록 내 자신에 관해 이야기하노라."

François-Auguste Chateaubriand, *Itinéraire de Paris à Jerusalem*, preface to the first edition: i 71. 25 in the edition by Emile Malakis (Baltimore and London, 1946).

조제프 에나르는 … 말한다.

Joseph Aynard, "Comment définir le romantisme?", *Revue de littérature comparée* 5 (1925), 641 – 58.

죄르지 루카치는 … 말한다.

Georg Lukács, *The Historical Novel* (1937), trans. Hannah and Stanley

Mitchell (London, 1962), esp. chapter 1, section 3 (63‒88), "The Classical Historical Novel in Struggle with Romanticism".

60 "대지와 죽은 자들 la terre et les morts"

이것은 바레스(와 이후 그의 추종자들이) 반복적으로 사용한 민족주의적 주제이다. 프랑스조국연맹에서 강연할 목적으로 쓴 (그러나 실제로 강연하지는 않은) 한 원고의 제목으로 유명하다. Maurice Barrès, *La Terre et les morts (sur quelles réalités fonder la conscience française)* ([Ligue de] La Patrie Française, Troisième Conférence) (Paris, [1899]). 프랑스조국연맹은 1898년 드레퓌스 사건 당시 설립된 단명한 원외 보수파 연합으로서, '비애국적인' 드레퓌스파 인권연맹에 맞섰다.

죽은 자들과 산 자들과 아직 태어나지 않은 자들

Edmund Burke, *Reflections on the Revolution in France* (1790): *The Writings and Speeches of Edmund Burke*, ed. Paul Langford (Oxford, 1981‒), vol. 8, *The French Revolution*, ed. L. G. Mitchell (1989), 147. 여기에서 버크는 '살아 있는 사람들 사이의 연대만이 아니라 살아 있는 사람들과 죽은 사람들과 아직 태어나지 않는 사람들 사이의 연대로서의 사회'를 묘사한다.

61 "별이 빛나는 천상"

J. L. Spalding, "Religion and Art", in his *Essays and Reviews* (New York, 1877), 328.

62 A. O. 러브조이

Arthur O. Lovejoy, "The Meaning of Romanticism for the Historian of Ideas", *Journal of the History of Ideas* 2 (1941), 257‒78.

64 "구별한 이후로"

George Boas, "Some Problems of Intellectual History", in Johns Hopkins History of Ideas Club (G[eorge] Boas and others), *Studies in Intellectual History* ([Baltimore], 1953), 3‒21 at 5.

65 "우리는 … 취할 수도 없고"
Paul Valéry, *Cahiers*, ed. Judith Robinson (Paris, 1973 - 4), ii 1220 - 1 (from a notebook dated 1931 - 2).

"모든 야단법석"
Arthur Quiller-Couch, "On the Terms Classical and Romantic", *Studies in Literature* [first series] (Cambridge, 1918), 94.

2. 계몽주의에 대한 최초의 공격

76 "도덕에 관한 저술"
[Bernard le Bovier de Fontenelle], "Préface sur l'utilité des mathéma-tiques et de la physique" (1699), in *Œuvres de Fontenelle* (Paris, 1790 - 2), vi 67.

77 "자연을 체계적 방식으로 변환하고"
René Rapin, *Les Reflexions sur la poetique de ce temps et sur les ouvrages des poètes anciens et modernes* (1674 - 5), ed. E. T. Dubois (Geneva, 1970), preface, 9.

"저 오래된 법칙들"
Alexander Pope, *An Essay on Criticism* (1709), lines 88 - 9.

79 "고귀한 단순성"과 "고요한 웅장함"
"edle Einfalt", "stille Größe": Winckelmann, *Gedanken über die Nachahmung der griechischen Werke in der Malerei und Bildhauerkunst* (1755): *Johann Winckelmanns Sämtliche Werke*, ed. Joseph Eiselein (Donaueschingen, 1825 - 9), i 30.

80 "예시를 통해 가르치는 철학"
[Henry St John, Viscount] Bolingbroke, *Letters on the Study and*

Use of History (1779), letter 2: *The Works of Lord Bolingbroke* (London, 1844), ii 177. 볼링브로크는 그가 그 언급을 할리카르나소스의 디오니시우스[의《수사학Ars rhetorica》]에서 읽었다고 생각하는데,《수사학》이 더 이상 디오니시우스가 쓴 것이 아니라는 것을 제외하면 그의 말이 옳다.(*Ars rhetorica* II. 2 참조) 위僞 디오니시우스는 "역사는 예시로부터의 철학이다"라는 자신의 말을 투키디데스가 한 말로 돌리지만, 그것은 사실 투키디데스가 I. 22. 3.에서 한 말을 창조적으로 풀어 쓴 것이다.

83   몬테수마Montezuma가 … 코르테스Cortés에게 … 말했다.
Montesquieu, *De l'esprit des lois* (1758), book 24, chapter 24.

94   "신을 파악하고자 소망하는 자는 누구든지"
M. Aug. Gottlieb Spangenbergs Apologetische Schluß-Schrift 〔…〕 (Leipzig and Görlitz, 1752 [photographically reprinted as Nikolaus Ludwig von Zinzendorf, *Ergänzungsbände zu den Hauptschriften*, ed. Erich Beyreuther and Gerhard Meyer (Hildesheim etc., 1964 – 85), vol. 3]), 181.

이성은 창녀
Dr Martin Luther's sämmtliche Werke, ed. Joh. Georg Plochmann and Johann Konrad Irmischer (Erlangen etc., 1826 – 57), xvi 142, 144, xxix 241.

101   멘델스존은 아름다움을 다룬다
Goethe, letter of 14 July 1770 to Hetzler the younger: *Goethes Werke* (Weimar, 1887 – 1919, 1990), part 4 (*Goethes Briefe*), i 238. 19 ff.

102   인간이 … 만들어진 것처럼
하만의 저작에 대한 참고는 Johann Georg Hamann, *Sämtliche Werke*, ed. Joseph Nadler (Vienna, 1949 – 57) (이하 W), by volume, page

and line(s), thus: W ii 198. 2 - 9 (위 구절은 이 부분을 풀어 쓴 것으로 보임).

"가장 드높은 칭송의 대상인 이 **이성**"
W iii 225. 3 - 6.

"우리가 … 느끼고"
출처 불명확.

104   "성취하기 위해"
Goethe, *Aus meinem Leben: Dichtung und Wahrheit* (1811 - 33), book 12: *Goethes Werke* (189, note to p. 51), xxviii 109. 14 - 16.

"한 인간이 착수하는 모든 일은"
ibid. 108. 25 - 8.

3. 진정한 낭만주의의 시조들

109   "인상학Physiognomik"
Johann Caspar Lavater, *Physiognomische Fragmente, zur Beförderung der Menschenkenntniß und Menschenliebe* (Leipzig and Winterthur, 1775 - 8), *passim* (라파터는 p. 13에서 이 용어를 사용하며 정의한다). 'physio(g)nom-'으로 시작하는 현대어(예컨대 영어의 'physiognomy')는 어원학적으로 그리스어 'physiognomon-'에서 음절이 잘못 축약되어 파생된 것이다. 실제로 라파터가 감수하고 수정한 역자 미상의 프랑스어 판 제목은 *Essai sur la physiognomie* (The Hague, [1781] - 1803)이다. 그렇다면 *Physiognomik*는 '자연-판단'을 뜻한다.

112   "그리고 그들의 자녀들은 슬퍼했다"
Blake, *The First Book of Urizen* (1794), plate 28, lines 4 - 7. 이 인용문에 이어지는 블레이크의 글은 *William Blake's Writings*, ed.

G. E. Bentley, Jr (Oxford, 1978)에서 찾을 수 있다. 이 판본에 대한 출처는 괄호 안에 권수와 쪽수로 표시한다. 따라서 이 인용문의 출처는 (i 282)이다.

112 "새장 속의 붉은 가슴 울새 한 마리"
"Auguries of Innocence" (1803), lines 5-6 (ii 1312).

"미래 세대의 아이들"
Songs of Experience (1789), plate 51 ("A Little GIRL Lost"), lines 1-4 (i 196).

"예술은 생명의 나무"
"Laocoon" (c.1826-7), aphorisms 17, 19 (i 665, 666).

114 "사람들을 경계하라."
[Denis] Diderot, *Salon de 1765*, ed. Else Marie Bukdahl and Annette Lorenceau (Paris, 1984), 47.

117 "나는 추론하지 않았다."
Rousseau, letter of 26 January 1762 to Chrétien-Guillaume de Lamoignon de Malesherbes: Jean-Jacques Rousseau, *Oeuvres complètes*, ed. Bernard Gagnebin, Marcel Raymond and others (Paris, 1959-95), i 1141.

최고의 소피스트
출처는 불명확하지만, W ii 163. 19 참조.

119 "행동, 행동이야말로"
J. M. R. Lenz, "Über Götz von Berlichingen" (1773): Jakob Michael Reinhold Lenz, *Werke und Briefe in Drei Bänden*, ed. Sigrid Damm (Munich/Vienna, 1987), ii 638. A free version.

131 중점Schwerpunkt
J. G. Herder, *Sämmtliche Werke*, ed. Bernhard Suphan (Berlin, 1877-

1913), v 509.

4. 절제된 낭만주의자들

140 "사물의 본성"

Rousseau, *Émile*, book 2: op. cit. (191 , note to p. 62), iv 320.

142 "단단히 사슬에 묶인 호랑이"

[Anthony Ashley Cooper, third Earl of] Shaftesbury, *An Inquiry concerning Virtue, or Merit*, book 1, part 3, § 3: *Characteristicks of Men, Manners, Opinions, Times*, 2nd ed. ([London], 1714), ii 55.

144 "온정적 간섭주의를 표방하는 정부"

Immanuel Kant, "Über den Gemeinspruch: Das mag in der Theorie richtig sein, taugt aber nicht für die Praxis" (1793), section 2: *Kant's gesammelte Schriften* (Berlin, 1900 –), viii 290. 35 ff.

"타인에게 의존하는 관계에 있는 사람"

Kant, "Von der Freyheit", in "Bemerkungen zu den Beobachtungen über das Gefühl des Schönen und Erhabenen" (1764): ibid. xx 94. 1 – 3.

149 "형편없는 사기극"

Immanuel Kant, *Critique of Practical Reason*: ibid. v 96. 15 ("elender Behelf").

151 "턴스핏 강아지"

Kant, *Kritik der praktischen Vernunft* (1788), part 1, book 1, chapter 3: ibid. v 97. 19.

159 "바로 이런 환경"

Schiller, "Über das Erhabene" (1801): *Schillers Werke*, Nationalausgabe

(Weimar, 1943 -), xxi 50. 7 - 17.

165 실러의 근본적인 관점
독자들은 아마도 이것이 실러의 *Über die ästhetische Erziehung des Menschen* (1795)에 담긴 복잡하고 (항상 명료하지만은 않은) 이론을 매우 축약한 설명임에 주의해야 할 것이다.

170 "언급만으로도"
Entsiklopedicheskii slovar' 에 수록된 피히테에 관한 논문의 러시아어 번역에서 참조 없이 인용됨. (St Petersburg, 1890 - 1907), xxxvi 50, col. 2; 피히테 저작에서는 출처 불명확.

"한 인간의 철학"
Fichte, *Erste Einleitung in die Wissenschaftslehre* (1797): J. G. Fichte, *Sämtliche Werke*, ed. I. H. Fichte (Berlin, 1845 - 6) (이하 SW), i 434.

172 "우리는 … 행동하는 게 아니다"
Fichte, *Die Bestimmung des Menschen* (1800): SW ii 263.

"나는 … 갈망하는 것이 아니다"
ibid. 264.

"나는 … 받아들이지는 않는다"
ibid. 256 (free).

"결정되는 것이 아니라"
ibid. 264 - 5 (문장을 풀어 씀).

"세계는 … 시이다."
Josiah Royce, *The Spirit of Modern Philosophy: An Essay in the Form of Lectures* (Boston and New York, 1892), 162.

173 "자유로워지는 것은"
"Frei seyn ist nichts, frei werden ist der Himmel": Torquato Tasso

in Ernst Raupach, *Tasso's Tod: Trauerspiel in fünf Aufzügen* (Hamburg, 1835), act 1, scene 3, 56.

"인간은 무언가가 되어서 무언가를 해야 한다."
Fichte, *Über das Wesen des Gelehrten* [...] (1806), lecture 4: SW vi 383.

5장. 고삐 풀린 낭만주의

182 "여러분은 ⋯ 믿든지"
Fichte, *Reden an die deutsche Nation* (1808), no. 7: SW vii 374 - 5.

195 "신성한 것들이 이해될 수 있을까?"
출처 불명확(문장 새로 쓴 것인지 불확실?).

196 "나는 언제나 고향으로 가고 있으며"
정확하게 이 구절로는 출처를 찾을 수 없으나, 아마도 Novalis, *Heinrich von Ofterdingen* (1802), part 2: Novalis, *Schriften*, ed. Richard Samuel and Paul Kluckhorn (Stuttgart, 1960 - 88), i 325의 주인공과 취아네의 대화에서 나온 것으로 보임. "그런데 우리는 어디로 가는 거지?"라고 하인리히가 묻는다. "언제나처럼 고향으로" 취아네가 대답한다. 또한 다음 구절 참고: "철학은 본질적으로 향수이다. 어디서든 고향에 있고 싶은 갈망." ibid. iii 434.

198 "그런데 로세티 선생님"
맥스 비어봄이 〈벤저민 조윗의 언급〉이라는 제목의 1916년 수채화 설명 글에서 조윗이 했다고 한 말로 어쩌면 근거가 없는 말일 수 있음. 설명글에는 이렇게 쓰여 있다. "벤저민 조윗이 옥스퍼드 유니언에 있는 벽화에 대해 했을 법한 유일한 언급. '로세티 선생님, 그들은 성배를 발견하면 그걸로 무엇을 하려 했습니까?'" 이 그림은 런던 테이트 갤러리에 소장되어 있으며, Max Beerbohm, *Rossetti and his Circle* (London, 1922)의

292

네 번째 그림으로 수록되었다.

201 "정신은 우리를 속인다"
출처 불명확(문장 풀어 쓴 것인지 불확실?).

208 "낭만주의는 질병이며"
Johann Paul Eckermann, *Gespräche mit Goethe in den letzten Jahren seines Lebens* (1836, 1848), 2 April 1829.

211 "이것이 우리가 살아야 하는 방식이로군!"
"Charakteristik der Kleinen Wilhelmine", a section of Schlegel's *Lucinde*: *Kritische Friedrich-Schlegel-Ausgabe*, ed. Ernst Behler (Munich etc., 1958 –), vol. 5, ed. Hans Eichner, 15.에 있는 생각을 풀어 쓴 것.

214 "온 그대"
티크의 희곡에 대한 설명에 나오는 '인용들'은 적어도 부분적으로는 George Brandes, *Main Currents in Nineteenth Century Literature*, vol. 2, *The Romantic School in Germany* (1873), English translation (London, 1902), 153 – 5에 나오는 것 같지만, 사실은 번역과 풀어 쓴 것이 혼재해 있다. *Puss in Boots*에 대해서는 *Der gestiefelte Kater*, act 1, scene 2: Ludwig Tieck, *Schriften*, ed. Hans Peter Balmes and others (Frankfurt am Main, 1985 –), vol. 6, *Phantasus*, ed. Manfred Frank, 509. 33 to 510. 5 참조: 이 희곡의 마지막 인용 대사 "그러나 이건 리얼리즘의 모든 가능한 규칙들을 조롱하는 짓거리입니다."에 대해서는, 확실치 않으나 act 3, scene 3 (ibid. 546. 21 – 3)을 참조. Scaramouche(독일어로는 'Skaramuz')가 등장하는 희곡은 *Die verkehrte Welt*이다. 여기에 언급된 구절들에 대해서는 act 2, scene 3 (ibid. 588. 2 – 29) 참조: 마지막 인용 대사 "당신들은 (…) 당장 멈춰야 합니다"와 이어지는 언급들은 act 3, scene 5 (ibid. 612. 5 – 7, 622. 5 – 9, 24 – 7)의 구절을 브란데스 Brandes가 번역한 데서 가져온 것으로 보임.

6장. 영속적인 영향

223 분석은 곧 살해

"우리는 해부[분석]하기 위해 살인한다": William Wordsworth in "The Tables Turned"(1798).

226 "삶의 뿌리들"

출처 불명확.

"낭만주의의 예술"

Friedrich Schlegel, *Athenaüms-Fragmente*: op. cit. (195, note to p. 132), vol. 2, ed. Hans Eichner, 183.

229 버크는 … 위대한 이미지를

loc. cit. (187, 2nd note to p. 21).

"단지 공장 … 아니다"

Adam H. Müller, *Die Elemente der Staatskunst* (1809), ed. Jakob Baxa (Jena, 1922), i 37.

234 "소나타여, 내게 대체 무엇을 원하는가?Sonate, que me veux-tu?"

Encyclopédie(1751 – 72)에 수록된 루소의 논문 "Sonate"에서 퐁트넬의 말을 인용. 루소는 이 논문을 그의 *Dictionnaire de musique*(Paris, 1768) 에 싣기 위해 고쳐 썼음.

235 "그가 당도했다Il arriva"

Jean-François Marmontel, *Polymnie* vii 100 – 5: James M. Kaplan, Marmontel et "Polymnie" (Oxford, 1984 [*Studies on Voltaire and the Eighteenth Century*, ed. H. T. Mason, 229]), 108 – 9 – 또는 다른 부분, *Polymnie* vi [100 – 5]: *Oeuvres posthumes de Marmontel* (Paris, 1820), 278.

236 "녹초가 된 인간"

Germaine de Staël, *Lettres sur les ouvrages et le caractère de J. J.*

Rousseau (Paris, 1788; photographic reprint, Geneva, 1979), letter 5, 88.

음악은 "모든 운동을 우리에게 보여준다"
Wackenroder, "Die Wunder der Tonkunst", published posthumously in *Phantasien über die Kunst, für Freunde der Kunst*, ed. Ludwig Tieck (Hamburg, 1799), 156: Wilhelm Heinrich Wackenroder, *Sämtliche Werke und Briefe*, ed. Silvio Vietta and Richard Littlejohns (Heidelberg, 1991), i 207. 35–6.

"작곡가는 … 폭로한다"
Arthur Schopenhauer, *Die Welt als Wille und Vorstellung* (1818, 1844), vol. 1, § 52: Arthur Schopenhauer, *Sämtliche Werke*, ed. Arthur Hübscher, 2nd ed. (Wiesbaden, 1946–50), ii 307. 29–31.

237 "폭풍 때문에"
출처 불명확.

238 실러가 말한 휘어진 잔가지
강연에서 벌린은 이 이미지를 디드로의 것으로 말했지만 나는 이를 실러로 바꾸었는데, 벌린은 나중에 출판한 에세이에서 그 이미지를 실러의 것이라고 밝혔다. 하지만 진실은 좀 더 복잡해 보인다. 벌린은 아마도 그 휘어진 잔가지 이미지를 G. V. 플레하노프의, *Essays in the History of Materialism* (1893), trans. Ralph Fox (London, 1934), vii에서 가져온 듯싶다. "잔가지를 한 방향으로 휘었을 때, 그것을 똑바로 펴려고 하면 다른 방향으로 휠 수밖에 없다." 벌린은 분명히 이 책을 읽었으며, 그의 책 *Karl Marx: His Life and Environment* (London, 1939)의 참고문헌에서 인용한 바 있다. 그런데 플레하노프가 말하고 있는 것은 민족주의에 대해서가 아니라 그가 연구하고 있는 사상가들에 대한 오해를 바로잡는 일이었다. 플레하노프의 이 은유가 벌린에게 인상 깊었으리라고 생각하는 것이 합리적일 것이다. 벌린은 나중에 그 은유를 그가 실러에게 연관시킨 민족주의에 대한 견해에 결부시키고는, 그 이후 그 은유를 늘 실러의 것으로 (그럴 듯하지만 잘못되게) 돌리는 오류를 범하게 된다. 그런데 이번에는 디드로의 은유인 것으로 (잘못) 돌리고 있다. 민족주의에 대한 실러의 견해는 *Geschichte des Abfalls der vereinigten Niederlande von der spanischen Regierung*(1788)에서 찾아볼 수 있다. 플레하노프와의 가능한 연관성에 대한 이 발견은 2004년 5월 조슈아 L. 체니스Joshua L. Cherniss가 한 것이다.

240 "고대인들은 … 거의 알지 못했다"

François-Auguste Chateaubriand, *Génie du christianisme* (Paris, 1802), part 2, book 3, chapter 9 (ii 159).

"복종은 … 달콤하다L'obéissance est douce"

Louis Maigron, *Le Romantisme et les moeurs* (Paris, 1910), 188에서 인용한 악마주의 그룹에 속한 어떤 무명 시인의 미출간작 "Poëme sur l'orgeuil" (1846).

241 "앞으로, 앞으로"

괴테의 *Faust*(1808)에서 인용한 것이 아님; 아마도 파우스트적 정신을 풀어 쓴 것으로 보임. 예를 들어 part 2, lines 11,433 ff.에 유사한 구절이 보임. "기다려야 할 순간을 묻지 말라"는 구절은 파우스트가 악마와 내기를 하는 부분을 참조: part 1, lines 1,699 ff., and cf. part 2, lines 11,574 - 86 (파우스트의 마지막 연설).

"그는 … 몰래 거닐었다"

Byron, *Childe Harold's Pilgrimage* (1812 - 18), Canto I. 6.

"그의 속에는 … 들어 있었다"

Lara (1814), Canto I. 18, lines 313, 315, 345 - 6.

242 "내 정신은 … 걷지 않았다"

Manfred (1817), act 2, scene 2, lines 51 ff.

249 "정돈된 자연 Nature Methodiz'd'"

Pope, loc. cit. (188, note to p. 32).

254 "혀에 닿은 미지근한 물"

Friedrich Hölderlin, *Hyperion* (1797, 1799), vol. 1, book 1: Freidrich Hölderlin, *Sämtliche Werke*, ed. Norbert v. Hellingrath, Friedrich Seebass and Ludwig v. Pigenot (Berlin, 1943‒), ii 118.

"인간은 행복을 열망하지 않는다"

Friedrich Nietzsche, "Sprüche und Pfeile" no. 12, *Götzen- Dämmerung, oder, Wie man mit dem Hammer philosophiert* (1889): Nietzsche, *Werke*, ed. Giorgio Colli and Mazzino Montinari (Berlin, 1967‒), vi/3, 55.

앤드루 W. 멜론 예술 강연 목록

The Andrew W. Mellon Lectures in the Fine Arts 1952 – 2013

1952   Jacques Maritain, *Creative Intuition in Art and Poetry*

1953   Sir Kenneth Clark, *The Nude: A Study of Ideal Form*

1954   Sir Herbert Read, *The Art of Sculpture*

1955   Étienne Gilson, *Art and Reality* (published as *Painting and Reality*)

1956   E. H. Gombrich, *The Visible World and the Language of Art* (published
        as *Art and Illusion: A Study in the Psychology of Pictorial Representation*)

1957   Sigfried Giedion, *Constancy and Change in Art and Architecture*
        (published as *The Eternal Present: A Contribution on Constancy and
        Change*)

1958   Sir Anthony Blunt, *Nicolas Poussin and French Classicism*

1959   Naum Gabo, *A Sculptor's View of the Fine Arts* (published as *Of Divers
        Arts*)

1960   Wilmarth Sheldon Lewis, *Horace Walpole*

1961   André Grabar, *Christian Iconography and the Christian Religion in
        Antiquity* (published as *Christian Iconography: A Study of Its Origins*)

1962   Kathleen Raine, *William Blake and Traditional Mythology* (published
        as *Blake and Tradition*)

1963   Sir John Pope-Hennessy, *Artist and Individual: Some Aspects of the
        Renaissance Portrait* (published as *The Portrait in the Renaissance*)

1964   Jakob Rosenberg, *On Quality in Art: Criteria of Excellence, Past and
        Present*

1965   Sir Isaiah Berlin, *Sources of Romantic Thought* (published as *The
        Roots of Romanticism*)

1966   Lord David Cecil, *Dreamer or Visionary: A Study of English Romantic
        Painting* (published as *Visionary and Dreamer: Two Poetic Painters,*

Samuel Palmer and Edward Burne-Jones)

1967   Mario Praz, *On the Parallel of Literature and the Visual Arts* (published as *Mnemosyne: The Parallel between Literature and the Visual Arts*)

1968   Stephen Spender, *Imaginative Literature and Painting*

1969   Jacob Bronowski, *Art as a Mode of Knowledge* (published as *The Visionary Eye*)

1970   Sir Nikolaus Pevsner, *Some Aspects of Nineteenth-Century Architecture* (published as *A History of Building Types*)

1971   T. S. R. Boase, Vasari: *The Man and the Book* (published as *Giorgio Vasari: The Man and the Book*)

1972   Ludwig H. Heydenreich, *Leonardo da Vinci*

1973   Jacques Barzun, *The Use and Abuse of Art*

1974   H. W. Janson, *Nineteenth-Century Sculpture Reconsidered* (published as *The Rise and Fall of the Public Monument*)

1975   H. C. Robbins Landon, *Music in Europe in the Year 1776*

1976   Peter von Blanckenhagen, *Aspects of Classical Art*

1977   André Chastel, *The Sack of Rome: 1527*

1978   Joseph W. Alsop, *The History of Art Collecting* (published as *The Rare Art Traditions: The History of Art Collecting*)

1979   John Rewald, *Cézanne and America* (published as *Cézanne and America: Dealers, Collectors, Artists, and Critics, 1891 – 1921*)

1980   Peter Kidson, *Principles of Design in Ancient and Medieval Architecture*

1981   John Harris, *Palladian Architecture in England, 1615 – 1760*

1982   Leo Steinberg, *The Burden of Michelangelo's Painting*

1983   Vincent Scully, *The Shape of France*

1984   Richard Wollheim, *Painting as an Art*

1985   James S. Ackerman, *The Villa in History* (published as *The Villa in*

History: Form and Ideology of Country Houses)

1986   Lukas Foss, *Confessions of a Twentieth-Century Composer*

1987   Jaroslav Pelikan, *Imago Dei: The Byzantine Apologia for Icons*

1988   John Shearman, *Art and the Spectator in the Italian Renaissance* (published as *Only Connect: Art and the Spectator in the Italian Renaissance*)

1989   Oleg Grabar, *Intermediary Demons: Toward a Theory of Ornament* (published as *The Mediation of Ornament*)

1990   Jennifer Montagu, *Gold, Silver, and Bronze: Metal Sculpture of the Roman Baroque*

1991   Willibald Sauerländer, *Changing Faces: Art and Physiognomy through the Ages*

1992   Anthony Hecht, *The Laws of the Poetic Art*

1993   John Boardman, *The Diffusion of Classical Art in Antiquity*

1994   Jonathan Brown, *Kings and Connoisseurs: Collecting Art in Seventeenth-Century Europe*

1995   Arthur C. Danto, *Contemporary Art and the Pale of History* (published as *After the End of Art: Contemporary Art and the Pale of History*)

1996   Pierre M. Rosenberg, *From Drawing to Painting: Poussin, Watteau, Fragonard, David, Ingres*

1997   John Golding, *Paths to the Absolute*

1998   Lothar Ledderose, *Ten Thousand Things: Module and Mass Production in Chinese Art*

1999   Carlo Bertelli, *Transitions*

2000   Marc Fumaroli, *The Quarrel between the Ancients and the Moderns in the Arts, 1600–1715*

2001   Salvatore Settis, *Giorgione and Caravaggio: Art as Revolution*

2002   Michael Fried, *The Moment of Caravaggio*

낭만주의의 뿌리

초판 1쇄 발행 | 2021년 3월 15일
초판 3쇄 발행 | 2023년 12월 15일

지은이 | 이사야 벌린
옮긴이 | 석기용
펴낸이 | 이은성
편 집 | 구윤희 · 김지은
디자인 | 백지선
독자교정 | 고덕영
펴낸곳 | 필로소픽

주 소 | 서울시 종로구 창덕궁길 29-38, 4-5층
전 화 | (02) 883-9774
팩 스 | (02) 883-3496
이메일 | philosophik@naver.com
등록번호 | 제2021-000133호

ISBN 979-11-5783-210-1 93100

필로소픽은 푸른커뮤니케이션의 출판 브랜드입니다.